• 人性化教育理念下 •

中重度智障儿童家庭生活训练教育课程

ZHONGZHONGDU ZHIZHANG ERTONG
JIATING SHENGHUO XUNLIAN
JIAOYU KECHENG

梁敏仪　主　编
谭晓燕　张威林　副主编

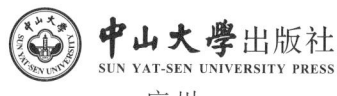
中山大学出版社
·广州·

版权所有　翻印必究

图书在版编目（CIP）数据

中重度智障儿童家庭生活训练教育课程（低）/梁敏仪主编；谭晓燕，张威林副主编. —广州：中山大学出版社，2020.7

（人性化教育理念下）

ISBN 978-7-306-06810-1

Ⅰ.①中…　Ⅱ.①梁…②谭…③张…　Ⅲ.①儿童教育—特殊教育—教材　Ⅳ.①G76

中国版本图书馆 CIP 数据核字（2019）第 292140 号

出　版　人：王天琪
策划编辑：曾育林
责任编辑：曾育林
封面设计：曾　斌
责任校对：陈文杰
责任技编：何雅涛
出版发行：中山大学出版社
电　　话：编辑部 020-84110776，84110283，84111997，84110779
　　　　　发行部 020-84111998，84111981，84111160
地　　址：广州市新港西路 135 号
邮　　编：510275　传　真：020-84036565
网　　址：http://www.zsup.com.cn　E-mail：zdcbs@mail.sysu.edu.cn
印　刷　者：广州一龙印刷有限公司
规　　格：787mm×1092mm　1/16　17.625 印张　420 千字
版次印次：2020 年 7 月第 1 版　2020 年 7 月第 1 次印刷
定　　价：45.00 元

如发现本书因印装质量影响阅读，请与出版社发行部联系调换

前　言

梁敏仪

　　家庭训练课程在不知不觉的这几年里慢慢稳步推进，在建校二十周年之际，这个工作项目也成为建校二十年向家长送"礼"，向专业同行发布，更是向"自己"从"业"二十载的一份答卷。我们的编写成员们众志成城，于2019年6月完成全部课程范例的撰写和审定工作。

　　那为何有这项家庭训练课程的建设任务？首先这是源于人性课课程的建设、实施与发展。在启智过去的十多年时间里，由课程导师王志超教授带领着启智学校的老师们编写出一套完整的中重度智障儿童的人性化课程，涵盖了九年义务教育阶段的学习目标和内容。在此基础上，启智学校梁敏仪特级教师工作室承担了课间、生活区的在人性化课程理念下的练习训练课程，特别是重点开发了生活区的"生活育人"课程。很好契合了课堂上的学习，使学生在真实的校园生活中，能有一个系统的具体化学习过程，也促使启智学校形成了"一"个"人"的全程体验培养模式。此培养模式下，既有高屋建瓴的人性化课程理论指导，又有一个可操作整体结构支撑着学生的校园生活的每时每刻的行为节点，让润物无声成为现实，让校园生活无小事，时时处处是教育成为可控、可操作、可行，也正因为有了此培养模式，使启智学校的教育成效就得到专家同行、社会乃至家长的高度认可，我们对此效果的反思，固然人性化课程理论是从本质上把握性的培养，是教育效果彰显的条件，那么，校园外的资源应如何充分利用起来，让学生的教育效果更好呢，就成为我们下一步的任务了。

　　众所周知，特殊教育学生的学习资源相对于普通学生来讲是匮乏的，更需要教育者想方设法去创造，去挖掘。而校园外，普通学生有较强的自主性、主体性，社会也会因应他们学习需要，创设大量再学习的社会资源。而特殊教育学生学习的主动性较弱，而且学习目标、内容应与基本生活活动为主要形式，这需要专业人员为其创设在家庭、社区中的学习课程，才能有针对性地提高他们在校园外真实生活中的学习效果，使特殊教育学生最大化地获得人性的建立与发展，最终使其能够在社会中有尊严地生活。

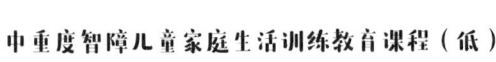

而从现实需要来看，广大家长都有以下困惑，即在学校培养中都能看到学生的变化、发展，满意的教育效果，但回到家中不知如何管理孩子的生活活动、起居饮食，甚至有些学生若长时间在家（寒暑两假或毕业），则在学校已经习得的品质会出现退化的现象。特殊教育学生家长普遍想获得在家如何训练孩子的方法、清楚家庭教育的内容，希望学生在学校获得的品质能持续巩固和发展，并且随着国家特殊教育提升计划的实施，更多不能到学校学习，长期只能在家的重度残疾儿童已成为教育关爱、实施的对象，而中重度智障儿童的教育课程设置大部分是适合在校园集体授课，在家居中进行系统的"人性化"教育课程仍需重新设计。因此，在人性化教育理念下的家居生活课程建设成为一种现实上的需要，开发此课程的人员应具备人性化教育理念，且有此课程的实施经验，最好有开发生活课程的经历。而特级教师工作室的若干骨干成员正是参与人性化课程建设的首批实验人员及开发生活育人课程的主导编写人员，有足够的理论基础及实际开发、实施经验做支撑，能确保此课程较忠实于人性化课程理论的贯彻，确保设计出来的课程能在一线实际操作产生可行性。为提高此课程的效能，为确保课程的实效性、科学性、针对性，在开发前期我们得到广东第二师范学院王时路、李博博士的支持，他们组织专业团队对学校的毕业生进行了走访、调研，形成调研报告，启发了我们课程开发的思路。在开发此课程前期，设计思路明确后，我们进行了若干个案训练设计，在家居中的实验验证工作，根据效果及时验证设计思路并调整了策略，制订了开发整体规划，并形成分阶段编写任务分工，阶段性进行编写总结，及时反馈、讨论，使所有编写人员在编写课程理念上、操作上达成共识。面对障碍，认识上的迷惑，充分组织研讨，以回归人性化课程理论的原则做出判断，以防偏离。但家庭生活训练教育课程也有别于课堂、课间、校园生活环境下的教育课程，需要开拓性地结合家居环境、家人生活真实活动，还有生活节律、家人支持力度、训练效能等完成训练设计范例的编写。

家庭生活训练教育课程的编写和出版，是中重度智障儿童"一"个人的全程体验教育模式教育课程资源的完善，也希望为渴望孩子能够更好融入社会的中重度智障儿童的家长提供一份专业的支持。

家庭生活训练教育课程纲要

一、基本理念阐述

中重度智障教育的实质就是广义教育内容的狭义教育化，将中重度智障儿童在日常生活中没能完成的教育内容、要求移到课堂上，使用一些专门的方法建立、发展中重度智障儿童的人性，逐步完成他们的社会化，使之能进入社会（王志超，2004）。这里的广义教育是指发生在中重度智障儿童身上的所有活动，包含各种规范和规则，它们虽有一定的规律性，但由于生活是变化的、多样的，所以具有不可预见性。从教育效率的角度来考虑，需要将其中的规范和规则抽取出来，经过专门的设计，通过课程这一有效的狭义教育形式来实现。但个体生活自理的各类活动，每天都在不断地重复着，具有特定性和规律性，这也为教育提供了一个有效的载体。在中重度智障儿童体验真实生活的过程中，给予经过专业设计的教育干预，势必能够促进其生活适应能力的发展。

（一）基于自我意识的思考

要推进智障儿童的社会化进程，自我意识的建立和发展起着关键的作用，只有"我"的建立和不断成熟、发展，才可能让智障儿童的基本品质丰富起来、稳定下来。所以，我们进行中重度智障儿童家庭生活训练教育时，重要把握的核心应该是"我"的建立，应该是在"我"的意识支配下，有序地完成"我"的各种生活活动。

（二）基于智障儿童生活空间的思考

中重度智障儿童生活活动在家庭中发生，最后也要回归到家庭生活，其生活的节奏相对稳定，在固定的时间段有固定的活动内容，而且恰恰是这种稳定的活动内容，才能让中重度智障儿童建立稳固的概念，形成解决实际问题的生活经验。

（三）基于对教育人员的思考

家庭生活训练教育的承担者是智障儿童的生活照顾者，可能是父母或祖父辈，在

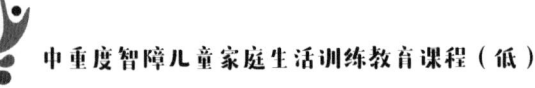

教材中统一表述为"协助者"。他们的教育是基于个人的生活经验，家庭教育课程可以帮助他们建立教育意识。但家庭教育活动必须是基于家庭生活环境开展的，是在有意义的真实环境中可能发生的生活活动。教材给出的是参考范例，需要协助者结合中重度智障儿童生活的具体环境做出调整。

二、课程开发定位及内容构想

（一）课程开发的定位

教育对象为需要在管理或者帮助下从事家庭生活的智障人士。

（二）课程内容构想

1. 以家庭生活活动内容为体系。
2. 对家庭生活进行设计，设计强化物、强化使用系统。如：原来吃饭，需要喂吃、乱吃，我们需要设计他们吃饭的要求。设计的系统需要每天操作，希望他们在经过训练后在他人的帮助下能像正常人一样生活。

（三）课程对象培养的三个阶段

低级阶段：别人全程监管，在帮助下生活。
中级阶段：简单重复活动可以独立完成，复杂活动需要协助。
高级阶段：在环境支持下，可以独立。

（四）完成三阶段课程目标的构建

第一阶段（低）：以人基本的生理感受为线索，目标的选取主要是人维持生存的本能反应以及成为一个社会人最基本的忍耐和表达的服从、互动的反应。共完成120个目标的叙写。

第二阶段（中）：以家居生活作息、个人卫生、饮食、个人整理共15个生活活动为教育内容，从生活关系的把握和生活技能的掌握两个维度，完成195个目标的叙写。

第三阶段（高）：以家居劳动、居家休闲、出行共16个生活活动为教育内容，完成189个目标的叙写。

三、第一阶段课程目标

家庭生活训练内容		分级目标	具体目标
一、饮食	饿	忍耐：能忍耐生理需求	孩子能忍耐吃饭的需求
			孩子能忍耐食物到手却不立即到口
		选择：能知道自己的需求，做出有利于自身的行为	孩子能配合协助者的指令完成餐前任务
			当协助者喊孩子的名字时，孩子能应答
		表达：能表达自己的生理需求	孩子能向协助者表达吃饭的需求
		称呼：能区分协助者的称谓	孩子向协助者要食物充饥时，能称呼协助者
	酸	忍耐：能忍耐生理需求	孩子能忍耐酸的不适
			孩子能喝酸的饮品
		选择：能知道自己的需求，做出有利于自身的行为	孩子能倒适量酸的调味料
		表达：能表达自己的生理需求	孩子能向协助者表达酸的不适
		称呼：能区分协助者的称谓	孩子向协助者拿酸的食物时，能称呼协助者
	咸	忍耐：能忍耐生理需求	孩子能忍耐咸的不适
			孩子能喝咸的饮品
		选择：能知道自己的需求，做出有利于自身的行为	孩子能倒适量咸的调味料
		表达：能表达自己的生理需求	孩子能向协助者表达咸的不适
		称呼：能区分协助者的称谓	孩子向协助者拿咸的食物时，能称呼协助者
	苦	忍耐：能忍耐生理需求	孩子能忍耐苦的不适
			孩子能喝苦的饮品
		选择：能知道自己的需求，做出有利于自身的行为	孩子能回避苦的食物
		表达：能表达自己的生理需求	孩子能向协助者表达苦的不适
		称呼：能区分协助者的称谓	食物太苦，孩子求助他人时，能称呼协助者
	辣	忍耐：能忍耐生理需求	孩子能忍耐辣的不适
		选择：能知道自己的需求，做出有利于自身的行为	从辣和不辣的两种食物中，孩子能选择自己喜欢的味道
		表达：能表达自己的生理需求	孩子能向协助者表达辣的不适
		称呼：能区分协助者的称谓	当孩子感到辣的不适或者想吃辣的食物时，能称呼协助者

续上表

家庭生活训练内容		分级目标	具体目标
一、饮食	饱	选择：能知道自己的需求，做出有利于自身的行为	孩子能拒绝吃过量的食物
			孩子能拒绝喝过量的饮品
	渴	忍耐：能忍耐生理需求	孩子能忍耐渴
			孩子能忍耐饮品到手却不立即到口
		选择：能知道自己的需求，做出有利于自身的行为	孩子渴了能选择喝水
		表达：能表达自己的生理需求	孩子能向协助者表达喝水的需求
	热	选择：能知道自己的需求，做出有利于自身的行为	孩子能回避烫的食物
			水太热，孩子能等待
	硬	选择：能知道自己的需求，做出有利于自身的行为	孩子能回避带骨头的食物
二、个人卫生	痛	忍耐：能忍耐生理需求	孩子能忍耐刷牙的不适
		选择：能知道自己的需求，做出有利于自身的行为	孩子能选择穿大小合适的鞋
	冷	忍耐：能忍耐生理需求	孩子能忍耐洗脸的不适
		选择：能知道自己的需求，做出有利于自身的行为	孩子能选择用温水洗澡
		表达：能表达自己的生理需求	孩子能向协助者表达洗澡的水很冷
	热	表达：能表达自己的生理需求	孩子能表达洗澡的水很烫
	冷与热	选择：能知道自己的需求，做出有利于自身的行为	孩子能选择穿厚度合适的衣服
		称呼：能区分协助者的称谓	当孩子感受到水温不合适时，能正确称呼协助者
	大小便	选择：能知道自己的需求，做出有利于自身的行为	孩子能配合协助者的指令洗手
		表达：能表达自己的生理需求	孩子能向协助者表达如厕的需求
	痛、热与滑	选择：能知道自己的需求，做出有利于自身的行为	孩子能选择穿鞋
	困	选择：能知道自己的需求，做出有利于自身的行为	孩子能配合协助者的指令洗澡
		表达：能表达自己的生理需求	孩子困了，能向协助者表达睡觉的需求
	硬	选择：能知道自己的需求，做出有利于自身的行为	孩子能选择睡舒服的床垫
			孩子能选择穿软硬合适的鞋
		表达：能表达自己的生理需求	孩子能向协助者表达拿床上用品

续上表

家庭生活训练内容			分级目标	具体目标
二、个人卫生		麻与痒	选择：能知道自己的需求，做出有利于自身的行为	孩子能选择穿舒适的衣物
		痒	忍耐：能忍耐生理需求	孩子能忍耐理发的不适
		滑	选择：能知道自己的需求，做出有利于自身的行为	孩子能选择穿防滑鞋
		饿	选择：能知道自己的需求，做出有利于自身的行为	孩子能配合协助者的指令擦嘴
				孩子能配合协助者的指令刷牙
				孩子能配合协助者的指令洗脸
		饿与困	选择：能知道自己的需求，做出有利于自身的行为	孩子能配合协助者的指令穿衣
三、家居清洁	痛		忍耐：能忍耐生理需求	擦地板时，孩子能忍耐痛的感受
				提水时，孩子能忍耐痛的感受
				提重物时，孩子能忍耐痛的感受
			选择：能知道自己的需求，做出有利于自身的行为	擦地板时，孩子能向协助者表达痛的感受
				提水时，孩子能向协助者表达痛的感受
				提重物时，孩子能向协助者表达痛的感受
			表达：能表达自己的生理需求	擦地板时，当孩子脚痛了能向协助者表达休息的需求
				提水时，当孩子手痛了能向协助者表达休息的需求
				提重物时，当孩子手痛了能向协助者表达休息的需求
			称呼：能区分协助者的称谓	擦地板时，当孩子表达脚痛了能正确称呼协助者
				提水时，当孩子表达手痛了能正确称呼协助者
				提重物时，当孩子表达手痛了能正确称呼协助者
	累		忍耐：能忍耐生理需求	擦地板时，孩子能忍耐累的感受
				提水时，孩子能忍耐累的感受
				提重物时，孩子能忍耐累的感受
			选择：能知道自己的需求，做出有利于自身的行为	擦地板时，孩子能向协助者表达累的感受
				提水时，孩子能向协助者表达累的感受
				提重物时，孩子能向协助者表达累的感受

续上表

家庭生活训练内容		分级目标	具体目标
三、家居清洁	累	表达：能表达自己的生理需求	擦地板时，当孩子累了能向协助者表达休息的需求
			提水时，当孩子累了能向协助者表达休息的需求
			提重物时，当孩子累了能向协助者表达休息的需求
		称呼：能区分协助者的称谓	擦地板时，当孩子表达累了能正确称呼协助者
			提水时，当孩子表达累了能正确称呼协助者
			提重物时，当孩子表达累了能正确称呼协助者
	热	忍耐：能忍耐生理需求	提水时，孩子能忍耐热的感受
		选择：能知道自己的需求，做出有利于自身的行为	提水时，孩子能向协助者表达热的感受
		表达：能表达自己的生理需求	提水时，当孩子热了能向协助者表达喝水的需求
		称呼：能区分协助者的称谓	提水时，当孩子表达热了能正确称呼协助者
	饿	选择：能知道自己的需求，做出有利于自身的行为	孩子能配合协助者的指令洗碗
			孩子能配合协助者的指令整理床铺
			孩子能配合协助者的指令抹餐桌
			孩子能配合协助者的指令擦玻璃
	渴	选择：能知道自己的需求，做出有利于自身的行为	孩子能配合协助者的指令洗杯子
	饿与困	选择：能知道自己的需求，做出有利于自身的行为	孩子能配合协助者的指令收拾衣服
四、运动	累	忍耐：能忍耐生理需求	爬山时，孩子能忍耐累的感受
			跑步时，孩子能忍耐累的感受
			上下楼梯时，孩子能忍耐累的感受
			跳绳时，孩子能忍耐累的感受
			仰卧起坐时，孩子能忍耐累的感受
			游泳时，孩子能忍耐累的感受
			走路时，孩子能忍耐累的感受

续上表

家庭生活训练内容		分级目标	具体目标
四、运动	累	选择：能知道自己的需求，做出有利于自身的行为	爬山时，孩子能表达累的感受
			跑步时，孩子能表达累的感受
			上下楼梯时，孩子能表达累的感受
			跳绳时，孩子能表达累的感受
			仰卧起坐时，孩子能表达累的感受
			走路时，孩子能表达累的感受
		表达：能表达自己的生理需求	爬山时，当孩子累了能向协助者表达休息的需求
			跑步时，当孩子累了能向协助者表达休息的需求
			上下楼梯时，当孩子累了能向协助者表达休息的需求
			跳绳时，当孩子累了能向协助者表达休息的需求
			仰卧起坐时，当孩子累了能向协助者表达休息的需求
			游泳时，当孩子累了能向协助者表达休息的需求
			走路时，当孩子累了能向协助者表达休息的需求
		称呼：能区分协助者的称谓	爬山时，当孩子表达累了能正确称呼协助者
			跑步时，当孩子表达累了能正确称呼协助者
			上下楼梯时，当孩子表达累了能正确称呼协助者
			跳绳时，当孩子表达累了能正确称呼协助者
			仰卧起坐时，当孩子表达累了能正确称呼协助者
			游泳时，当孩子表达累了能正确称呼协助者
			走路时，当孩子表达累了能正确称呼协助者

续上表

家庭生活训练内容	分级目标	具体目标
四、运动	热	忍耐：能忍耐生理需求	爬山时，孩子能忍耐热的感受
			上下楼梯时，孩子能忍耐热的感受
			跑步时，孩子能忍耐热的感受
			走路时，孩子能忍耐热的感受
		选择：能知道自己的需求，做出有利于自身的行为	爬山时，孩子能表达热的感受
			上下楼梯时，孩子能表达热的感受
			跑步时，孩子能表达热的感受
			走路时，孩子能表达热的感受
		表达：能表达自己的生理需求	爬山时，当孩子热了能向协助者表达喝水的需求
			上下楼梯时，当孩子热了能向协助者表达喝水的需求
			跑步时，当孩子热了能向协助者表达喝水的需求
			走路时，当孩子热了能向协助者表达喝水的需求
		称呼：能区分协助者的称谓	爬山时，当孩子表达累了能正确称呼协助者
			上下楼梯时，当孩子表达累了能正确称呼协助者
			跑步时，当孩子表达累了能正确称呼协助者
			走路时，当孩子表达累了能正确称呼协助者
	痛	忍耐：能忍耐生理需求	跳绳时，孩子能忍耐痛的感受
			仰卧起坐时，孩子能忍耐痛的感受
			足底按摩时，孩子能忍耐痛的感受
		选择：能知道自己的需求，做出有利于自身的行为	跳绳时，孩子能向协助者表达痛的感受
			仰卧起坐时，孩子能向协助者表达痛的感受
			足底按摩时，孩子能向协助者表达痛的感受

续上表

家庭生活训练内容		分级目标	具体目标
四、运动	痛	表达：能表达自己的生理需求	跳绳时，当孩子脚痛了能向协助者表达休息的需求
			仰卧起坐时，当孩子痛了能向协助者表达休息的需求
			足底按摩时，当孩子脚痛了能向协助者表达休息的需求
		称呼：能区分协助者的称谓	跳绳时，当孩子表达痛了能正确称呼协助者
			仰卧起坐时，当孩子表达痛了能正确称呼协助者
			足底按摩时，当孩子表达痛了能正确称呼协助者
	冷	忍耐：能忍耐生理需求	游泳时，孩子能忍耐冷的感受
		选择：能知道自己的需求，做出有利于自身的行为	游泳时，孩子能选择恒温的泳池
		称呼：能区分协助者的称谓	游泳时，孩子能向协助者表达冷的感受
		表达：能表达自己的生理需求	游泳时，当孩子冷了能正确称呼协助者
	憋气	忍耐：能忍耐生理需求	潜水时，孩子能忍耐憋气

四、课程安排原则

1. 生活性原则：按生活规律来确定课程，家庭生活训练教育课程在家庭生活中进行，所以在课程的安排上要符合学生生活的规律，即在什么时间段安排哪类教育活动，与智障儿童日常生活安排是一致的，符合人们的生活节律。

2. 教育性原则：家庭教育活动的开展以生活原型活动为内容，但在每一个指令要求、每一个活动的设计中要贯穿教育的要求，生活协助者及家人与孩子自然发生互动的过程亦是教育的过程。

3. 稳定性原则：根据智障儿童的学习特点，为了建立其对生活节律的稳定概念，在生活课程时间和内容的安排上一定要相对稳定。同一教育目标在生活中的贯彻需要持续一段时间。

4. 可操作性原则：智障儿童以体验学习为主，所以在安排课程时，要依据真实的环境，设计让孩子能建立明确任务的情境，使孩子能主动发现和操作，形成体验。

目　录

第一编　吃饭课 ………………………………………………………………… 1

第 1 课　孩子能忍耐吃饭的需求 ………………………………………… 1
第 2 课　孩子能配合协助者的指令完成餐前任务 ……………………… 4
第 3 课　孩子能向协助者表达吃饭的需求 ……………………………… 6
第 4 课　孩子向协助者要食物充饥时，能称呼协助者 ………………… 8
第 5 课　孩子能忍耐酸的食物 …………………………………………… 10
第 6 课　孩子能倒适量酸的调味料 ……………………………………… 12
第 7 课　孩子能向协助者表达酸的不适 ………………………………… 14
第 8 课　孩子找协助者拿酸的食物时，能称呼协助者 ………………… 16
第 9 课　孩子能忍耐咸的不适 …………………………………………… 18
第 10 课　孩子能倒适量咸的调味料 ……………………………………… 20
第 11 课　孩子能向协助者表达咸的不适 ………………………………… 22
第 12 课　孩子找协助者拿咸的食物时，能称呼协助者 ………………… 24
第 13 课　孩子能忍耐苦的不适 …………………………………………… 26
第 14 课　用餐时，孩子能向协助者表达苦的不适 ……………………… 28
第 15 课　孩子能回避苦的食物 …………………………………………… 30
第 16 课　食物太苦，孩子求助他人时，能称呼协助者 ………………… 32
第 17 课　孩子能忍耐辣的不适 …………………………………………… 34
第 18 课　从辣和不辣的两种食物中，孩子能选择自己喜欢的味道 …… 37
第 19 课　当孩子感到辣的不适或者想吃辣的食物时，能称呼协助者 … 39
第 20 课　孩子能向协助者表达辣的不适 ………………………………… 42
第 21 课　孩子能拒绝吃过量的食物 ……………………………………… 44
第 22 课　孩子能忍耐食物到手却不立即到口 …………………………… 45
第 23 课　当协助者喊孩子的名字时，孩子能应答 ……………………… 47
第 24 课　孩子能回避烫的食物 …………………………………………… 49
第 25 课　孩子能回避带骨头的食物 ……………………………………… 50

第二编　喝水课 ………………………………………………………………… 53

第 26 课　孩子能向协助者表达喝水的需求 ……………………………… 53
第 27 课　孩子渴了能选择喝水 …………………………………………… 55

第28课	孩子能忍耐渴	57
第29课	孩子能喝苦的饮品	58
第30课	喝饮品时，孩子能向协助者表达苦的不适	61
第31课	孩子能忍耐喝酸的饮品	63
第32课	孩子能忍耐喝咸的饮品	66
第33课	孩子能拒绝喝过量的饮品	68
第34课	喝的水太热，孩子能等待	69
第35课	孩子能忍耐饮品到手却不立即到口	71

第三编　个人卫生课 …… 74

第36课	孩子能忍耐刷牙的不适	74
第37课	孩子能忍耐洗脸的不适	76
第38课	孩子能向协助者表达洗澡的水很冷	78
第39课	孩子能选择用温水洗澡	80
第40课	孩子能表达洗澡的水很烫	81
第41课	当孩子感受到水温不合适时，能正确称呼协助者	83
第42课	孩子能向协助者表达如厕的需求	85
第43课	孩子能选择穿厚度合适的衣服	87
第44课	孩子能选择穿鞋	89
第45课	孩子能选择穿大小合适的鞋	90
第46课	孩子困了，能向协助者表达睡觉的需求	92
第47课	孩子能选择睡舒服的床垫	94
第48课	孩子能选择穿舒适的衣物	96
第49课	孩子能选择穿软硬合适的鞋	98
第50课	孩子能选择穿防滑鞋	99
第51课	孩子能忍耐理发的不适	101
第52课	孩子能配合协助者的指令擦嘴	103
第53课	孩子能配合协助者的指令洗手	104
第54课	孩子能配合协助者的指令刷牙	106
第55课	孩子能配合协助者的指令穿衣	109
第56课	孩子能配合协助者的指令洗脸	110
第57课	孩子能配合协助者的指令洗澡	113
第58课	孩子能向协助者表达拿床上用品的需求	115

第四编　环境卫生课 …… 117

第59课	擦地板时，孩子能忍耐痛的感受	117
第60课	擦地板时，孩子能表达痛的感受	119
第61课	擦地板时，孩子脚痛了能向协助者表达休息的需求	121

第62课　擦地板时，孩子脚痛了能正确称呼协助者 …………………… 124
第63课　擦地板时，孩子能忍耐累的感受 ………………………………… 126
第64课　擦地板时，孩子能表达累的感受 ………………………………… 128
第65课　擦地板时，孩子累了能向协助者表达休息的需求 …………… 131
第66课　擦地板时，孩子累了能正确称呼协助者 ……………………… 133
第67课　提水时，孩子能忍耐痛的感受 …………………………………… 135
第68课　提水时，孩子能表达痛的感受 …………………………………… 137
第69课　提水时，孩子手痛了能向协助者表达休息的需求 …………… 140
第70课　提水时，孩子手痛了能正确称呼协助者 ………………………… 142
第71课　提水时，孩子能忍耐累的感受 …………………………………… 144
第72课　提水时，孩子能表达累的感受 …………………………………… 147
第73课　提水时，孩子累了能向协助者表达休息的需求 ……………… 149
第74课　提水时，孩子累了能正确称呼协助者 …………………………… 152
第75课　提水时，孩子能忍耐热的感受 …………………………………… 154
第76课　提水时，孩子能表达热的感受 …………………………………… 156
第77课　提水时，孩子热了能向协助者表达喝水的需求 ……………… 159
第78课　提水时，孩子热了能正确称呼协助者 …………………………… 161
第79课　提重物时，孩子能忍耐痛的感受 ………………………………… 163
第80课　提重物时，孩子能表达痛的感受 ………………………………… 166
第81课　提重物时，孩子手痛了能正确称呼协助者 …………………… 168
第82课　提重物时，孩子能忍耐累的感受 ………………………………… 170
第83课　提重物时，孩子能向协助者表达累的感受 …………………… 172
第84课　提重物时，孩子累了能向协助者表达休息的需求 …………… 175
第85课　提重物时，孩子累了能正确称呼协助者 ………………………… 177
第86课　孩子能配合协助者的指令洗碗 …………………………………… 179
第87课　孩子能配合协助者的指令洗杯子 ………………………………… 181
第88课　孩子能配合协助者的指令整理床铺 ……………………………… 183
第89课　孩子能配合协助者的指令收拾衣服 ……………………………… 185
第90课　孩子能配合协助者的指令抹餐桌 ………………………………… 187
第91课　孩子能配合协助者的指令擦玻璃 ………………………………… 188

第五编　休闲活动课 …………………………………………………………… 191

第92课　爬山时，孩子能忍耐累的感受 …………………………………… 191
第93课　爬山时，孩子能表达累的感受 …………………………………… 193
第94课　爬山时，孩子累了能向协助者表达休息的需求 ……………… 196
第95课　爬山时，孩子累了能正确称呼协助者 …………………………… 198
第96课　爬山时，孩子能忍耐热的感受 …………………………………… 201
第97课　爬山时，孩子能表达热的感受 …………………………………… 203

第 98 课	爬山时，孩子热了能向协助者表达喝水的需求	205
第 99 课	爬山时，孩子热了能正确称呼协助者	208
第 100 课	跑步时，孩子能忍耐累的感受	210
第 101 课	跑步时，孩子能表达累的感受	213
第 102 课	跑步时，孩子累了能向协助者表达休息的需求	216
第 103 课	跑步时，孩子累了能正确称呼协助者	219
第 104 课	跑步时，孩子能忍耐热的感受	222
第 105 课	跑步时，孩子能表达热的感受	225
第 106 课	跑步时，孩子热了能向协助者表达喝水的需求	227
第 107 课	跑步时，孩子热了能正确称呼协助者	230
第 108 课	跳绳时，孩子能忍耐累的感受	233
第 109 课	跳绳时，孩子能表达累的感受	235
第 110 课	跳绳时，孩子累了能向协助者表达休息的需求	238
第 111 课	跳绳时，孩子累了能正确称呼协助者	240
第 112 课	跳绳时，孩子能忍耐痛的感受	243
第 113 课	跳绳时，孩子能表达痛的感受	245
第 114 课	跳绳时，孩子脚痛了能向协助者表达休息的需求	247
第 115 课	跳绳时，孩子脚痛了能正确称呼协助者	250
第 116 课	潜水时，孩子能忍耐憋气	252
第 117 课	游泳时，孩子能忍耐冷的感受	254
第 118 课	游泳时，孩子能表达冷的感受	256
第 119 课	游泳时，孩子冷了能正确称呼协助者	258
第 120 课	游泳时，孩子能选择恒温泳池	260

第一编 吃 饭 课

第 1 课 孩子能忍耐吃饭的需求

一、教学目标

孩子能忍耐吃饭的需求。

二、教学重点

1. 孩子能延迟满足吃饭的需求。
2. 孩子能配合协助者的指令完成餐前准备、个人卫生清洁的任务。
3. 挑食的孩子能忍耐吃一定量自己不喜欢的食物。

三、教学准备

1. 1 盒代币，1 个用来装代币的腰包，代币数量分别是 1、2、3、4、5 的参照板。
2. 一日三餐都备 1 碗孩子不喜欢吃的食物和适量孩子喜欢吃的食物。

四、指导语

1. ××（孩子的姓名）肚子饿了？××（孩子的姓名）吃什么？
2. 我要吃××（食物的名称）。
3. 洗了手（刷完牙、洗完脸、换好衣服等）才可以吃。
4. 拿什么装饭（汤）？（拿碗、拿饭勺、拿汤勺）
5. 用什么吃饭？（拿匙羹/拿筷子）
6. ××（孩子的姓名）还有什么没有做？做完才能吃饭。

五、教学过程

活动一：餐前准备

1. 协助者出示用餐食物，孩子主动伸手拿食物时，协助者立刻阻止孩子拿食物

的行为。

2. 协助者问孩子："你要吃什么"，引导孩子表达自己的需求，要求孩子用手指出或者语言表达"我要吃××"。孩子表达后，协助者奖励1小口食物。

3. 协助者引导孩子配合指令完成餐前准备的系列任务。

4. 协助者对孩子发出指令："洗手"，要求孩子完成洗手的动作，能做到的奖励1小口食物。

5. 协助者引导孩子配合指令拿餐具——碗、匙羹（筷子）、饭勺、汤勺等，要求孩子正确地拿出相应的餐具，每拿对1样餐具就奖励1小口食物。

6. 协助者引导孩子配合指令装食物，要求孩子正确地舀相应的食物，每装1种食物就奖励1小口食物。

7. 孩子完成餐前准备的任务后方可用餐。

活动二：餐前个人卫生清洁

1. 协助者出示早餐，孩子主动伸手拿食物时，协助者立刻阻止孩子拿食物的行为。

2. 协助者问孩子"你要吃什么"，引导孩子表达自己的需求，要求孩子用手指出或者语言表达"我要吃××"。孩子表达后，协助者奖励1小口食物。

3. 协助者引导孩子配合指令完成晨起后的个人卫生清洁。

4. 协助者对孩子发出指令"刷牙（洗脸）"，要求孩子完成晨起的洗漱，每完成1项清洁就奖励1小口食物。

5. 协助者对孩子发出指令"穿衣（穿鞋）"，要求孩子完成晨起的着衣，每完成1项任务就奖励1小口食物。

6. 协助者引导孩子配合指令摆放洗漱用品和衣物，要求把物品整齐地摆放在指定位置，每摆放好1样物品就奖励1小口食物。

7. 协助者引导孩子配合指令整理床铺，要求把枕头、被子摆放整齐，每摆放好1样物品就奖励1小口食物。

8. 孩子完成以上晨起后的个人卫生清洁后方可用餐。

活动三：干活赚代币

1. 协助者出示用餐食物，孩子主动伸手拿食物时，协助者立刻阻止孩子拿食物的行为。

2. 孩子靠近食物、观察食物，协助者出示代币并询问孩子"你有没有代币？"要求孩子用代币兑换食物。若孩子没有代币，协助者让孩子去做事赚代币，孩子不知道要做什么时，协助者给孩子发指令提醒。

3. 若孩子主动去刷牙、洗脸、换衣服、换鞋、整理床铺，那么孩子每完成1项任务就奖励1个代币。协助者提醒孩子保管代币，把代币放进自己的腰包里。

4. 孩子拿到代币后再次靠近食物时，协助者引导孩子拿代币兑换自己需要的食物，要求孩子用动作或言语向协助者表达自己要吃什么食物。

5. 孩子表达自己需要的食物后，协助者在孩子表达的食物前放 1 张代币数量参照板来表示该食物需要几个代币来兑换。协助者引导孩子把代币拿出来放在参照板上，代币够了就兑换成功，代币不够则继续干活赚代币。

活动四：忍耐吃自己不喜欢的食物

1. 协助者出示孩子喜欢吃的用餐食物，孩子主动伸手拿食物时，协助者立刻阻止孩子拿食物的行为。

2. 协助者出示孩子不喜欢吃的食物并要求孩子吃完。要求：必须把不喜欢吃的食物都吃完，才可以吃自己喜欢的食物。

六、教学建议

1. 协助者的指令包括动作指令和言语指令，注意协助者发指令要从动作指令向言语指令过渡。

2. 协助者要控制孩子每一顿饭的食量，避免食量过大。

3. 活动二的个人卫生清洁，若孩子吃早餐时表现出吃饭的需求不足、不配合协助者的指令，协助者则留到下一顿饭再训练。

4. 如果在活动二中孩子早餐前能顺利完成洗漱、穿衣、整理床铺等个人卫生清洁训练，协助者可参照活动设计稍做变动。协助者可选择午餐前和晚餐前训练孩子忍耐吃饭的需求，训练孩子配合协助者的指令进行个人卫生清洁以及简单的家居清洁训练。如午餐前可训练孩子洗衣、洗碗、抹餐桌、扫地、拖地等，晚餐前训练孩子午休后的洗漱、整理床铺、收衣服、折衣服等。

5. 孩子配合指令完成的动作要求应遵循由简单到复杂的原则。如刷牙对于孩子们来说是一项比较复杂的工序。刚开始协助者只要求孩子漱口和配合协助者的动作刷牙；当孩子熟练后，协助者再提出更高的动作要求，就是孩子在协助者的提醒下刷牙；最后要求孩子独立刷牙。

6. 活动三刚开始训练时，要求孩子用 1 个代币兑换一小口自己需要的食物。若是孩子越来越配合，协助者就要适当提高要求，规定一顿饭至少需要 9 个代币兑换以及每一样食物所需的代币数量分别是多少，如 2 个代币换一碗饭、1 个代币换一碗汤、6 个代币换一碟菜。孩子的每一顿饭都必须用代币来兑换才能获得。

7. 活动四是专门针对挑食的孩子开展的训练。如果孩子对食物的需求不足或食量很少，那么协助者必须要求孩子把自己不喜欢的食物吃完才能吃自己喜欢的食物。如果孩子对食物的需求很足，可以吃一口不喜欢的食物再吃一口喜欢的食物，一点一点地让孩子忍耐自己不喜欢的食物。

8. 每个活动至少要训练一周以上，孩子积极配合，动作熟练后，协助者再增添新活动。

第 2 课　孩子能配合协助者的指令完成餐前任务

一、教学目标

孩子能配合协助者的指令完成餐前任务。

二、教学重点

1. 孩子知道自己吃饭的需求。
2. 孩子能向协助者表达自己吃饭的需求。
3. 孩子能配合协助者的指令完成指定的餐前任务。

三、教学准备

1. 准备一些孩子喜欢吃的和不太喜欢吃的食物。
2. 代币、代币数量参照板。

四、指导语

1. ××（孩子的姓名），吃什么？
2. 拿代币来换，看一看代币够不够。
3. 代币不够，去干活赚代币。
4. 用代币换××（非孩子自己选择的食物名称）好不好？
5. 你想吃东西？要跟谁说呢？怎么说？
6. 代币够不够？代币够了，要怎么做？代币不够，要怎么做？
7. 不干活就没有换东西的代币。

五、教学过程

活动一：选择自己喜欢的食物

1. 用餐时间到了，协助者出示多种食物并提醒孩子：吃饭了。
2. 当孩子饿了，主动靠近食物或者伸手拿食物时，协助者提问："你要吃什么？"要求孩子从多种食物中选择自己喜欢的一种食物并向协助者表达自己需要的食物。
3. 协助者要求孩子用代币兑换自己需要的食物。若孩子的代币不够，协助者引导孩子配合指令去干活赚代币。

4. 当孩子赚够代币并兑换后，拿到自己喜欢的食物时，协助者干扰孩子的选择，用别的食物和孩子交换孩子自己选择的食物，询问孩子："我用这个和你换××（食物的名称）好不好？"最后，孩子选择了什么就吃什么。

5. 每一餐饭至少训练 10 次以上。观察孩子能否选择自己需要的食物。

活动二：求助他人

1. 当孩子饿了，主动靠近食物或者伸手拿食物时，协助者引导孩子表达自己的需求，询问孩子："你要吃什么？"要求：用语言或手势动作表达。
2. 协助者引导孩子用代币兑换食物，要求孩子区分自己的代币够不够。代币够的孩子，能去洗手、拿餐具和食物；代币不够的孩子，则去找人拿代币。
3. 代币不够的孩子，协助者引导孩子去找人要代币，要求正确地区分谁有代币。若孩子找的人没有代币，则告诉孩子："我没有代币。"若孩子找到有代币的人，此人则让孩子去干活才会给代币。

活动三：配合指令做清洁

1. 协助者让需要代币的孩子完成餐前准备任务来赚代币。
2. 协助者引导孩子抹餐桌，要求孩子主动配合指令完成拿抹布、洗抹布、拧抹布、抹餐桌、把抹布放回原位并挂好。能配合完成以上系列任务的孩子，奖励 1 个代币；若孩子不配合，则不奖励代币。
3. 当孩子拿到代币后，协助者提醒孩子去兑换，看看自己的代币够不够。
4. 若孩子的代币不够，协助者继续引导孩子干活赚代币，要求孩子配合指令把用餐食物和餐具摆在餐桌上。能配合完成的孩子，奖励 1 个代币；若孩子不配合，则不奖励代币。

六、教学建议

1. 准备一些孩子喜欢的食物和不太喜欢的食物，让孩子选择，知道自己需要什么。
2. 孩子看到喜欢的食物，需求会更足，配合的积极性会更高。
3. 孩子没有代币找谁去拿？让孩子对人进行判断，再做出选择。
4. 让孩子学会判断他人的指令是对自己有利的，从而选择配合他人指令，满足自身的需要。

第3课　孩子能向协助者表达吃饭的需求

一、教学目标

孩子能向协助者表达吃饭的需求。

二、教学重点

1. 孩子能与协助者有眼神交流。
2. 孩子能理解协助者的询问："你要吃什么",并能用语言或动作表达吃饭的需求。
3. 孩子能主动向协助者表达吃饭的需求。

三、教学准备

1. 用餐食物。
2. 代币、代币数量参照板。
3. 1个喷壶、1条干抹布、1个干拖把（或者海绵拖把）。

四、指导语

1. 眼睛看着××（协助者的称谓）。
2. ××（孩子的姓名）吃什么？××（孩子的姓名）要吃饭（菜、肉、面、面包等）。
3. ××（孩子的姓名）吃什么？用手指出来。

五、教学过程

活动一：看着人说话

1. 协助者出示用餐食物，提醒孩子吃饭了。
2. 当孩子主动靠近食物、伸手拿食物或者拿代币兑换食物时，协助者观察孩子的眼睛是否看人。孩子的眼睛是看人的，协助者才给予回应；否则，协助者就不吭声，也不让孩子轻易拿到食物。
3. 当孩子的眼睛看着协助者时，协助者询问孩子："你要吃什么？"孩子回答时，要有眼神交流，否则，协助者就停止和孩子交流。
4. 当孩子表达需求后，孩子可用1个代币兑换一小口食物。

5. 若孩子的代币不够，协助者让孩子干活赚代币。协助者用喷壶在窗户的玻璃上喷水，让孩子去拿干抹布擦窗户。能把窗户上的水珠擦干，就奖励 1 个代币。

6. 协助者让孩子擦完窗户后，要求把抹布洗干净并放回原位。

7. 步骤 1～5 至少重复训练 10 遍。

活动二：你问我答

1. 协助者出示用餐食物，提醒孩子吃饭了。

2. 当孩子主动靠近食物、伸手拿食物或者拿代币兑换食物时，协助者观察孩子的眼睛是否看人。孩子的眼睛是看人的，协助者才给予回应；否则，协助者就不吭声，也不让孩子轻易拿到食物。

3. 当孩子的眼睛看着协助者时，协助者询问孩子："你要吃什么？"引导孩子用语言表达"我要吃饭（菜、面、面包等）"，或者用手指的动作表达自己要吃什么。

4. 当孩子表达完需求后，让孩子用 1 个代币兑换一小口食物。

5. 若孩子的代币不够，协助者让孩子干活赚代币。协助者在地上用喷壶喷水，让孩子去拿个拖把拖地。如果要求孩子把地上的水拖干，就能被奖励 1 个代币。

6. 孩子拖完地后，协助者引导孩子把拖把放回原位。

活动三：表达"我要吃饭"

1. 协助者出示用餐食物，孩子主动向协助者表达自己要吃什么时，协助者观察孩子是否有眼神交流以及能否正确地用语言或动作表达自己需要的食物。

2. 当孩子能主动做出以上行为时，协助者拿出代币数量参照板，提醒孩子用代币兑换自己需要的食物，要求 1 个代币兑换一小口食物。

3. 若孩子能主动表达需要且对食物量有要求，那么协助者可拿两个碗，一个碗里装正常量的食物，另一个碗装一小口食物。若孩子要正常量的食物，就用更多的代币兑换；若只要一小口的食物，就用 1 个代币兑换。

六、教学建议

1. 孩子的每一口食物都必须是按要求表达后获得的。

2. 孩子用 1 个代币换一小口食物，保证每一顿饭达到孩子的需求量。

3. 3 个活动给孩子提出的要求是循序渐进的，训练点落在与人互动方面。首先是要求孩子向协助者表达时有眼神交流，其次是认真聆听和理解协助者的提问并能回答，最后是当自己有需求时能找人并清楚地表达出来，从而满足自身的需求。

4. 若孩子的代币不够，协助者让孩子干活赚代币。可继续训练孩子做第 1～2 课的教学设计中的活动，如餐前准备、个人卫生清洁、抹餐桌等家居清洁。

5. 协助者用喷壶在地面或窗户上喷水时，刚开始喷的范围不要太大，以免难度过大。

6. 若早餐是吃面包，则请把面包切成若干小块。一小块面包用 1 个代币兑换。

第 4 课　孩子向协助者要食物充饥时，能称呼协助者

一、教学目标

孩子向协助者要食物充饥时，能称呼协助者。

二、教学重点

1. 孩子能分辨自己需要求助的人是谁。
2. 孩子能在提示下称呼协助者。
3. 孩子能正确称呼协助者。

三、教学准备

1. 2 个协助者，如妈妈、爸爸。
2. 代币若干，代币数量参照板。
3. 用餐食物，饭前孩子没有代币或者代币不够换吃的。

四、指导语

1. 饿了，××（孩子的姓名）吃什么？
2. ××（孩子的姓名）有没有代币？代币够不够？
3. ××（孩子的姓名）没有代币/代币不够，看看谁有代币，找谁拿代币。
4. ××（孩子的姓名）想吃东西，先叫我。不叫人，没得吃。
5. 我是谁？××（爸爸、妈妈等称谓）。

五、教学过程

活动一：找谁要代币？

1. A 协助者出示早餐食物，孩子饿了想吃东西，靠近食物。
2. A 协助者引导孩子用代币兑换食物，询问孩子："你饿了？你要吃什么？"孩子表达后，A 协助者出示代币数量参照板，接着询问孩子："你有没有代币？要用代币换东西吃。"
3. 孩子没有代币，A 协助者引导孩子看看谁有代币并表达自己要代币的需求。

若孩子能发现 B 协助者有代币并主动表达拿代币的需要，则奖励 1 个代币。

4. 步骤 3 至少重复训练 10 遍。

活动二：求助的人是谁？

1. B 协助者出示早餐食物，孩子饿了能主动找 B 协助者表达自己需要的食物。
2. 孩子表达后，B 协助者让孩子称呼人，若不称呼人则不给吃的，引导孩子在他人提示下正确地称呼。
3. 孩子称呼后，B 协助者出示代币数量参照板，接着询问孩子："××（孩子的姓名）有没有代币？要用代币换东西吃。"
4. 孩子没有代币或者发现自己的代币不够，B 协助者引导孩子主动发现 A 协助者有代币并主动表达拿代币的需要，A 协助者引导孩子称呼求助的人，若孩子能在他人提示下正确地称呼，则奖励 1 个代币。
5. 步骤 1～4 至少重复训练 10 遍。

活动三：礼貌求助他人

1. A 协助者出示早餐食物，孩子饿了能主动找 A 协助者并主动称呼 A 协助者后，向 A 协助者表达自己需要的食物："××（称谓），我要吃××（食物的名称）。"
2. A 协助者引导孩子主动用代币兑换食物，A 协助者出示代币数量参照板，引导孩子观察自己的代币数量够不够，要求孩子把自己的代币一个一个地放在数量参照板上，放满了就可以换到自己需要的食物，否则拿不到食物。
3. 孩子没有代币或代币不够时，主动发现 B 协助者有代币并称呼协助者之后表达拿代币的需求："××（称谓），我要代币。"能做到的奖励 1 个代币。
4. 步骤 1～3 至少重复训练 10 遍。

六、教学建议

1. 留意孩子与人互动时的眼神交流，称呼、表达的同时要求孩子眼睛看着对方。
2. 刚开始训练时，为了及时强化孩子正确与人互动的行为，只要孩子找到求助的人，能正确地称呼以及向协助者表达自己的需求，就直接奖励代币。若在活动三中，孩子非常主动，行为非常熟练，协助者就不要直接奖励代币了，而是让孩子干活后过来拿代币。
3. 孩子称呼的是每天给自己提供帮助的人。

第 5 课　孩子能忍耐酸的食物

一、教学目标

孩子能忍耐酸的食物。

二、教学重点

1. 孩子能体验到酸的不适。
2. 孩子能忍耐酸的不适。

三、教学准备

1. 10 个柠檬、20 个年橘。
2. 4 瓶白醋、1 瓶陈醋、1 瓶浙醋、1 包盐。
3. 2 个白萝卜、2 个胡萝卜，把萝卜切成块状，撒上适量的盐并搓出萝卜的水分后，把水倒掉，再倒入白醋腌制萝卜，泡 2 天。

四、指导语

1. 这是什么水果？柠檬（橘子）。
2. ××（孩子的姓名）吃什么水果？
3. 柠檬（橘子、醋、酸萝卜）酸不酸？还吃吗？怎么不吃了？
4. 柠檬（橘子、醋、酸萝卜）很酸。
5. ××（孩子的姓名）吃什么？吃完了才能吃饭（面等）。
6. 不吃完不能吃饭（面等）。
7. ××（孩子的姓名）加哪一瓶醋？还要不要多加一点？

五、教学过程

活动一：品尝酸酸的水果

1. 饭前，协助者出示年橘、黄柠檬。
2. 孩子饿了，向协助者表达吃的需求并用代币兑换，要求用动作或语言表达"我要吃橘子（柠檬）"，能做到的给予相应的食物。至少一次用小碟装给孩子 1 个柠檬或 3 个橘子，让孩子感受到酸的不适。
3. 协助者观察孩子是否感受到酸的不适，若孩子感受到酸的不适，自己碟里的水果还没有吃完，就不想吃了。

4. 协助者出示用餐食物，引导孩子把碟里的水果吃完才能吃用餐食物，要求忍耐酸的不适，能做到的允许用餐。

5. 若孩子吃柠檬、橘子没有感受到不适，协助者继续给孩子吃柠檬或者橘子，直至孩子出现对酸的不适，不想再吃了为止。

6. 协助者引导孩子在此基础上再吃半个柠檬或1～2橘子，要求忍耐酸的不适，能做到的才允许用餐。

活动二：品尝酸酸的调味料

1. 协助者出示不放任何味道的水煮面条。

2. 孩子饿了，向协助者表达吃面条的需要，要求：先称呼协助者后表达，并有眼神交流。

3. 协助者出示代币数量参照板，让孩子用1个代币兑换一小勺面条。

4. 协助者出示白醋、浙醋、陈醋各一瓶，供孩子选择，并提问："你要放哪一瓶？"要求孩子选择其中一种醋并倒入面条中，完成后方可进食。尽可能让孩子多倒一些醋到面条里。

5. 协助者观察孩子是否感受到加了醋的面条很酸，若孩子感受到酸的不适，而自己碗里还有面条和醋，就不想吃了。

6. 协助者出示面条，引导孩子把碗里的醋和面都吃完才能再装面条，要求忍耐酸的不适，能做到的才能添面条。

7. 若协助者观察到孩子没有感受到酸的不适，那么让孩子给面条加醋时，只提供白醋或浙醋，并且每次倒入的量适当增加，让孩子体验到酸的不适，表现出不想吃了或拒绝。

8. 协助者引导孩子把碗里的醋和面条都吃光，要求忍耐酸的不适，把碗里的吃完了才能再添面条。

9. 至少重复训练9遍。

活动三：品尝酸酸的腌制品

1. 饭前，协助者出示酸萝卜。

2. 孩子饿了，向协助者表达吃酸萝卜的需求并用代币兑换，要求用动作或语言表达"我要吃酸萝卜"，能做到的给予一碗酸萝卜和醋，一次至少5～6块酸萝卜，让孩子感受到酸的不适。

3. 协助者观察孩子是否感受到酸的不适，若孩子感受到了，那么自己碗里的萝卜和醋还没有吃完，就不想吃了。

4. 协助者出示用餐食物，引导孩子把碟里的萝卜和醋吃完才能吃用餐食物，要求忍耐酸的不适，能做到的允许用餐。

5. 若孩子没有感受到酸的不适，协助者继续给孩子加上一碗酸萝卜和醋，直至孩子出现对酸的不适，不想再吃了。

6. 协助者引导孩子忍耐酸的不适，要求：必须把碗里的酸萝卜和醋吃完才能用餐。

六、教学建议

1. 刚开始提供给孩子酸酸的食物时，必须够酸、量多、块大，有一定硬度，孩子才容易体验到酸的不适，以免孩子出现对酸的适应，一旦适应后再让孩子产生不适的体验，难度就会偏大。

2. 提供白醋、浙醋、陈醋时，建议先提供最酸的白醋或浙醋，再提供有一点甜味的陈醋，孩子更容易出现对酸的不适体验。

3. 酸的食物准备得越丰富越好，酸水果还有青梅、青柠、酸葡萄、未熟的芒果等。

第6课　孩子能倒适量酸的调味料

一、教学目标

孩子能倒适量酸的调味料。

二、教学重点

1. 孩子能倒适量酸的调味料。
2. 孩子能配合指令倒适量酸的调味料。

三、教学准备

1. 白醋、陈醋、浙醋、酱油各1瓶，1包盐。
2. 3条青瓜，拍成小块。
3. 12个煮熟的云吞、一大碗面。

四、指导语

1. ××（孩子的姓名）吃什么？（河粉、青瓜、云吞）用代币换。
2. ××（孩子的姓名）要放什么？
3. 倒少一点儿。
4. 酸不酸？咸不咸？

5. 还要不要再加醋？

五、教学过程

活动一：吃蒸河粉

1. 协助者出示蒸河粉，孩子用 1 个代币兑换一小口河粉。
2. 协助者把陈醋、酱油递给孩子，让孩子自己选择并给河粉调味。
3. 协助者提醒孩子"倒少一点儿"，要求孩子配合协助者的指令放调味料，配合指令的孩子就能吃到好吃的河粉。
4. 若孩子不配合指令，调出来的河粉很酸、很咸，那么孩子必须把碗里的河粉和醋都吃完才能继续兑换。
5. 当孩子感受酸的不适时，协助者拿着陈醋、酱油递给孩子，询问："你还要不要加醋？酱油呢？"孩子拒绝则不用添加，否则把陈醋、酱油递给孩子添加。
6. 步骤 1～5 至少重复 9 遍。

活动二：吃凉拌青瓜

1. 协助者出示青瓜，孩子用 1 个代币兑换一小碗青瓜。
2. 协助者把白醋、盐递给孩子，让孩子自己选择并给青瓜调味。
3. 协助者引导孩子倒适量的白醋、盐，要求孩子配合协助者的指令放白醋、盐，能配合指令的奖励 1 个代币。
4. 若孩子不配合指令，调出来的青瓜很酸、很咸，引导孩子感受酸、咸的不适，要求：必须忍着把碗里的青瓜及汁都吃完，否则不能兑换别的食物。
5. 当孩子感受酸的不适时，协助者拿来白醋、盐，并询问："你还要不要加醋？盐呢？"孩子拒绝则不用添加，否则把白醋、盐递给孩子添加。
6. 步骤 1～5 至少重复 9 遍。

活动三：吃水煮云吞

1. 协助者出示云吞，孩子用 1 个代币换 1 个云吞。
2. 协助者把浙醋、陈醋给孩子，让孩子自己选择并给云吞调味。
3. 协助者观察引导孩子倒适量的浙醋或陈醋，若醋倒多了，云吞很酸，孩子必须忍着把碗里的云吞及醋都吃完，否则不能继续兑换云吞。
4. 当孩子感受酸的不适时，协助者拿来陈醋、浙醋，并询问："你还要不要加醋？"孩子拒绝则不用添加，否则把陈醋、浙醋递给孩子添加。
5. 步骤 1～5 至少重复 9 遍。

六、教学建议

1. 尽量让孩子自己放调味料，协助者可给予语言提示"倒（放）少一点"，尽量让孩子在体验到酸的不适后，知道自己的需要，学会拒绝别人给自己继续添加调味料，学会调整放调味料的分量。

2. 不管孩子倒多少调味料进自己的碗里，必须让孩子把碗里的食物全部吃完，体验酸、咸的不适，孩子可能会出现呕吐的现象。

第7课　孩子能向协助者表达酸的不适

一、教学目标

孩子能向协助者表达酸的不适。

二、教学重点

1. 孩子能用语言或动作向协助者表达食物好酸。
2. 孩子能用语言或动作向协助者表示拒绝酸的食物。

三、教学准备

1. 鲜榨柠檬汁一大壶、榨汁机1台、青梅2斤。
2. 水煮面条、陈醋、酱油各1瓶。

四、指导语

1. ××（孩子的姓名），还要不要柠檬汁（醋、青梅）？
2. ××（孩子的姓名）不要了。
3. 不要的话，××（孩子的姓名），摇摇头（摆摆手）。
4. 怎么不要柠檬汁（醋、青梅）？
5. 柠檬汁（醋、青梅）好酸。
6. 柠檬汁（醋、青梅）是不是很酸呀？
7. 好酸，××（孩子的姓名）点点头。

五、教学过程

活动一：喝柠檬汁

1. 饭前，协助者让孩子喝柠檬汁，一杯接一杯地递给孩子。
2. 孩子喝柠檬汁时，协助者观察孩子酸到皱眉头时，询问："柠檬汁是不是很酸？"协助者引导会说话的孩子表达"柠檬汁好酸"，不会说话的孩子用点头表示。
3. 当柠檬汁太酸，孩子喝不下了，出现躲避别人给自己继续倒柠檬汁时，协助者询问："你还要不要柠檬汁？"协助者引导孩子表达"我不要了"。要求用语言回答"我不要了"或者用摇头、摆手等动作表示。若能正确表达，协助者就停止给孩子加柠檬汁；若不表达，则继续给孩子倒柠檬汁。
4. 孩子表示拒绝后，协助者引导孩子表达"柠檬汁好酸"。协助者询问："怎么不要柠檬汁了呢？"要求会说话的孩子表达"柠檬汁好酸"，不会说话的孩子用点头肯定。
5. 孩子表达后，若杯里还有柠檬汁，协助者提醒孩子："柠檬汁好酸，你喝完这杯就不喝了。"

活动二：吃凉拌面

1. 协助者出示水煮面条，孩子用1个代币与协助者兑换一小口面条。
2. 协助者把陈醋、酱油递给孩子，让孩子自己选择并给面条调味。
3. 当孩子自己倒完酱油、陈醋后，或者当孩子倒了太多的陈醋或酱油感觉又酸又咸时，协助者把陈醋递给孩子，并询问："你还要不要再加点醋？"
4. 协助者引导孩子表达"我不要了"，要求用语言回答或者用摇头、摆手等动作表示。若能正确表达，协助者就不递陈醋给他；若不表达，协助者就把陈醋递给孩子让他继续倒。
5. 孩子表示拒绝后，协助者引导孩子表达"醋好酸"。协助者询问："怎么不要醋呢？"要求会说话的孩子表达"醋好酸"，不会说话的孩子用点头肯定。
6. 步骤1～5至少重复9遍。

活动三：吃青梅

1. 饭前，协助者让孩子吃青梅，一个接一个地递给孩子。
2. 孩子吃青梅时，协助者观察孩子酸到皱眉头时，询问："青梅是不是很酸？"协助者引导会说话的孩子表达"青梅好酸"，不会说话的孩子用点头表示。
3. 当青梅太酸，孩子吃不下，出现躲避别人递给他青梅时，协助者询问："你还要不要青梅？"协助者引导孩子表达"我不要了"。要求用语言回答或者用摇头、摆

手等动作表示。若能正确表达，协助者就停止递给孩子青梅；若不表达，则继续递给孩子青梅。

4. 孩子表示拒绝后，协助者引导孩子表达"青梅好酸"。协助者询问："怎么不要青梅了呢？"要求会说话的孩子表达："青梅好酸"，不会说话的孩子用点头肯定。

5. 孩子表达后，协助者提醒孩子："青梅好酸，你吃完这个就不要再吃了。"

6. 步骤 1～5 至少重复训练 9 遍。

六、教学建议

1. 若买不到青梅，也可以买一些比较酸的李子、橘子等水果来代替。
2. 协助者要关注孩子与人互动时的眼神交流。

第 8 课　孩子找协助者拿酸的食物时，能称呼协助者

一、教学目标

孩子找协助者拿酸的食物时，能称呼协助者。

二、教学重点

1. 向协助者表达自己需要的食物时，能称呼协助者。
2. 称呼时，孩子能用眼睛看着协助者。
3. 孩子能正确称呼协助者。

三、教学准备

1. 红薯粉、豆腐皮切成丝，牛肉用开水煮熟捞起待用，这些食物都不放调味料。
2. 牛肉整块煮，煮的时间比较长，煮好了放凉后切成片。
3. 陈醋、酱油、花生油、盐适量。

四、指导语

1. ××（孩子的姓名）要吃什么？我要粉（菜、肉）。
2. 叫我，不叫人，我不给你吃。
3. 我是谁？××（称谓）。
4. 眼睛看着我。
5. ××（孩子的姓名）要加什么？（醋、盐、酱油、油）
6. 慢点儿，放少点儿。

7. 好不好吃？××（孩子的姓名）要不要调味？

五、教学过程

活动一：吃凉拌粉条

1. 协助者出示凉拌粉条以及调味料，提醒孩子吃饭了。
2. 孩子饿了，主动靠近协助者。协助者观察孩子能否主动称呼协助者以及表达自己的需求："××（称呼），我要吃粉。"要求孩子正确地称呼并用眼睛看着协助者，能做到的给予一小口粉条。
3. 孩子吃了没有味道的粉条，观察孩子能否主动向协助者表达要调味料。
4. 若孩子能主动表达，则协助者引导孩子先称呼人再表达自己的需求，能按要求做到的给予相应的调味料。
5. 若孩子没有调味的需要，则协助者在孩子继续添加食物时提醒孩子："你要不要加点味道呢？"
6. 步骤2~5至少重复训练5遍。

活动二：吃凉拌豆腐皮

1. 协助者出示凉拌豆腐皮以及调味料。
2. 孩子饿了，主动靠近协助者。协助者观察孩子能否主动称呼协助者以及表达自己的需求："××（称呼），我要吃菜。"要求孩子正确地称呼并用眼睛看着协助者，能做到的给予一小口豆腐皮。
3. 孩子吃了没有味道的豆腐皮，观察孩子能否主动向协助者表达要调味料。
4. 若孩子能主动表达，则协助者引导孩子先称呼人再表达自己的需求，能按要求做到的给予相应的调味料。
5. 若孩子没有调味的需要，则协助者在孩子继续添加食物时，提醒孩子："你要不要加点味道呢？"
6. 步骤2~5至少重复训练5遍。

活动三：吃凉拌牛肉

1. 协助者出示牛肉以及调味料，提醒孩子吃肉。
2. 孩子饿了，主动靠近协助者。协助者观察孩子能否主动称呼协助者以及表达自己的需求："××（称呼），我要吃肉。"要求孩子正确地称呼并用眼睛看着协助者，能做到的给予几块牛肉。
3. 孩子吃了没有味道的牛肉，观察孩子能否主动向协助者表达要调味料。
4. 若孩子能主动表达，则协助者引导孩子先称呼人再表达自己的需求，能按要求做到的给予相应的调味料。

5. 若孩子没有调味的需要，则协助者在孩子继续添加食物时提醒孩子："你要不要加点味道呢？"

6. 步骤2～5至少重复训练5遍。

六、教学建议

1. 活动一、二、三可在一顿饭中实现，有菜、有肉、有主食，食物越丰富，孩子的食欲越强，跟人互动的欲望也越强，从而训练的机会就越多。

2. 协助者可以根据孩子的喜好调整凉拌菜的食材，可做凉拌木耳、凉拌藕片、凉拌面、凉拌粉皮等。

3. 若孩子从来没有吃过这些菜，刚训练时，可先让孩子尝一下好吃的凉拌菜，激发孩子的食欲。孩子对自己不熟悉的菜会不感兴趣。

第9课　孩子能忍耐咸的不适

一、教学目标

孩子能忍耐咸的不适。

二、教学重点

1. 孩子体验咸的不适。
2. 孩子能把自己装盛的很咸的食物吃完。

三、教学准备

1. 1瓶酱油、1碗盐油。
2. 1盘水饺、1盘水煮面条、1锅米饭。

四、指导语

1. ××（孩子的姓名），吃什么？
2. ××（孩子的姓名）要代币吗？
3. ××（孩子的姓名）没有代币，去扫地（拖地、抹窗）赚代币。
4. 给饺子（面条、饭）加点酱油（油）。
5. 酱油（油）好咸。
6. 少倒（放）一点酱油。

第一编 吃饭课

五、教学过程

活动一：饺子蘸酱油

1. 协助者出示水饺、酱油。孩子饿了，主动用代币兑换水饺，1个代币换1个饺子。
2. 若孩子没有代币，协助者就让孩子扫地来赚代币。要求孩子把地上的垃圾扫进垃圾铲，能做到的奖励1个代币。
3. 孩子把代币放进代币数量参照板后，主动称呼协助者并表达"××，我要吃饺子"，能按要求做到的可舀1个饺子。
4. 协助者递给孩子1瓶酱油，引导孩子倒适量的酱油，要求配合协助者的指令"倒一点"。
5. 孩子不配合指令，酱油倒多了，协助者让孩子体验酱油很咸，要求：必须把碗里的饺子和酱油吃完了，才能再兑换饺子。
6. 步骤1～5至少重复9遍。

活动二：吃酱油拌面

1. 协助者出示面条和1碗煮过的酱油。孩子饿了，主动用代币兑换面条，1个代币换一小勺面条。
2. 若孩子没有代币，协助者让孩子拖地来赚代币。要求孩子把地上的水拖干，能做到的奖励1个代币。
3. 孩子把代币放进代币数量参照板后，主动称呼协助者并表达"××，我要吃面"，能按要求做到的给舀一小勺面条。
4. 协助者递给孩子一碗酱油，引导孩子舀适量的酱油，要求配合协助者的指令"倒一点"。
5. 若孩子不配合指令，酱油舀多了，协助者让孩子体验酱油很咸。协助者询问孩子："酱油咸不咸？"引导孩子表达"酱油很咸"，然后提醒孩子要少放一点酱油。
6. 协助者引导孩子忍耐咸的不适，要求：必须把碗里的面条和酱油吃完了，才能再兑换面条。
7. 步骤1～6至少重复9遍。

活动三：吃盐油饭

1. 协助者出示米饭和1碗煮过的盐油。孩子饿了，主动用代币兑换米饭，1个代币换一小勺米饭。
2. 若孩子没有代币，协助者让孩子抹窗户来赚代币。要求孩子把窗户上的水擦

干,能做到的奖励1个代币。

3. 孩子把代币放进代币数量参照板后,主动称呼协助者并表达"××,我要吃饭",能按要求做到的就给舀一小勺米饭。

4. 协助者递给孩子一碗盐油,引导孩子舀适量的盐油,要求配合协助者的指令"倒一点"。

5. 若孩子不配合指令,盐油舀多了,协助者让孩子体验盐油很咸。协助者询问孩子:"油咸不咸?"引导孩子表达"油很咸",孩子表达后提醒其少放一点油。

6. 协助者引导孩子忍耐咸的不适,要求:必须把碗里的咸米饭吃完了,才能再兑换米饭。

7. 步骤1～6至少重复9遍。

六、教学建议

1. 若孩子在认识酸的过程中,对酱油也有了认识,知道酱油很咸,选择少放点儿酱油,避免食物很咸,那么,可不必训练孩子忍耐咸的不适。

2. 孩子必须用代币兑换食物,若没有代币或代币不够,可通过扫地、拖地、抹窗等家居清洁活动来赚代币。当然,孩子每天完成个人卫生清洁也可以赚代币,协助者要提醒孩子保管代币。

第10课　孩子能倒适量咸的调味料

一、教学目标

孩子能倒适量咸的调味料。

二、教学重点

孩子能主动倒适量的盐、酱油。

三、教学准备

1. 1碗煮熟的酱油、1包盐。
2. 没有调味的粥、汤、蒸猪肠粉。

四、指导语

1. 你要吃什么?(粉、汤、粥)用代币换。
2. 没味的,放酱油(盐)。

3. 倒少一点儿。
4. 咸不咸？
5. 还要不要再加酱油（盐）？

五、教学过程

活动一：吃蒸猪肠粉

1. 协助者出示蒸猪肠粉，孩子用1个代币兑换两小份猪肠粉。
2. 协助者把酱油递给孩子，让孩子自己给猪肠粉调味。
3. 协助者提醒孩子"倒少一点儿"。要求孩子配合指令放调味料。配合指令的孩子能吃到不会很咸的猪肠粉。
4. 若孩子不配合指令，猪肠粉就很咸，要求孩子必须把碗里的粉和酱油都吃完才能继续兑换。
5. 当孩子感受到咸的不适时，协助者把酱油递给孩子，并询问："你还要不要加酱油？"孩子给予拒绝则不用添加，否则把酱油递给孩子添加。
6. 步骤1～5至少重复9遍。

活动二：喝汤

1. 协助者出示汤，孩子用1个代币兑换一小碗汤。
2. 协助者把盐递给孩子，让孩子自己调味。
3. 协助者不提醒孩子放多少盐，让孩子自己放盐。
4. 若孩子的汤调得很咸，引导孩子感受咸的不适。要求：必须忍着把汤都喝完，否则不能兑换其他食物。
5. 当孩子感受到咸的不适时，协助者把盐递给孩子，并询问："你还要不要加盐？"孩子给予拒绝则不用添加，否则把盐递给孩子添加。
6. 步骤1～5至少重复9遍。

活动三：喝粥

1. 协助者出示粥，孩子用1个代币兑换一小碗粥。
2. 协助者把盐递给孩子，让孩子自己调味。
3. 协助者不提醒孩子放多少盐，让孩子自己放盐。
4. 若孩子的粥调得很咸，引导孩子体验咸的不适。要求：必须忍着把粥都喝完，否则不能兑换其他食物。
5. 当孩子感受到咸的不适时，协助者把盐递给孩子，并询问："你还要不要加盐？"孩子给予拒绝则不用添加，否则把盐递给孩子添加。

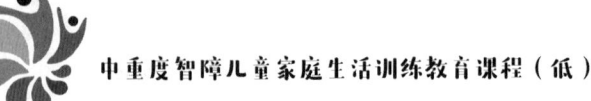

6. 步骤1~5至少重复9遍。

六、教学建议

1. 尽量让孩子自己放调味料，协助者逐渐减少语言提示"倒（放）少一点"，尽量让孩子在体验到咸的不适后，知道自己的需要，学会拒绝别人给自己继续添加调味料，学会调整放调味料的分量。

2. 不管孩子倒多少盐或酱油进自己的碗里，必须让孩子把碗里的食物全部吃完，体验到咸的不适，孩子可能会出现呕吐的现象。

第11课 孩子能向协助者表达咸的不适

一、教学目标

孩子能向协助者表达咸的不适。

二、教学重点

1. 体验食物咸得难以下咽。
2. 孩子能拒绝太咸的食物。
3. 孩子能正确表达食物太咸了。

三、教学准备

1. 煮10个咸蛋（去黄）、蒸1条咸鱼、炒1碟咸菜。
2. 代币、代币数量参照板。

四、指导语

1. 你要吃什么？用手指出来。
2. 我要吃蛋（鱼、菜），说清楚一点。
3. 咸蛋（咸鱼、咸菜）咸不咸？
4. 咸蛋（咸鱼、咸菜）好咸。
5. 你还要不要？不要就摆摆手。
6. 我不要了。

五、教学过程

活动一：吃咸蛋

1. 协助者出示咸蛋的蛋白，孩子用代币兑换，4 个代币兑换 1 个咸蛋的蛋白。
2. 协助者引导孩子表达吃咸蛋的需求。要求孩子用动作或语言表达"我要吃蛋"，能表达的给予兑换。
3. 孩子吃咸蛋时，协助者观察孩子吃咸蛋白的反应并及时询问："咸蛋咸不咸？""咸蛋是不是好咸？"引导孩子向协助者表达："蛋好咸。"要求会说话的孩子表达"蛋好咸"，不会说话的孩子用点头表示。
4. 当孩子感受到咸蛋很咸难以下咽时，协助者继续递给孩子咸蛋白，并询问："你还要咸蛋吗？"
5. 若孩子没有拒绝，协助者就不断地夹咸蛋白给孩子。
6. 若孩子能拒绝，协助者则引导孩子表达"我不要咸蛋了，咸蛋好咸"。要求不会说话的孩子用摆手的动作表示不要了，会说话的孩子在协助者的询问"你还要不要咸蛋？咸蛋咸不咸？"下回答"我不要了"。能按要求做的孩子就不用吃咸蛋白了。

活动二：吃咸鱼

1. 协助者出示咸鱼，孩子用代币兑换，4 个代币兑换一小块咸鱼。
2. 协助者引导孩子表达吃鱼的需求。要求孩子用动作或语言表达"我要吃鱼"，能表达的给予兑换。
3. 孩子吃咸鱼时，协助者观察孩子吃到咸鱼的反应并及时询问："咸鱼咸不咸？""咸鱼是不是好咸？"引导孩子向协助者表达："咸鱼好咸。"要求会说话的孩子表达"咸鱼好咸"，不会说话的孩子用点头表示。
4. 当孩子感受到咸鱼很咸，难以下咽时，协助者继续递给孩子咸鱼，并询问："你还要咸鱼吗？"
5. 若孩子没有拒绝，协助者就不停地夹咸鱼给孩子。
6. 若孩子能拒绝，协助者则引导孩子表达："我不要咸鱼了，咸鱼好咸。"要求不会说话的孩子用摆手的动作表示不要了，会说话的孩子主动回答协助者的问题："我不要了"，能按要求做到的就不用吃咸鱼了。

活动三：吃咸菜

1. 协助者出示 1 碟咸菜，孩子用代币兑换，1 个代币兑换一小口咸菜。
2. 协助者引导孩子表达吃咸菜的需求，要求孩子用动作或语言表达"我要吃菜"，能表达的给予兑换。

3. 孩子吃咸菜时，协助者观察孩子吃到咸菜的反应并及时询问："咸菜咸不咸？""咸菜是不是好咸？"引导孩子向协助者表达："咸菜好咸。"要求会说话的孩子表达"咸菜好咸"，不会说话的孩子用点头表示。

4. 当孩子感受到咸菜很咸，难以下咽时，协助者继续递给孩子咸菜，并询问："你还要咸菜吗？"

5. 若孩子没有拒绝，则必须把咸菜吃完，协助者不断地递给孩子咸菜。

6. 若孩子能拒绝，协助者就要引导孩子表达："我不要咸菜了，咸菜好咸。"要求不会说话的孩子用摆手的动作表示不要了，会说话的孩子能主动用语言表达。能按要求做到的就不用吃咸菜了。

六、教学建议

1. 咸蛋、咸鱼、咸菜需要协助者精细挑选，让孩子体验咸的不适。要达到难以下咽的效果，食物必须非常咸。

2. 在引导孩子表达咸的不适时，协助者的语言提示要注意从直接向间接过渡，甚至从有提示到无提示过渡。具体留意活动一至活动三的步骤6。

第12课　孩子找协助者拿咸的食物时，能称呼协助者

一、教学目标

孩子找协助者拿咸的食物时，能称呼协助者。

二、教学重点

1. 向协助者表达自己需要的食物时，能称呼协助者。
2. 称呼时，孩子能用眼睛看着协助者。
3. 孩子能正确称呼协助者。

三、教学准备

1. 1碗炸酱、1碗水煮面条。
2. 清水火锅、鱼片、青菜、肉片等食物、酱油。
3. 1碗清水汤粉、酱油、盐。

四、指导语

1. 你要吃什么？

2. 叫我，不叫我不给你吃。

3. 我是谁？××（称谓）。

4. 眼睛看着我。

5. 你要加什么？盐（酱油、酱）。

6. 好不好吃？你要不要调味？

五、教学过程

活动一：吃炸酱面

1. 协助者出示面条以及炸酱，提醒孩子吃面了。

2. 孩子饿了，主动靠近协助者。协助者观察孩子能否主动称呼协助者以及表达自己的需求："××（称呼），我要吃面。"要求孩子正确地称呼并用眼睛看着协助者，能做到的给装一小勺面条。

3. 孩子吃了面条发现没有味道，观察孩子能否主动向协助者表达"要炸酱"。若孩子能主动表达，则协助者引导孩子先称呼人再表达自己的需求，能按要求做到的孩子可以自己舀炸酱。

4. 若孩子没有调味的需要，则协助者在孩子继续添加面条时给予提醒："你要不要加点炸酱呢？"

5. 步骤2～4至少重复训练5遍。

6. 若孩子面条里的炸酱放多了，主动向协助者表达咸的不适，协助者就给孩子加点面汤。

7. 若孩子主动向协助者表达咸的不适并表达要加面汤，则协助者引导孩子先称呼人再表达自己的需求，能做到的孩子才给加面汤。

活动二：吃火锅

1. 协助者出示清水火锅、酱油、菜、肉。饭前让孩子用9个代币兑换一起吃火锅。

2. 协助者观察孩子能否主动称呼协助者以及表达自己的需求："××（称呼），我要吃菜。"要求孩子正确地称呼并用眼睛看着协助者，能做到的给孩子涮一小块食物。

3. 孩子吃了没有味道的食物，观察孩子能否主动向协助者表达"要酱油"。

4. 若孩子能主动表达，则协助者引导孩子先称呼人再表达自己的需求："我要蘸酱油。"能按要求做到的给予酱油。

5. 若孩子没有调味的需要，则协助者在孩子继续添加食物时给予提醒："你要不要加点酱油呢？"

6. 步骤2～5至少重复训练10遍。

活动三：吃汤粉

1. 协助者出示没有加味道的汤粉以及酱油、盐，协助者提醒孩子吃汤粉。

2. 孩子饿了，主动靠近协助者。协助者观察孩子能否主动称呼协助者以及表达自己的需求："××（称呼），我要吃汤粉。"要求孩子正确地称呼并用眼睛看着协助者。

3. 协助者要求孩子用9个代币兑换一起吃汤粉。代币够了，协助者舀给孩子一小勺汤粉。孩子吃了没有味道的汤粉，观察孩子能否主动向协助者表达要酱油或盐。

4. 若孩子能主动表达，则协助者引导孩子先称呼人再表达自己的需求，能按要求做到的给予相应的调味料。

5. 若孩子没有调味的需要，则协助者在孩子继续添加汤粉时给予提醒："你要不要加点味道呢？"

6. 步骤2～5至少重复训练5遍。

六、教学建议

孩子在进行称谓训练时，协助者可适当变化一下，但不要过于频繁。若孩子习惯性地向某一个协助者表达自己的需求，则协助者要提醒孩子去找另一个协助者。如妈妈提醒孩子："你去找爸爸拿酱油。"

第13课　孩子能忍耐苦的不适

一、教学目标

孩子能忍耐苦的不适。

二、教学重点

1. 孩子品尝带苦味的食物。
2. 孩子能忍着吃带苦味的食物。

三、教学准备

1. 1壶苦咖啡、1～2个面包。
2. 苦瓜、凉拌芹菜叶、1碟孩子喜欢的肉菜。
3. 代币、代币数量参照板。
4. 1床被子、1个扫把、1个垃圾铲、1个拖把。

四、指导语

1. ××（孩子的姓名）要吃什么？
2. 要9个代币换吃的，××（孩子的姓名）看一看，代币够不够。
3. 放代币。
4. 够了，洗手吃东西。
5. 代币不够，继续干活赚代币。
6. 要干什么活呢？收拾床铺、扫地、拖地。
7. 皱着眉头，怎么了？咖啡（苦瓜、芹菜叶）好苦。
8. 苦也要吃完，吃完了才能吃面包（肉、菜等）。

五、教学过程

活动一：喝咖啡

1. 早餐，协助者出示一壶咖啡、两个面包。
2. 孩子主动向协助者表达吃早餐的需求，并用9个代币兑换早餐。
3. 若孩子的代币不够，协助者让孩子整理床铺赚代币，要求配合协助者的指令做到：（1）把枕头摆在指定的位置；（2）把被子铺开在床上；（3）把被子对折，被子的角对角；（4）被子的边对边。做到其中一个要求就奖励1个代币。
4. 孩子每赚到1个代币，协助者就引导孩子分辨自己的代币够不够兑换早餐。要求孩子把自己的代币放在9个代币数量的参照板上，若代币放满9个格就够了，若没放满就是不够。代币够了就能拿到早餐，代币不够就继续干活赚代币。
5. 当孩子赚够了9个代币后，协助者递给孩子一杯咖啡和两个面包，协助者引导孩子忍耐苦的不适，要求孩子把咖啡喝完了才可以吃面包。
6. 协助者一边观察孩子喝苦咖啡的反应，一边询问孩子："咖啡好不好喝？咖啡苦不苦？你喜不喜欢喝这么苦的咖啡？"引导孩子表达："咖啡好苦，我不喜欢喝咖啡。"能表达的奖励1个代币。

活动二：吃苦瓜

1. 午餐，协助者出示一碟苦瓜和孩子喜欢的饭菜。
2. 孩子主动向协助者表达吃午餐的需求并用9个代币兑换午餐。
3. 若孩子的代币不够，协助者就让孩子扫地赚代币。要求孩子配合指令把垃圾扫进垃圾铲里，能做到就奖励1个代币。
4. 孩子每赚到1个代币，协助者就引导孩子分辨自己的代币够不够兑换午餐。要求孩子把自己的代币放在9个代币数量的参照板上，若代币放满9个格就够了，若没放满就是不够。代币够了就能拿到午餐，代币不够就继续干活赚代币。

5. 当孩子赚够了 9 个代币后，协助者递给孩子一碟苦瓜、一碗饭和孩子喜欢的肉菜。协助者引导孩子忍耐苦的不适，要求孩子把苦瓜吃完了才可以吃喜欢的饭和菜。

6. 协助者一边观察孩子吃苦瓜的反应，一边询问孩子："苦瓜好不好吃？苦瓜苦不苦？你喜不喜欢吃苦瓜？"引导孩子表达："苦瓜好苦，我不喜欢吃苦瓜。"能表达的奖励 1 个代币。

活动三：吃凉拌芹菜叶

1. 晚餐，协助者出示 1 碟凉拌芹菜叶和孩子喜欢的饭菜。
2. 孩子主动向协助者表达吃晚餐的需求并用 9 个代币兑换晚餐。
3. 若孩子的代币不够，协助者就让孩子拖地赚代币。要求孩子配合指令前后来回地拖并把水拖干，能做到就奖励 1 个代币。
4. 孩子每赚到 1 个代币，协助者就引导孩子分辨自己的代币够不够兑换午餐。要求孩子把自己的代币放在 9 个代币数量的参照板上，若代币放满 9 个格就够了，若没放满就是不够。代币够了就能拿到午餐，代币不够就继续干活赚代币。
5. 当孩子赚够了 9 个代币后，协助者递给孩子一碟凉拌芹菜叶、一碗饭和孩子喜欢的肉菜。协助者引导孩子忍耐苦的不适，要求孩子把芹菜叶吃完了才可以吃喜欢的饭和菜。
6. 协助者一边观察孩子吃芹菜叶的反应，一边询问孩子："芹菜叶好不好吃？苦不苦？你喜不喜欢吃芹菜叶？"引导孩子表达："芹菜叶好苦，我不喜欢吃芹菜叶。"能表达的奖励 1 个代币。

六、教学建议

1. 协助者训练前要到超市、市场精挑细选咖啡、苦瓜、芹菜，这些食物都要选择最苦的品种。
2. 孩子饭前需要赚代币，协助者让孩子整理床铺、扫地或拖地来赚代币。每一项清洁都要给孩子提出明确的要求，如类似活动中提到的动作技能方面的要求：铺开被子、把被子对折、把垃圾扫进垃圾铲、前后来回地拖。随着孩子的不断进步可提出更高的要求，从而逐渐提升孩子的动作水平。

第 14 课　用餐时，孩子能向协助者表达苦的不适

一、教学目标

孩子能向协助者表达苦的不适。

二、教学重点

1. 食物太苦了，能向协助者求助。
2. 食物太苦了，向协助者正确地表达苦的不适。

三、教学准备

1. 1 壶苦咖啡、1 盒方糖、1 盒纯牛奶。
2. 1 瓶啤酒、1 瓶饮料。
3. 1 斤苦苣菜洗净待用。

四、指导语

1. 咖啡（啤酒、苦苣菜）苦不苦？
2. 咖啡（啤酒、苦苣菜）好苦。
3. ××（孩子的姓名），要不要加点糖（牛奶、沙拉酱）？

五、教学过程

活动一：喝咖啡

1. 协助者出示一壶苦咖啡、一盒方糖、一盒纯牛奶、两个面包。
2. 孩子主动向协助者表达吃早餐的需求，并用 9 个代币兑换早餐。
3. 孩子的代币不够，协助者让孩子整理床铺赚代币，要求孩子配合指令做到：（1）把枕头摆在指定的位置；（2）把被子铺开在床上；（3）把被子对折，被子的角对角；（4）被子的边对边。做到其中一个要求就奖励 1 个代币。
4. 代币不够就继续干活赚代币。当孩子赚够了 9 个代币后，协助者递给孩子一小杯咖啡，协助者一边观察孩子喝苦咖啡的反应，一边询问孩子："咖啡苦不苦？"引导孩子表达："咖啡好苦。"
5. 孩子向协助者表达咖啡好苦之后，协助者提醒孩子在咖啡里加点糖和牛奶。若孩子能配合指令在咖啡里放糖和奶并搅拌，则奖励 1 个代币。
6. 步骤 4～5 重复 5 遍。

活动二：喝酒

1. 协助者出示丰盛的食物和啤酒、汽水等饮品，孩子用 9 个代币兑换和家人一起进餐。

2. 协助者给孩子倒一小杯啤酒，协助者观察孩子喝酒时的反应并及时询问："啤酒苦不苦？"引导孩子表达："啤酒好苦。"要求会说话的孩子表达"啤酒好苦"，不会说话的孩子用点头表示。

3. 当孩子感受到啤酒很苦时，协助者继续递给孩子啤酒，并询问："你还喝啤酒吗？"

4. 若孩子没有拒绝，协助者就继续给孩子倒啤酒。

5. 若孩子能拒绝，协助者则引导孩子表达："我不要啤酒了，啤酒好苦。"要求不会说话的孩子用摆手的动作表示不要了，会说话的孩子主动回答"我不要了"。能回答的就给换一小杯甜的饮料。

6. 步骤2～5重复5遍。

活动三：吃凉拌苦苣菜

1. 协助者出示一碟生的苦苣菜，孩子用9个代币兑换一起用餐。

2. 协助者给孩子一小碗生的苦苣菜，然后自己也装一碗苦苣菜并用适量的沙拉酱搅拌。

3. 协助者观察孩子吃苦苣菜的反应，询问孩子："苦苣菜苦不苦？"引导孩子表达"苦苣菜好苦"。要求会说话的孩子表达"苦苣菜好苦"，不会说话的孩子用点头表示。

4. 孩子向协助者表达苦苣菜好苦之后，协助者提醒孩子在菜里加点沙拉酱。若孩子能要求配合指令在菜里放沙拉酱并搅拌，则奖励1个代币。

5. 步骤3～4重复5遍。

六、教学建议

1. 孩子向协助者表达时，留意孩子的眼神交流。
2. 苦苣菜除了用沙拉酱拌着吃，还可以蘸酱吃。

第15课　孩子能回避苦的食物

一、教学目标

孩子能回避苦的食物。

二、教学重点

1. 孩子能在苦的食物中加入自己喜欢的味道。
2. 在苦和甜饮品中，孩子能选择自己喜欢的饮品。

3. 孩子能回避苦的酒。

三、教学准备

1. 1 壶咖啡、1 盒方糖、1 盒牛奶、1 个三明治。
2. 1 瓶红酒、1 瓶米酒、1 瓶啤酒、1 瓶果汁。
3. 1 瓶陈醋、1 瓶酱油、1 包盐、1 包糖、1 碗水煮面条。

四、指导语

1. 咖啡好苦，××（孩子的姓名）要加什么？
2. ××（孩子的姓名）要加糖（牛奶）。
3. 红酒（米酒、啤酒）好苦。
4. ××（孩子的姓名）不喜欢喝酒。
5. 果汁甜，××（孩子的姓名）喜欢喝果汁。
6. 面没味道，××（孩子的姓名）要加什么调味？
7. 这是什么？酱油（陈醋、米酒、白糖、盐等）。
8. 酱油（陈醋、米酒、白糖、盐）是什么味道？
9. 酱油好咸（陈醋好酸、米酒好苦、白糖好甜、盐很咸）。
10. 米酒和酱油（盐和糖等），××（孩子的姓名）要加什么？

五、教学过程

活动一：给咖啡加伴侣

1. 早餐，协助者出示一壶苦咖啡、一盒方糖、一盒纯牛奶、一个三明治。
2. 孩子主动向协助者表达吃早餐的需求，并用 9 个代币兑换早餐。
3. 协助者递给孩子一杯苦咖啡，观察孩子喝苦咖啡的反应，引导孩子主动选择在咖啡里加糖或牛奶，能选择的给予适量的糖或牛奶。
4. 协助者引导孩子用勺子搅拌咖啡里的糖和牛奶，配合指令完成后方可喝上一杯带甜味的咖啡。
5. 步骤 3 和步骤 4 至少重复练习 5 遍。

活动二：喝饮料不喝酒

1. 协助者出示酒、汽水等饮品，孩子用 9 个代币兑换和家人一起进餐。
2. 协助者给孩子品尝米酒、红酒、啤酒、果汁各一小口，观察孩子喝饮品的反应，并询问孩子各种饮品的味道，引导孩子表达红酒（米酒、啤酒、果汁）好苦

（甜），并表达自己喜不喜欢喝该饮品，能表达的奖励 1 个代币。

3. 协助者引导孩子回避红酒、啤酒、米酒，从三种酒以及果汁中选择一种自己喜欢的饮品，能选择的给予相应的饮品。

4. 步骤 3 至少重复练习 9 遍。

活动三：吃凉拌面

1. 协助者出示一碗面，孩子用 9 个代币兑换和家人一起进餐。

2. 协助者给孩子品尝陈醋、酱油、米酒、白醋、盐、糖等调味料各一小口，观察孩子品尝的反应，并询问孩子各种调味料的味道，引导孩子表达米酒（酱油、陈醋、白醋、盐、糖）好苦（咸、酸、甜），并表达自己喜不喜欢该味道，能表达的奖励 1 个代币。

3. 协助者引导孩子回避自己不喜欢的米酒，从几种调味料中选择自己喜欢的味道加入面条中，能调出可口味道的奖励 1 个代币。孩子必须把自己调味的食物全部吃完才能继续添加食物。

4. 步骤 3 至少重复练习 9 遍。

六、教学建议

孩子判断食品的味道，并选择自己喜欢的味道。刚开始训练时，让孩子从两种食品开始判断、选择，逐渐过渡到 3 选 1、4 选 1，再到多选 2 的训练，一步一步循序渐进。

第 16 课　食物太苦，孩子求助他人时，能称呼协助者

一、教学目标

食物太苦，孩子求助他人时，能称呼协助者。

二、教学重点

1. 食物太苦，孩子能主动求助他人。
2. 孩子求助他人和表达谢意时，能正确称呼协助者。
3. 孩子称呼协助者时，能有眼神交流。

三、教学准备

1. 1 块蛋糕分成 5 小块，1 壶咖啡也分成 5 小杯。
2. 1 盅带苦味的川贝炖雪梨，冰糖或白糖适量。

3. 一碟苦瓜片水煮后捞起沥干水待用，盐和糖适量。

四、指导语

1. 叫我，我是谁？
2. ××（孩子的姓名）要什么？××（孩子的姓名）找谁要东西？
3. 说话时，眼睛看着我。
4. 别人给××（孩子的姓名）东西，××（孩子的姓名）说谢谢。
5. ××（孩子的姓名）要谢谢谁呢？

五、教学过程

活动一：喝苦咖啡

1. 协助者出示一壶苦咖啡、一盒方糖、一盒纯牛奶、一个蛋糕。
2. 孩子主动向协助者表达吃早餐的需求，并用 9 个代币兑换早餐。要求孩子正确称呼协助者并有眼神交流，能做到的给一小杯咖啡。
3. 协助者观察孩子喝苦咖啡的反应，引导孩子表达咖啡好苦，需要在咖啡里加点糖和牛奶。要求孩子先称呼后表达苦的不适和自己的需求，能做到的给糖和牛奶。
4. 协助者递给孩子糖或牛奶时，引导孩子表达谢意。要求孩子正确地称呼协助者，能按要求做到才把糖或牛奶递给孩子。
5. 孩子喝完咖啡继续主动向协助者表达自己需要的食物时，要求孩子用眼睛看着协助者并正确称呼对方，能做到的则添加相应的食物。
6. 步骤 3～5 重复 5 遍。孩子喝一杯咖啡后只能选择吃一小块蛋糕，保证训练量。

活动二：喝川贝炖雪梨

1. 饭后，协助者出示一碗没有放冰糖带苦味的川贝炖雪梨和一盒糖。
2. 孩子主动向协助者表达喝甜品的需求，并用 3 个代币兑换。要求孩子正确称呼协助者并有眼神交流，能做到的给一小碗甜品。
3. 协助者观察孩子感受到川贝的苦味后的反应，引导孩子表达汤好苦，需要在汤里加点糖。要求孩子先称呼后表达苦的不适和自己的需求，能做到的则加糖。
4. 协助者递给孩子糖时候，引导孩子表达谢意。要求孩子正确称呼协助者，能按要求做到才把糖递给孩子。
5. 孩子喝完甜品继续主动向协助者表达自己需要的食物时，要求孩子用要眼睛看着协助者并正确称呼对方，能做到的则添加相应的食物。

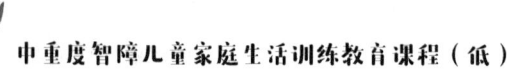

6. 步骤3～5重复3遍。

活动三：吃凉拌苦瓜

1. 协助者出示一碟没有调味的水煮苦瓜片、一盒糖、一盒盐以及其他用餐的食物。
2. 孩子主动向协助者表达吃饭的需求，并用9个代币兑换。要求孩子正确称呼协助者并有眼神交流，能做到的给一小勺苦瓜。
3. 协助者观察孩子尝到苦瓜的反应，并引导孩子表达苦瓜好苦，需要加少量的糖和盐。要求孩子先称呼后表达苦的不适和自己的需求，能做到的则加适量的糖和盐。
4. 当协助者递给孩子糖或盐时，引导孩子表达谢意。要求孩子正确称呼协助者，能按要求做到才把糖递给孩子。
5. 孩子吃完苦瓜继续主动向协助者表达自己需要的食物时，要求孩子用眼睛看着协助者并正确称呼对方，能做到的则添加相应的食物。
6. 当协助者递给孩子需要的食物时，引导孩子表达谢意。要求孩子正确称呼协助者，能按要求做到才把食物递给孩子。
7. 步骤5～6重复9遍。

六、教学建议

1. 可变换不同的人让孩子区分和称呼。
2. 孩子与人互动时，协助者要强化孩子礼貌交往的行为。如：眼睛看着别人说话，正确地称呼，先称呼后表达等。

第17课 孩子能忍耐辣的不适

一、教学目标

孩子能忍耐辣的不适。

二、教学重点

1. 孩子品尝辣的食物。
2. 孩子能忍耐辣的不适。

三、教学准备

1. 1盘水煮牛肉、1盘麻辣烫、1包麻辣火锅汤底料、蔬菜、肉适量、米饭、温开水。
2. 1个扫把、1个拖把。

四、指导语

1. 水煮牛肉（麻辣烫、麻辣火锅）辣不辣？××（孩子的姓名）喜不喜欢吃？
2. 水煮牛肉（麻辣烫、火锅）好辣。
3. 辣也要吃完。都是辣的，不吃就没得吃了。
4. 吃完了才能吃米饭（喝水）。

五、教学过程

活动一：吃水煮牛肉

1. 午餐，协助者出示一盘水煮牛肉和米饭。
2. 孩子主动向协助者表达吃午餐的需求，并用9个代币兑换午餐。
3. 若孩子的代币不够，协助者让孩子扫地赚代币。要求孩子配合指令双手拿扫把，把垃圾扫成一堆，能做到的奖励1个代币。
4. 协助者引导孩子完成任务后主动向协助者表达要代币。要求协助者不给予提醒，能做到的给予1个代币。
5. 协助者引导孩子主动分辨自己的代币够不够兑换午餐。要求：协助者不能给予提醒。
6. 代币够了，孩子主动向协助者表达吃饭的需求。要求孩子用动作或语言表达，能表达的方可一起进餐。代币不够就继续干活赚代币。
7. 协助者让孩子吃水煮牛肉，引导孩子忍耐辣的不适。要求：孩子把辣牛肉吃完才可以吃一口米饭。
8. 协助者一边观察孩子吃水煮牛肉的反应，一边询问孩子："水煮牛肉辣不辣？你喜不喜欢吃水煮牛肉？"引导孩子表达："牛肉好辣，我喜欢（不喜欢）吃牛肉。"能表达的奖励1个代币。

活动二：吃麻辣烫

1. 协助者让孩子用9个代币兑换外出吃饭。
2. 若孩子的代币不够，协助者让孩子拖地赚代币。要求孩子配合指令左右来回

地拖楼梯，拖一层楼奖励 1 个代币。

3. 协助者引导孩子主动分辨自己的代币够不够兑换晚餐。要求：协助者不能给予提醒。

4. 代币够了，孩子主动让协助者一起出去吃饭。要求孩子用动作或语言表达外出吃饭的需求，能按要求做到方可一起外出用餐。代币不够就继续干活赚代币。

5. 协助者让孩子选择自己想吃的食物，并询问："你要吃什么？"要求：孩子用动作或语言表达自己想吃的食物，选好了交给店员煮。

6. 协助者给孩子盛一小碗麻辣烫，引导孩子忍耐辣的不适。要求：孩子碗里的食物吃完了才可以喝一口水。

7. 协助者一边观察孩子吃麻辣烫的反应，一边询问孩子："麻辣烫辣不辣？你喜不喜欢吃麻辣烫？"引导孩子表达："麻辣烫好辣，我喜欢（不喜欢）吃麻辣烫。"能表达的奖励 1 个代币。

活动三：吃麻辣火锅

1. 协助者让孩子表达吃火锅的需求，并用 9 个代币兑换午餐。

2. 若孩子的代币不够，协助者让孩子拖地赚代币。要求孩子配合指令左右来回地拖楼梯，拖一层楼奖励 1 个代币。

3. 协助者引导孩子主动分辨自己的代币够不够兑换晚餐。要求：协助者不能给予提醒。

4. 代币够了，孩子主动向协助者表达吃火锅的需求。要求孩子用动作或语言表达，能表达的方可一起进餐。代币不够就继续干活赚代币。

5. 协助者让孩子涮一碗食物，引导孩子忍耐辣的不适。要求：孩子把碗里的食物吃完了才可以喝一口水。

6. 协助者一边观察孩子吃麻辣火锅的反应，一边询问孩子："麻辣火锅辣不辣？你喜不喜欢吃麻辣火锅？"引导孩子表达："火锅好辣，我喜欢（不喜欢）吃麻辣火锅。"能表达的奖励 1 个代币。

六、教学建议

1. 协助者为了让孩子体验到辣的不适，在煮以上菜式时可多放辣椒，多煮一些蔬菜，蔬菜更易入味。

2. 协助者可以带孩子到湘菜馆、川菜馆点几道辣菜。

3. 为了帮助孩子清晰地认识自己的需求和任务，提高行为的主动性，要适当地减少他人对孩子的提示，如孩子有吃的需求、拿代币的需求，则要引导他们主动表达。

第18课　从辣和不辣的两种食物中，孩子能选择自己喜欢的味道

一、教学目标

从辣和不辣的两种食物中，孩子能选择自己喜欢的味道。

二、教学重点

1. 孩子能识别辣和不辣的食物。
2. 孩子能选择自己喜欢的味道。

三、教学准备

1. 1 盒超辣的泡面、1 盒清汤泡面、指天椒适量。
2. 10 件寿司、酱油、芥末适量。
3. 鸳鸯火锅底料、酱油、超辣辣酱、火锅食材。

四、指导语

1. 这是辣的，这是不辣的，你要哪一种？
2. 辣不辣？××（孩子的姓名）要喝水吗？××（孩子的姓名）要哪一杯水？
3. ××（孩子的姓名）要吃什么？我要吃寿司。
4. 这是芥末酱油，这是酱油，××（孩子的姓名）要蘸哪一碟？
5. ××（孩子的姓名）要吃辣的还是不辣的？

五、教学过程

活动一：吃泡面

1. 早餐，协助者泡好两碗泡面，一碗是超辣的，一碗是不辣的。
2. 孩子主动和协助者换面吃。要求孩子主动称呼协助者并表达"我要吃面"，如果孩子能做到，协助者则给予回应。
3. 协助者出示代币数量参照板，让孩子用 1 个代币兑换一小碗面。
4. 没有代币或者代币不够的孩子，协助者把纸屑撒在地上，让孩子扫地赚代币。要求孩子配合指令双手拿扫把，把垃圾扫成一堆，能做到的奖励 1 个代币。
5. 代币够的孩子，协助者引导孩子从辣和不辣的泡面中选择自己喜欢的味道。

协助者询问："你要吃辣的还是不辣的？"要求：用动作或语言表达自己选择哪一碗面，表达后舀一小碗孩子选择的泡面递给孩子。

6. 孩子拿到泡面方可进食。

7. 选择了辣面的孩子感受到辣后，协助者询问孩子："面辣不辣？"

8. 协助者出示两杯水，一杯是温水，一杯是热水，并询问孩子："你要不要喝水？"引导孩子吃到辣的食物时可以通过喝水来快速解辣。要求：从两杯水中选择温水解辣。

9. 步骤2～6至少重复训练9遍。

活动二：吃寿司

1. 午餐，协助者出示一盘寿司、一碟酱油、一碟芥末酱油。

2. 孩子主动和协助者换寿司吃。要求孩子主动称呼协助者并表达"我要吃寿司"，如果孩子能做到，则协助者给予回应。

3. 协助者出示代币数量参照板，让孩子用3个代币换1个寿司。

4. 没有代币或者代币不够的孩子，协助者让孩子拖楼梯赚代币。要求孩子配合指令左右来回地拖，一级一级地拖，能按要求拖一层楼就奖励1个代币。

5. 代币够的孩子，协助者引导孩子从辣和不辣的调料中选择自己喜欢的味道。协助者询问："你要吃辣的还是不辣的？"要求：用动作或语言表达自己选择蘸哪一碟调味料，表达后方可蘸味。

6. 孩子必须蘸了味才能吃。

7. 选择芥末酱油的孩子感受到辣后，协助者询问孩子："芥末辣不辣？"

8. 协助者出示两杯水，一杯是温水，一杯是热水，并询问孩子："你要不要喝水？"引导孩子吃到辣的食物时可以通过喝水来快速解辣。要求：从两杯水中选择温水解辣。

9. 步骤2～6至少重复训练5遍。

活动三：吃鸳鸯火锅

1. 晚餐，协助者出示鸳鸯火锅和一些生的食材。

2. 孩子主动和协助者表达要吃火锅。要求孩子主动称呼协助者并表达"我要吃火锅"，如果孩子能做到，则协助者给予回应。

3. 协助者出示代币数量参照板，让孩子用9个代币兑换一起用餐。

4. 没有代币或者代币不够的孩子，协助者让其拖楼梯赚代币。要求孩子配合指令左右来回地拖，一级一级地拖，能按要求拖一层楼就奖励1个代币。

5. 代币够的孩子，协助者引导孩子从麻辣汤底和清汤汤底中选择自己喜欢的味道。协助者询问："你要吃辣的还是不辣的？"要求：用动作或语言表达自己选择把食物放在哪一边来涮，表达后才把食物放进锅里。

6. 协助者引导孩子安静地等待食物煮熟。要求孩子配合指令坐着不乱动，能做到的等食物熟了就有得吃。

7. 待食物熟了，让孩子用漏勺捞起食物，放在调味碟里。

8. 协助者给孩子两个调味碟，一个装辣椒酱，一个装酱油，让孩子选择蘸哪一种味道。

9. 孩子选择了麻辣汤底涮食物或者蘸了辣椒酱感受到辣后，协助者询问孩子："辣不辣？"

10. 协助者出示两杯水，一杯是温水，一杯是热水，并询问孩子："你要不要喝水？"引导孩子吃到辣的食物时可以通过喝水来快速解辣。要求：从两杯水中选择温水解辣。

11. 步骤2～8至少重复训练10遍。

六、教学建议

1. 辣的食物必须超辣，若买的泡面不够辣，可以往面里加指天椒。这样，孩子品尝了辣和不辣的食物后，才能形成鲜明对比，对自己能接受的食物产生倾向性。
2. 孩子吃了辣的食物后，注意让孩子多喝水。

第19课　当孩子感到辣的不适或者想吃辣的食物时，能称呼协助者

一、教学目标

当孩子感到辣的不适或者想吃辣的食物时，能称呼协助者。

二、教学重点

1. 孩子能区分不同的称谓。
2. 孩子能正确称呼协助者。
3. 当求助和表达谢意时，孩子能主动称呼协助者。

三、教学准备

1. 饺子、酱油、辣椒酱、陈醋适量、3个调味碟。
2. 1盘水煮鱼、1壶温开水、1壶热开水、1个水杯。
3. 1盘麻辣烤鱼。

四、指导语

1. ××（孩子的姓名）要什么？××（孩子的姓名）去找谁呢？××（孩子的姓名）去找××（协助者的称谓）去换。

2. ××（协助者的称谓），在哪里？找到没有？

3. 叫人，他是谁？（如爸爸、妈妈、哥哥、姐姐、爷爷、奶奶、叔叔、阿姨等）

4. 谢谢谁？（如爸爸、妈妈、哥哥、姐姐、爷爷、奶奶、叔叔、阿姨等）

五、教学过程

活动一：吃水饺

1. 孩子主动向协助者兑换早餐，引导孩子找指定的人换吃的，协助者说："你和××（称谓）换饺子。"要求孩子正确地找到指定的人，按要求做到的才和孩子兑换水饺。

2. 孩子找到了协助者指定的人后，引导会说话的孩子先称呼后表达需求。要求孩子称呼人并跟对方表达"我要吃饺子"，能按要求做到的可以用代币换饺子，2个代币换1个饺子。

3. 孩子拿到饺子后，引导孩子向指定的人表达谢意。要求孩子用眼睛看着指定的人表达"谢谢，××（称谓）"，做到了才拿到饺子。

4. 协助者出示三个调味碟，一个酱油碟、一个辣椒碟、一个陈醋碟，让孩子选择蘸其中一种味道。

5. 孩子给自己的饺子蘸味后，引导孩子向协助者表达谢意。要求孩子用眼睛看着协助者表达"谢谢，××（称谓）"，做到了才能吃饺子。

6. 步骤1~5至少重复5遍。

活动二：吃水煮鱼

1. 协助者出示一盘水煮鱼。

2. 孩子主动向协助者兑换午餐，引导孩子找指定的人换吃的，协助者说："你和××（称谓）换饭吃。"要求孩子正确地找到指定的人，按要求做到的才和孩子兑换用餐。

3. 孩子找到了协助者指定的人后，引导会说话的孩子先称呼后表达需求，要求称呼人并跟对方表达"我要吃饭"，能按要求做到的可以用9个代币换一顿饭。

4. 协助者询问孩子："你要吃什么？"引导孩子表达后，协助者给孩子舀一小勺相应的食物。

5. 孩子吃完碗里的食物后，主动向协助者表达自己需要的食物，协助者引导孩子找指定的人表达。要求孩子正确地找到此人并称呼其人，能做到的给孩子舀一小勺其表达的食物。

6. 当协助者递给孩子食物时，引导孩子表达谢意。要求孩子用眼睛看着协助者并表达"谢谢，××（称谓）"，做到了才能吃鱼或配菜。

7. 若孩子感到水煮鱼很辣，协助者引导孩子向指定的人表达喝水的需求。要求孩子正确地找到指定的人并称呼其人，能做到的给予一小杯水。

8. 当孩子接过水时，引导孩子向指定的人表达谢意。要求孩子用眼睛看着指定的人并表达"谢谢，××（称谓）"，按要求做到了才能拿到水。

9. 步骤1～6至少重复10遍。

活动三：吃辣烤鱼

1. 协助者带孩子到餐馆吃川味烤鱼。

2. 孩子主动向协助者兑换用餐，要求孩子主动并正确地称呼协助者，做到的才和孩子兑换用餐，9个代币换一顿饭。

3. 协助者询问孩子："你要吃什么？"引导孩子表达后，协助者给孩子舀一小勺相应的食物。

4. 孩子吃完碗里的食物后，主动向协助者表达自己需要的食物。要求孩子正确称呼协助者，能做到的给孩子舀一小勺其需要的食物。

5. 当协助者递给孩子食物时，引导孩子表达谢意。要求孩子用眼睛看着协助者并表达"谢谢，××（称谓）"，做到了才能吃鱼或配菜。

6. 若孩子感到烤鱼很辣，协助者可引导孩子向服务员请求加水。要求孩子正确称呼其人（如叔叔、阿姨等），能做到的给予一小杯水。

7. 当孩子接过水时，引导孩子向服务员表达谢意。要求孩子用眼睛看着服务员并表达"谢谢，××（如叔叔、阿姨等）"，按要求做到了才能拿到水。

8. 步骤1～5至少重复10遍。

六、教学建议

1. 让孩子与家里每个人互动，区分每个人的称谓，学习与人礼貌地互动，从与家人互动逐步过渡到与非家人互动。

2. 活动一至活动三列举的菜式供大家参考，可根据孩子的喜好自行调整，但必须是超辣菜，保证训练量。

第 20 课　孩子能向协助者表达辣的不适

一、教学目标

孩子能向协助者表达辣的不适。

二、教学重点

1. 孩子感受到食物很辣，能向协助者正确地表达自己的不适。
2. 孩子能用动作或语言表达食物很辣。

三、教学准备

1. 准备 2 道辣菜，分别是劲辣的剁椒鱼头和辣白菜。
2. 剁椒鱼头必须多汁。
3. 1 盘水煮面条、1 盒饮料、1 壶温开水。
4. 代币数量参照板、代币适量。

四、指导语

1. ××（孩子的姓名）要吃什么？鱼头（面、菜）。
2. 辣不辣？点点头。
3. 鱼头（面、菜）好辣。
4. 哪里很辣？手指着嘴巴。
5. ××（孩子的姓名）要不要喝水？
6. 我要喝水（饮料）。

五、教学过程

活动一：吃剁椒鱼头

1. 协助者出示一盘剁椒鱼头，孩子主动表达吃饭的需要。要求不会说话的孩子找到协助者并用手指着自己需要的食物，会说话的孩子先正确地称呼协助者并表达"我要吃饭"，能做到的给予兑换。
2. 协助者出示代币数量参照板，让孩子用 9 个代币换饭吃。
3. 协助者引导孩子表达吃鱼的需求，询问："你想吃什么？"要求：不会说话的孩子用手指着装鱼的盘子，会说话的孩子表达"我要吃鱼头"。协助者给能做到的孩子夹一小块鱼。

4. 孩子感受到鱼头很辣，协助者引导孩子表达辣的不适，询问："鱼头辣不辣？"要求：不会说话的孩子看着协助者用点头表示，会说话的孩子表达"鱼头很辣"。

5. 孩子表达辣后，协助者出示一壶温开水，引导孩子表达喝水的需求，询问："你喝水吗？"要求：不会说话的孩子看着协助者用点头表示，会说话的孩子表达"我要喝水"。协助者允许能表达的孩子倒一小杯水。

6. 步骤3～5重复训练10遍。

活动二：吃拌面

1. 协助者用剁椒鱼头汁拌面。

2. 协助者引导孩子表达吃面的需要。要求：协助者不提醒，不会说话的孩子用手轻拍协助者并用手指着装面的盘子，会说话的孩子表达"我要吃面"。协助者给能做到的孩子舀一小勺面条。

3. 孩子感受到面很辣，协助者引导孩子表达辣的不适。要求：不会说话的孩子用手轻拍协助者并指着自己的嘴巴表示辣，会说话的孩子主动表达"面很辣"。

4. 孩子表达辣后，协助者出示一壶温开水，引导孩子主动向协助者表达喝水的需求。要求：不会说话的孩子手指着水，会说话的孩子表达"我要喝水"。协助者允许能表达的孩子倒一小杯水。

5. 步骤2～4重复训练10遍。

活动三：吃辣白菜

1. 协助者出示一盘辣白菜。

2. 协助者引导孩子表达吃辣白菜的需要。要求：协助者不提醒，不会说话的孩子用手轻拍协助者并用手指着菜盘，会说话的孩子表达"我要吃菜"。协助者给能做到的孩子舀一勺辣白菜。

3. 孩子感受到菜很辣，协助者引导孩子表达辣的不适。要求：不会说话的孩子用手轻拍协助者并指着自己的嘴巴表示辣，会说话的孩子主动表达"菜很辣"。

4. 孩子表达辣后，协助者出示一盒饮料，引导孩子主动表达对饮料的需求。要求：不会说话的孩子手指着饮料，会说话的孩子表达"我要喝饮料"。协助者允许能表达的孩子喝一小口饮料。

5. 步骤2～4重复训练10遍。

六、教学建议

1. 以上3个活动可以在一顿饭中进行。

2. 协助者引导孩子在表达需求时要循序渐进，让孩子在提示下表达过渡到主动表达。

第 21 课　孩子能拒绝吃过量的食物

一、教学目标

孩子能拒绝吃过量的食物。

二、教学重点

1. 孩子体验食物吃多后身体的不适，如饱、呕等。
2. 饱了，孩子能停止进食，能拒绝别人递过来的食物。

三、教学准备

粥、汤、饭等用餐食物。

四、指导语

1. 我要喝粥（喝汤、吃饭）。
2. 去装饭。
3. 怎么啦？还吃不吃？肚子饱了，不吃了。

五、教学过程

活动一：喝粥

1. 协助者出示粥，孩子饿了主动表达吃粥的需求，协助者递给能做到的孩子一碗粥。
2. 协助者一碗接一碗地把粥递给孩子喝。
3. 孩子喝了数碗粥后，感觉饱了，引导孩子拒绝协助者递给自己的粥并表达"我不吃了"，或做出摆手等动作表示，能表达的就停止喝粥。
4. 没有表达的孩子重复步骤2～3。

活动二：喝汤

1. 协助者出示汤，孩子饿了主动表达喝汤的需求，协助者递给能做到的孩子一碗汤。

2. 协助者一碗接一碗地把汤递给孩子喝。
3. 孩子喝了数碗汤后，感觉饱了，引导孩子拒绝协助者递给自己的汤并表达"我不喝了"，或做出摆手等动作表示，能表达的就停止喝汤。
4. 没有表达的孩子重复步骤2～3。

活动三：吃饭

1. 协助者出示饭，孩子饿了主动向协助者表达吃饭的需求，协助者让能做到的孩子装饭。
2. 孩子吃完饭了，协助者让孩子添饭。
3. 孩子吃了数碗饭后，感觉饱了，引导孩子停止装饭并表达：我饱了，不吃了或做出摆手、摇头等动作表示，能表达的就停止添饭吃。
4. 没有表达的孩子重复步骤2～3。

六、教学建议

不知饱的孩子，不停地吃，吃多了会吐，在旁边放一个桶接呕吐物。

第22课　孩子能忍耐食物到手却不立即到口

一、教学目标

孩子能忍耐食物到手却不立即到口。

二、教学重点

1. 在协助者的提醒下能忍耐不吃手上的食物。
2. 孩子能逐渐延长忍耐的时间。
3. 孩子能忍耐10分钟不吃手上的食物。

三、教学准备

1. 协助者在孩子能发现的地方摆放着午餐或晚餐的食材，包括1只鸡、1碗手撕鸡的调味料、1斤带壳的生花生、1斤葡萄。
2. 准备一些孩子喜欢吃的小零食，提前把零食切成小块放在盒子里备用。

四、指导语

1. ××（孩子的姓名）不可以吃。
2. 撕鸡肉。
3. 剥花生。
4. 洗葡萄。

五、教学过程

活动一：制作手撕鸡

1. 孩子饿了，协助者参照以下食谱和孩子一起为全家人制作两个菜和一碗餐前水果。
2. 鸡蒸好了，协助者让孩子把隔水蒸好的鸡端上桌，让孩子感受蒸鸡的盘子很烫，引导孩子表达热。孩子表达后，协助者让孩子隔着抹布把鸡端上桌，孩子按要求做到了则给予少量零食奖励。
3. 协助者让孩子撕鸡肉感受煮好的鸡很烫，引导孩子表达"鸡很烫"。孩子表达后，协助者让孩子暂停撕鸡，等鸡肉放凉了再继续撕。
4. 协助者带孩子一边等待鸡晾凉，一边准备其他的食物：剥花生或洗葡萄。具体要求详见活动二和活动三。
5. 鸡晾凉了，协助者让孩子撕鸡肉，并问："鸡肉还热不热"，并让孩子表达"鸡肉不热了"。
6. 协助者把整只鸡分成10块让孩子撕。孩子手撕鸡肉时，协助者留意孩子不能直接吃鸡肉，孩子每撕好一块鸡肉就奖励少量零食。
7. 鸡肉都撕完了，协助者把准备好的调味料递给孩子，让孩子把调味料倒进鸡肉里并搅拌均匀。孩子搅拌时，协助者提醒孩子现在不能吃鸡肉，开饭后才能吃。若孩子能忍耐食物到手却不立即到口，则奖励少量零食。一旦孩子吃了，就必须让孩子把口中的鸡肉吐出来。
8. 手撕鸡完成后，让孩子帮忙端上餐桌。要求：食物到手却不立即到口，禁止孩子一边端菜一边吃。若孩子能按要求做到，则奖励少量零食。一旦孩子吃了，就必须让孩子把口中的鸡肉吐出来。

活动二：炒花生米

1. 协助者让孩子剥开花生壳，取出花生仁，放在指定的盘子里。若孩子每剥好5个花生并忍耐花生仁在手上也不放进嘴里吃，则奖励少量零食。一旦孩子吃了，就必须让孩子把口中的花生仁吐出来。

2. 协助者让孩子至少练习剥 50 个花生。
3. 协助者让孩子把剥好的花生端进厨房，协助者炒花生米。

活动三：洗葡萄

1. 协助者一边炒花生米，一边让孩子把葡萄一粒一粒地摘下来放在篮子里。协助者提醒孩子还没洗的葡萄不可以吃，若孩子在摘葡萄的过程中能忍耐葡萄到手却不立即到口，摘完葡萄后则奖励少量零食。一旦孩子吃了，就必须让孩子把口中的葡萄吐出来。
2. 协助者让孩子用水冲洗并浸泡葡萄，若孩子在洗葡萄时能忍耐葡萄到手却不立即到口，洗完葡萄后则奖励少量零食。
3. 葡萄浸泡过程中，协助者让孩子把炒好的花生米端上餐桌。要求孩子忍耐食物到手却不立即到口，能按要求做到的奖励少量零食。一旦孩子吃了，就必须让孩子把口中的葡萄吐出来。
4. 全部食物都上齐了，孩子和协助者一起用餐。

六、教学建议

孩子要忍住不吃鸡肉、花生米、葡萄这些食物，协助者要用孩子喜欢的零食吸引孩子，孩子按要求做到了就可以吃喜欢的零食。忍耐的时间要逐渐延长，开始时孩子撕好一块鸡肉就可以吃到零食，逐渐延长到撕 2 块、3 块，甚至整只鸡撕完后才能吃。孩子忍不住吃了，协助者必须要求孩子把口中的食物吐出来。

第 23 课　当协助者喊孩子的名字时，孩子能应答

一、教学目标

当协助者喊孩子的名字时，孩子能应答。

二、教学重点

1. 协助者喊孩子的名字时，会说话的孩子能应答"哎"。
2. 协助者喊孩子的名字时，不会说话的孩子能与协助者有目光对视或举手应答。

三、教学准备

1 个碗、1 个勺子，饭、菜、汤适量。

四、指导语

1. ××（孩子的名字）。
2. 应"哎"。
3. 眼睛看着我。
4. 举手。

五、教学过程

活动一：准备餐具

1. 孩子饿了，主动向协助者表达吃饭的需求后，协助者让孩子洗手后坐下来准备吃饭。
2. 协助者把餐具逐个逐个地递给孩子，喊孩子过来拿。要求：孩子在听到协助者喊自己的名字时，会说话的要应答"哎"，不会说话的要有目光对视或举手应答。能应答的才可以拿到餐具。
3. 重复步骤2，直到孩子拿到一个碗和一个勺子。

活动二：准备食物

1. 协助者把食物逐样逐样地递给孩子，喊孩子拿碗过来装。要求：孩子听到协助者喊自己的名字时，会说话的要应答"哎"，不会说话的要有目光对视或举手应答。能应答的才可以拿到食物。
2. 重复步骤1，直到孩子拿到一小碗汤、一小勺饭和少量菜。

活动三：添食

1. 孩子快把碗里的食物吃完时，协助者喊孩子过来给孩子加点饭菜或汤。要求：孩子听到协助者喊自己的名字时，会说话的要应答"哎"，不会说话的要有目光对视或举手应答。能应答的才可以拿到食物。
2. 步骤1重复5遍。

六、教学建议

孩子每次拿到的食物量不要过多，要少量多次。刚开始时，孩子的应答反应较慢，协助者可以重复喊孩子的名字。

第 24 课　孩子能回避烫的食物

一、教学目标

孩子能回避烫的食物。

二、教学重点

食物太烫，孩子能想办法把食物拿起来。

三、教学准备

1. 1 个电饭煲、5 个鹌鹑蛋、2 个红薯。
2. 2 条隔热布、1 个勺子、1 个蒸架。

四、指导语

1. 饿了，××（孩子的名字）要吃什么？
2. 有没有代币兑换？
3. 拿鹌鹑蛋（红薯）。
4. 烫不烫？
5. 看看，可以用勺子舀出来。
6. 把排骨端出来。
7. 用布隔着就不热了。

五、教学过程

活动一：煮鹌鹑蛋

1. 协助者用水煮 5 个鹌鹑蛋。
2. 孩子饿了，向协助者表达吃早餐的需求。要求：用 1 个代币兑换 1 个鹌鹑蛋。
3. 孩子兑换后，协助者让孩子洗干净手去拿鹌鹑蛋吃。
4. 孩子伸手拿刚煮熟的鹌鹑蛋感觉很烫，协助者引导孩子表达鹌鹑蛋好烫。孩子正确表达后，协助者引导孩子想办法拿到鹌鹑蛋。
5. 协助者示范拿勺子把鹌鹑蛋舀出来，能模仿的孩子才可以拿到鹌鹑蛋。
6. 步骤 2～5 至少重复训练 5 遍。

活动二：煮红薯

1. 协助者用水煮 2 个红薯。
2. 孩子饿了，向协助者表达吃早餐的需求。要求：用 4 个代币兑换 1 个红薯。
3. 孩子兑换后，协助者让孩子洗干净手去拿红薯吃。
4. 孩子伸手拿刚煮熟的红薯感觉很烫，协助者引导孩子表达红薯好烫，孩子能正确表达后，奖励 1 个代币。
5. 协助者引导孩子想办法把红薯拿出来，提问："怎么拿呢？用什么把红薯舀出来？"要求孩子用勺子把红薯捞出来，拿到红薯了才可以吃。
6. 步骤 2～4 重复训练 2 遍。

活动三：蒸排骨

1. 协助者用电饭煲蒸一碟排骨。
2. 孩子饿了，向协助者表达吃饭的需求。要求：用 9 个代币兑换用餐。
3. 孩子兑换后，协助者让孩子洗干净手去装饭。
4. 孩子打开电饭煲看见里面有一碟排骨，协助者让孩子想办法把很烫的排骨端出来。
5. 孩子伸手去碰碟子后，协助者询问孩子："热不热？"孩子能正确表达后，奖励 1 个代币。
6. 协助者递给孩子两块布。要求：配合指令隔着布把一碟排骨端出来，把排骨端出来了才能装饭。

六、教学建议

协助者启发孩子借助工具把烫的食物拿出来，除了布、勺子，也可以用隔热手套、蒸菜夹子、提盘器、筷子等工具。

第 25 课　孩子能回避带骨头的食物

一、教学目标

孩子能回避带骨头的食物。

二、教学重点

孩子吃到硬的骨头，能吐出来。

三、教学准备

1. 1碟排骨、1碟鸡块、1碟鱼腩。
2. 代币数量参照板。

四、指导语

1. 把骨头吐出来。
2. 骨头上还有肉，吃干净了才可以吃别的。

五、教学过程

活动一：吃排骨

1. 孩子饿了，主动向协助者表达吃饭的需求。协助者要求孩子用9个代币兑换用餐。
2. 协助者夹给孩子一块排骨。
3. 协助者引导孩子吃排骨时要把肉吃掉并把骨头吐出来，能做到的才可以继续选择食物。
4. 步骤2～3至少重复8遍。

活动二：吃鸡块

1. 孩子饿了，主动向协助者表达吃饭的需求。协助者要求孩子用9个代币兑换用餐。
2. 协助者夹给孩子一块鸡块。
3. 协助者引导孩子吃鸡块时要把肉吃掉并把骨头吐出来，能做到的才可以继续选择食物。
4. 步骤2～3至少重复8遍。

活动三：吃鱼腩

1. 孩子饿了，主动向协助者表达吃饭的需求。协助者要求孩子用9个代币兑换用餐。
2. 协助者夹给孩子一块鱼腩。
3. 协助者引导孩子吃鱼腩时要把肉吃掉并把骨头吐出来，能做到的才可以继续选择食物。

4. 步骤2～3至少重复8遍。

六、教学建议

刚开始训练时，选择一些骨头又大又硬、孩子不容易吞咽的排骨、鸡翅、鸡腿。孩子有吐骨头的意识后，再吃带刺的鱼块。

第二编 喝 水 课

第26课 孩子能向协助者表达喝水的需求

一、教学目标

孩子能向协助者表达喝水的需求。

二、教学重点

1. 渴了,孩子能向协助者表达要喝水。
2. 吃药好苦,孩子能向协助者表达要喝水。
3. 食物好辣,孩子能向协助者表达要喝水。

三、教学准备

1. 1壶温开水、1个水杯。
2. 1包辣薯片。
3. 孩子生病时服用的苦药。

四、指导语

1. ××(孩子的名字)是不是要喝水?
2. 水在哪里?指出来。××(孩子的名字)要什么?指出来。
3. ××(孩子的名字)要什么?我要喝水。
4. ××(孩子的名字)去拿杯子,倒水。
5. ××(孩子的名字)还喝水吗?
6. ××(孩子的名字)想不想吃?把水喝完给吃的。
7. 凤爪辣不辣?好辣。
8. ××(孩子的名字)喝不喝水?
9. 药苦不苦?好苦。

五、教学过程

活动一：渴了，要喝水

1. 协助者出示一壶温开水，并观察孩子是否关注水，并靠近协助者。
2. 当孩子靠近协助者时，协助者询问孩子："你是不是要喝水？"
3. 协助者引导孩子表达喝水的需求。要求用手指着水或用语言表达"我要喝水"，能正确表达的孩子才能喝水。
4. 孩子表达后，协助者引导孩子拿杯子装水，能配合指令完成拿杯子倒水的动作的孩子才有水喝。
5. 孩子喝水后，协助者再次询问孩子："你还喝不喝水？"
6. 若孩子还想喝水，协助者重复训练步骤3～4。

活动二：薯片好辣，要喝水

1. 孩子渴了主动向协助者表达喝水的需求。要求用手指着水或用语言表达"我要喝水"，能正确表达的孩子才能喝水。
2. 孩子表达后，协助者引导孩子拿杯子装水，能配合指令完成拿杯子倒水的动作的孩子才有水喝。
3. 协助者引导孩子把杯子里的水喝完，能配合指令把水喝完的，奖励一小片辣薯片。
4. 孩子吃了辣薯片，协助者询问孩子："辣不辣？你喝不喝水？"
5. 协助者引导孩子表达辣的不适，要喝水。要求用手指着水或用语言表达"我要喝水"，能正确表达的孩子才能喝水。
6. 协助者递水给孩子时，引导孩子表达谢意，能做到的奖励1个代币。
7. 步骤3～6重复5遍。

活动三：药好苦，要喝水

1. 孩子生病了，协助者定时把苦的药一粒一粒地递给孩子吃。
2. 若孩子吃的药是苦的，协助者出示一壶温开水，观察孩子感受到药很苦时，询问孩子："药苦不苦？你要不要喝水？"引导孩子表达药很苦以及喝水的需求。要求：不会说话的孩子用点头示意，用手指着水表达喝水的需求，会说话的孩子表达"药好苦""我要喝水"、能做到的，协助者把水给孩子。
3. 孩子表达后，协助者引导孩子拿杯子装水，能配合指令完成拿杯子倒水的动作的孩子才有水喝。
4. 重复步骤2～3，孩子要服几粒苦的药就重复练习几遍。

六、教学建议

1. 活动一协助者要抓住孩子渴，想喝水的时机，让孩子学习表达自己的需求。
2. 活动二的薯片可换成其他辣的零食，如泡椒凤爪、香辣豆皮等。

第27课　孩子渴了能选择喝水

一、教学目标

孩子渴了能选择喝水。

二、教学重点

渴了，孩子能从饼干、水、饮料中选择一种解渴的。

三、教学准备

1. 2个光酥饼、10个绿豆糕或桂花糕、1壶温开水、1瓶饮料。
2. 1个背包。

四、指导语

1. ××（孩子的名字）要什么？我要喝水（饮料）。
2. 哦，××（孩子的名字）口渴了，××（孩子的名字）要喝水。
3. 我有饼（绿豆/桂花糕），××（孩子的名字）是喝水（饮料）还是吃饼（绿豆/桂花糕）呢？
4. ××（孩子的名字）还要不要饼干（绿豆/桂花糕）？

五、教学过程

活动一：喝水

1. 孩子渴了，主动找水喝时，协助者不要提醒孩子喝水。
2. 当孩子发现水在协助者手中，协助者引导孩子表达喝水的需求。要求孩子正确称呼协助者并表达"我要喝水"，能按要求做到的，协助者出示更多的食物给孩子选择。
3. 协助者出示光酥饼和一壶温开水，引导孩子从光酥饼和温开水中选择一种解

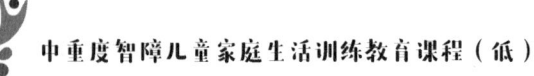

渴。要求：孩子用 1 个代币兑换一小块光酥饼或一小杯水，孩子选什么就给什么。

4. 如果孩子选择的是饼干，就重复训练步骤 1~2。一旦孩子选择喝水，孩子渴的需求得到满足后就停止训练。

活动二：徒步

1. 协助者和孩子一起徒步 5 千米，给孩子准备一个背包，背包里装一些糕点、光酥饼等吃了容易口干的食物和一壶温开水。
2. 协助者观察孩子口渴了，是否有喝水的需求。
3. 孩子渴了，能主动向协助者表达喝水的需求。要求孩子正确称呼协助者并表达"我要喝水"，能按要求做到的，协助者出示更多的食物给孩子选择。
4. 协助者出示光酥饼、绿豆糕等糕点和一壶温开水，引导孩子从光酥饼、糕点和温开水中选择一种解渴，孩子选什么就给什么。
5. 如果孩子选择的是饼干或糕点，就重复训练步骤 1~4。一旦孩子选择喝水，孩子渴的需求得到满足后就停止训练。

活动三：爬山

1. 协助者和孩子一起去爬山，给孩子准备一个背包，背包里装一些糕点、光酥饼等吃了容易口干的食物和一壶温开水、一瓶饮料。
2. 当孩子渴了，孩子能主动向协助者表达喝水的需求。要求孩子正确称呼协助者并表达"我要喝水"，能按要求做到的，协助者出示更多的食物给孩子选择。
3. 协助者出示光酥饼、绿豆糕等糕点，一壶温开水和一瓶饮料，引导孩子从光酥饼、糕点、温开水、饮料中选择一种解渴，孩子选什么就给什么。
4. 如果孩子选择的是饼干或糕点，就重复训练步骤 1~3。一旦孩子选择喝水或饮料，孩子渴的需求得到满足后就停止训练。

六、教学建议

1. 协助者每天和孩子一起多做运动，如跑步、徒步等。孩子运动多，出汗多，自然就容易口渴。孩子渴了才有喝水的需求，才有训练的机会。
2. 要看管好家中的饮用水、水果等能解渴的食物，以免错失喝水训练机会。
3. 准备的饼干、糕点都是吃完后更容易口干、口渴的食物。

第28课　孩子能忍耐渴

一、教学目标

孩子能忍耐渴。

二、教学重点

孩子能忍耐渴，去干活赚代币换水喝。

三、教学准备

1. 1壶温开水、1个小茶杯。
2. 1个拖把、1个喷壶、1块洗碗用的百洁布、未清洁的餐具。
3. 代币适量、代币数量参照板。

四、指导语

1. ××（孩子的名字）要什么？
2. 我要喝水。
3. 1个代币换一杯水。
4. ××（孩子的名字）有代币吗？
5. 干活赚代币。
6. 擦地、擦桌子、擦柜子、擦床、洗碗。

五、教学过程

活动一：擦地

1. 当孩子渴了想喝水并主动向协助者表达喝水的需求时，协助者要求孩子用1个代币换一小杯茶水。
2. 若孩子没有代币，就让孩子配合指令擦地赚代币，能配合把客厅的地面擦一遍的奖励1个代币。孩子在擦地时没有方向，协助者可使用喷壶在地上喷水，引导孩子按喷水路线把地上的水全部擦干。
3. 孩子赚到代币后，主动去和协助者兑换水喝。要求用1个代币兑换一杯功夫茶水（大约10毫升），能按要求做到的，协助者把水递给孩子。
4. 若孩子仍有喝水的需求，协助者就继续要求孩子去擦地赚代币换水喝，要求

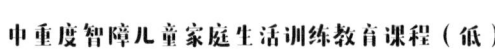

与步骤一样。而清洁地点可变换，擦干净客厅的地面后可擦房间、卫生间、厨房的地面。

活动二：擦家具

1. 当孩子渴了想喝水并主动向协助者表达喝水的需求时，协助者要求孩子用 1 个代币换一小杯茶水。
2. 若孩子没有代币，就让孩子配合指令擦家具赚代币，能配合把客厅的家具擦一遍的奖励 1 个代币。协助者使用喷壶在家具上喷水，引导孩子把家具上的水擦干。
3. 孩子赚到代币后，主动去和协助者兑换水喝。要求用 1 个代币兑换一杯功夫茶水（大约 10 毫升），能按要求做到的，协助者把水递给孩子。
4. 若孩子仍有喝水的需求，协助者就继续要求孩子去擦房间以及厨房、浴室的家具来赚代币换水喝。

活动三：洗碗

1. 当孩子渴了想喝水并主动向协助者表达喝水的需求时，协助者要求孩子用 1 个代币换一小杯茶水。
2. 若孩子没有代币，就让孩子配合指令洗碗赚代币。协助者引导孩子用洗洁精和百洁布擦碗，能配合指令擦碗的奖励 1 个代币。
3. 孩子赚到代币后，主动去和协助者兑换水喝。要求用 1 个代币兑换一杯功夫茶水（大约 10 毫升），能按要求做到的，协助者把水递给孩子。
4. 若孩子仍有喝水的需求，就继续洗碗来赚代币换水喝。

六、教学建议

1. 协助者要看管好家中开水、饮料、汤水、水果等能解渴的食物。
2. 孩子渴了需要解渴，向协助者提出自己的需求。协助者根据孩子喝水的需求，抓住机会及时训练。

第 29 课　孩子能喝苦的饮品

一、教学目标

孩子能喝苦的饮品。

二、教学重点

1. 苦丁茶、黄连水很苦，孩子能忍耐并把茶喝完。
2. 咖啡很苦，孩子能忍耐并把咖啡喝完。

三、教学准备

1. 苦丁茶、黄连心、苦咖啡、饼干适量。
2. 1壶开水、1个大茶杯、1个茶壶、1个勺子。

四、指导语

1. ××（孩子的名字）口渴了？
2. 有代币吗？1个代币换一杯茶（咖啡）。
3. 喝吧。
4. 苦不苦？
5. 喝完它，喝完给××（孩子的名字）饼干吃。
6. 真棒（耶），喝完了。
7. ××（孩子的名字）要不要再喝一杯？

五、教学过程

活动一：泡苦丁茶

1. 孩子渴了，主动向协助者表达喝水的需求。要求：正确地称呼协助者并表达"我要喝水"。
2. 协助者引导孩子用代币换茶喝。要求：用1个代币换一杯茶，有代币才能喝茶。
3. 协助者引导孩子协助泡茶，配合协助者的指令拿茶壶、拿苦丁茶叶、倒洗茶的水，能做到的奖励1个代币。
4. 协助者引导孩子忍耐渴。要求孩子安静地坐在茶台旁边，等待苦丁茶泡出味并晾凉，能做到的奖励1个代币。
5. 苦丁茶泡好了，协助者询问孩子："你要不要喝水？"引导孩子表达自己的需求。要求孩子的眼睛与协助者对视，如果孩子做到了，协助者递给孩子一杯苦丁茶。
6. 孩子接过协助者递给孩子的一杯苦丁茶，协助者引导孩子表达谢意，要求语言表达或眼睛看着协助者或微笑地点头，能做到的奖励1个代币。
7. 协助者让孩子喝茶并出示饼干，当孩子感受到苦丁茶的苦时，协助者引导孩

子表达："苦丁茶很苦"。

8. 协助者引导孩子忍耐苦丁茶的苦。要求把杯子里的苦丁茶喝完，能做到的奖励一小块饼干。

9. 当孩子把苦丁茶喝完了，协助者和孩子单手击掌鼓励并说"耶"，随后询问孩子："你还要不要再喝一杯？"若孩子表达还要喝苦丁茶，则重复训练步骤2~8。

活动二：泡黄连心水

1. 孩子渴了，主动向协助者表达喝水的需求。要求：正确地称呼协助者并表达"我要喝水"。

2. 协助者引导孩子用代币换水喝。要求：用1个代币换一杯茶水，有代币才能喝水。

3. 协助者引导孩子协助泡茶，配合协助者的指令拿茶壶、拿黄连心、倒洗茶的水，能做到的奖励1个代币。

4. 协助者引导孩子忍耐渴。要求孩子安静地坐在茶台旁边，等待黄连心水泡出味并晾凉，能做到的奖励1个代币。

5. 黄连心水泡好了，协助者询问孩子："你要不要喝水？"引导孩子表达自己的需求。要求孩子的眼睛与协助者对视，如果孩子做到了，协助者递给孩子一杯黄连心水。

6. 孩子接过协助者递给孩子的一杯黄连心水，协助者引导孩子表达谢意，要求语言表达或眼睛看着协助者或微笑地点头，能做到的奖励1个代币。

7. 协助者让孩子喝茶并出示饼干，当孩子感受到黄连心水的苦时，协助者引导孩子表达"黄连心水很苦"。

8. 协助者引导孩子忍耐黄连心水的苦。要求把杯子里的黄连心水喝完，能做到的奖励一小块饼干。

9. 当孩子把黄连心水喝完了，协助者和孩子单手击掌鼓励并说"耶"，随后询问孩子："你还要不要再喝一杯？"若孩子表达还要喝黄连心水，则重复训练步骤2~8。

活动三：喝咖啡

1. 孩子渴了，主动向协助者表达喝水的需求。要求：正确地称呼协助者并表达"我要喝水"。

2. 协助者出示咖啡，引导孩子用代币换咖啡喝。要求：用1个代币换一杯咖啡，有代币才能喝咖啡。

3. 协助者引导孩子协助冲咖啡，配合协助者的指令拿杯子和勺子，打开咖啡包装袋，把咖啡倒进杯子里，能做到的奖励1个代币。

4. 协助者引导孩子忍耐渴。要求孩子安静地用勺子搅拌咖啡至均匀，能做到的奖励 1 个代币。

5. 咖啡冲好了，协助者询问孩子："你要不要喝咖啡?"引导孩子表达自己的需求。要求孩子的眼睛与协助者对视，如果孩子做到了，协助者递给孩子一杯咖啡。

6. 孩子接过协助者递给孩子的一杯咖啡，协助者引导孩子表达谢意，要求语言表达或眼睛看着协助者或微笑地点头，能做到的奖励 1 个代币。

7. 协助者让孩子喝咖啡并出示饼干，当孩子感受到咖啡的苦时，协助者引导孩子表达"咖啡很苦"。

8. 协助者引导孩子忍耐咖啡的苦。要求把杯子里的咖啡喝完，能做到的奖励一小块饼干。

9. 当孩子把咖啡喝完了，协助者和孩子单手击掌鼓励并说"耶"，随后询问孩子："你还要不要再喝一杯?"若孩子表达还要喝咖啡，则重复训练步骤 2～8。

六、教学建议

1. 协助者要把家里的水壶、水龙头看住，随时留意孩子什么时候渴了，一旦发现孩子渴了，到处找水喝，协助者应及时进行训练。

2. 协助者给孩子倒苦丁茶、黄连心水或咖啡时，每次至少一大杯（约 200 毫升）。

第 30 课　喝饮品时，孩子能向协助者表达苦的不适

一、教学目标

孩子能向协助者表达苦的不适。

二、教学重点

孩子能识别浓茶、苦咖啡以及苦瓜汁是苦的，并能正确表达出来。

三、教学准备

1. 青茶、普洱茶或铁观音茶适量，温开水，1 个茶壶、2 个小茶杯（容量约 10 毫升）。

2. 苦咖啡适量、一小包奶茶。

3. 1 台料理机、1 条苦瓜、1 个胡萝卜、白砂糖适量、凉开水。

四、指导语

1. ××（孩子的名字）渴了，来，我们泡茶（冲咖啡、榨汁）喝吧！
2. 喝茶（咖啡、苦瓜汁），茶（咖啡、苦瓜汁）苦不苦？茶（咖啡、苦瓜汁）很苦。
3. 喝水，温开水苦不苦？温开水不苦。
4. 喝奶茶（胡萝卜汁），奶茶甜不甜（胡萝卜汁）？奶茶（胡萝卜汁）很甜。
5. ××（孩子的名字）喜不喜欢喝？喜欢就点头，不喜欢就摇头。
6. ××（孩子的名字）还要不要喝？

五、教学过程

活动一：喝浓茶和温开水

1. 孩子渴了，向协助者表达喝水的需求。
2. 协助者和孩子一起泡茶喝。
3. 放较多的茶叶，冲泡出一小杯浓茶递给孩子。
4. 孩子喝一口后，协助者询问孩子："茶苦不苦？"引导孩子表达茶好苦，要求不会说话的用点头来表达，会说话的直接表达"好苦"。能表达的奖励一小块饼干。
5. 协助者倒一杯温开水递给孩子，并询问："温开水苦不苦？"引导孩子表达温开水不苦，要求不会说话的用摇头来表达，会说话的直接表达"不苦"。能表达的奖励一小块饼干。
6. 协助者倒一杯浓茶和一杯温开水给孩子喝。引导孩子比较哪一杯是苦的，并表达出来。要求孩子在协助者的询问下能正确地区分并表达，表达正确的奖励一小块饼干。
7. 若孩子还想喝，协助者则重复训练步骤6。

活动二：喝咖啡和奶茶

1. 孩子渴了，向协助者表达喝水的需求。
2. 协助者和孩子一起冲咖啡和奶茶喝。
3. 协助者冲泡出一小杯咖啡递给孩子。
4. 孩子喝一口后，协助者询问孩子："咖啡苦不苦？"引导孩子表达咖啡好苦，要求不会说话的用点头来表达，会说话的直接表达"好苦"。能表达的奖励一小块饼干。
5. 协助者倒一小杯奶茶递给孩子，并询问："奶茶甜不甜？你喜不喜欢喝？"引导孩子表达奶茶很甜。要求：不会说话的用点头来表达奶茶很甜，用点头或摇头来表达自己喜欢或不喜欢；会说话的表达"甜"或"喜欢/不喜欢"。

6. 协助者倒一小杯咖啡和一小杯奶茶给孩子喝。引导孩子比较哪一杯是苦的，并表达出来。要求孩子在协助者的询问下能正确地区分并表达，表达正确的奖励一小块饼干。

7. 若孩子还想喝，协助者则重复训练步骤6。

活动三：喝苦瓜汁和胡萝卜汁

1. 孩子渴了，向协助者表达喝水的需求。
2. 协助者和孩子一起榨苦瓜汁和胡萝卜汁。
3. 苦瓜汁榨好了，协助者先递一小杯苦瓜汁给孩子。
4. 孩子喝一口后，协助者询问孩子："苦瓜汁苦不苦?"引导孩子表达苦瓜汁好苦，要求不会说话的用点头来表达，会说话的直接表达"好苦"。能表达的奖励一小块饼干。
5. 协助者在胡萝卜汁中加适量的白砂糖并倒一小杯胡萝卜汁递给孩子，询问："甜不甜？你喜不喜欢喝?"引导孩子表达胡萝卜汁很甜。要求：不会说话的用点头来表达胡萝卜很甜，用点头或摇头来表达自己喜欢或不喜欢；会说话的表达"甜"或"喜欢/不喜欢"。
6. 协助者倒一小杯苦瓜汁和一杯胡萝卜汁给孩子喝。引导孩子比较哪一杯是苦的，并表达出来。要求孩子在协助者的询问下能正确地区分并表达，表达正确的奖励一小块饼干。
7. 若孩子还想喝，协助者则重复训练步骤6。

六、教学建议

抓住孩子渴了要喝水的需求，提供丰富的饮品让孩子去感受，让孩子在比较中识别食物的味道，学习与协助者互动，学会正确地表达食物的味道，表达自己的喜欢或不喜欢。

第31课 孩子能忍耐喝酸的饮品

一、教学目标

孩子能忍耐喝酸的饮品。

二、教学重点

孩子能忍耐饮品很酸，能把柠檬汁、山楂水、酸奶喝完。

三、教学准备

1. 适量的山楂干煮水、1个水杯。
2. 2~3个柠檬、1台料理机、1壶凉白开备用。
3. 自制酸奶适量。

四、指导语

1. ××（孩子的名字）口渴了?
2. 有代币吗?1个代币换一杯山楂水（柠檬汁、酸奶）。
3. 喝吧。
4. 酸不酸?
5. 喝完它,喝完给××（孩子的名字）糖吃。
6. 真棒（耶）,喝完了。
7. ××（孩子的名字）要不要再喝一杯?

五、教学过程

活动一：喝山楂水

1. 孩子渴了,主动向协助者表达喝水的需求。要求：正确地称呼协助者并表达"我要喝水"。
2. 协助者引导孩子用代币换水喝。要求：用1个代币换一杯山楂水,有代币才有水喝。
3. 协助者引导孩子拿杯子喝山楂水,能配合指令拿杯子、山楂水的孩子奖励1个代币。
4. 协助者让孩子喝山楂水并出示饼干,当孩子感受到山楂水很酸时,协助者引导孩子表达"山楂水很酸。"
5. 协助者引导孩子忍耐山楂水的酸。要求孩子把杯子里的山楂水喝完,能做到的奖励一小块饼干。
6. 当孩子把山楂水喝完了,协助者和孩子单手击掌鼓励并说"耶"。随后询问孩子："要不要再喝一杯?"若孩子表达还要喝山楂水,则重复训练步骤2~6。

活动二：榨柠檬汁

1. 孩子渴了,主动向协助者表达喝水的需求。要求：正确地称呼协助者并表达"我要喝水"。

2. 协助者引导孩子协助榨柠檬汁。要求孩子配合指令把柠檬、凉开水倒进料理机里，能做到的奖励 1 个代币。

3. 柠檬汁榨好了，协助者询问孩子："你要不要喝柠檬汁？"引导孩子向协助者表达自己的需求。要求孩子与协助者目光对视，如果孩子做到了，协助者递给孩子一杯柠檬汁。

4. 孩子接过协助者递给孩子的一杯柠檬汁时，要向协助者表达谢意，要求语言表达或用眼睛看着协助者或微笑地点头，能做到的奖励 1 个代币。

5. 协助者让孩子喝柠檬汁并出示 QQ 糖，当孩子感受到柠檬汁很酸时，协助者引导孩子表达"柠檬汁很酸。"

6. 协助者引导孩子忍耐柠檬汁的酸。要求孩子把杯里的柠檬汁喝完，能做到的奖励一粒 QQ 糖。

7. 当孩子把柠檬汁喝完了，协助者和孩子单手击掌鼓励并说"耶"。随后询问孩子："要不要再喝一杯？"若孩子表达还要喝柠檬汁，则重复训练步骤 2～6。

活动三：喝酸奶

1. 孩子渴了，主动向协助者表达喝水的需求。要求：正确地称呼协助者并表达"我要喝水"。

2. 协助者出示自制酸奶，引导孩子用代币换酸奶喝。要求：用 1 个代币换一碗酸奶，有代币才能喝酸奶。

3. 协助者引导孩子配合指令拿碗和勺子，并舀一碗酸奶，能做到的才能喝酸奶。

4. 协助者让孩子喝酸奶并出示糖，当孩子感受到自制酸奶很酸时，协助者引导孩子表达"酸奶很酸"。

5. 协助者引导孩子忍耐自制酸奶的酸。要求孩子把碗里的酸奶喝完，能做到的奖励一小块糖。

6. 当孩子把酸奶喝完了，协助者和孩子单手击掌鼓励并说"耶"，随后询问孩子："要不要再喝一杯？"若孩子表达还要喝酸奶，则重复训练步骤 2～5。

六、教学建议

1. 为了让孩子体验到自制酸奶很酸，请不要加糖。
2. 请勿用商场卖的酸奶替代自制酸奶。
3. 活动二的榨柠檬汁也可以用杨梅、青梅、西柚、李子、百香果等较酸的水果替代。

第 32 课　孩子能忍耐喝咸的饮品

一、教学目标

孩子能忍耐喝咸的饮品。

二、教学重点

孩子能忍耐饮品很咸，能把咸的盐水、柑橘水、酥油茶喝完。

三、教学准备

1. 适量的食盐、1 个水杯。
2. 2～3 粒咸柑橘、1 壶凉白开备用。
3. 1 包咸味的酥油茶。

四、指导语

1. ××（孩子的名字）口渴了？
2. 有代币吗？1 个代币换一杯水（柑橘水、酥油茶）。
3. 喝吧。
4. 咸不咸？
5. 喝完它，给××（孩子的名字）饼干吃。
6. 真棒（耶），喝完了。
7. ××（孩子的名字）要不要再喝一杯？

五、教学过程

活动一：喝盐水

1. 孩子渴了，主动向协助者表达喝水的需求。要求：正确地称呼协助者并表达"我要喝水"。
2. 协助者引导孩子用代币换水喝。要求：用 1 个代币换一杯水，有代币才有水喝。
3. 协助者引导孩子冲盐水。要求孩子配合指令拿杯子、舀适量的食盐、倒水并搅拌，能做到的奖励 1 个代币。
4. 协助者让孩子喝盐水并出示饼干，当孩子感受到盐水很咸时，协助者引导孩子表达"盐水很咸"。

5. 协助者引导孩子忍耐盐水的咸。要求孩子把杯子里的盐水喝完,能做到的奖励一小块饼干。

6. 当孩子把盐水喝完了,协助者和孩子单手击掌鼓励并说"耶"。随后询问孩子:"要不要再喝一杯?"若孩子表达还要喝盐水,则重复训练步骤2~6。

活动二:喝咸柑橘水

1. 孩子渴了,主动向协助者表达喝水的需求。要求:正确地称呼协助者并表达"我要喝水"。

2. 协助者引导孩子冲咸柑橘水。要求孩子配合指令把咸柑橘倒进杯里、加凉白开水、拿勺子搅拌,能做到的才有得喝。

3. 协助者让孩子喝咸柑橘水并出示糖,当孩子感受到咸柑橘水很咸时,协助者引导孩子表达"柑橘水很咸"。

4. 协助者引导孩子忍耐柑橘水的咸。要求孩子把杯子里的咸柑橘水喝完,能做到的奖励一小粒糖。

5. 当孩子把咸柑橘水喝完了,协助者和孩子单手击掌鼓励并说"耶"。随后协助者询问孩子:"要不要再喝一杯?"若孩子表达还要喝咸柑橘水,则重复训练步骤2~5。

活动三:喝咸酥油茶

1. 孩子渴了,主动向协助者表达喝水的需求。要求:正确地称呼协助者并表达"我要喝水"。

2. 孩子表达后,协助者引导孩子冲酥油茶。要求孩子配合指令打开酥油茶的包装袋、把酥油茶和盐倒进碗里、倒开水、搅拌,能做到的才有酥油茶喝。

3. 酥油茶冲好了,协助者询问孩子:"你要不要喝酥油茶?"引导孩子表达自己的需求。要求孩子用眼睛与协助者对视,若孩子做到了,协助者递给孩子一碗酥油茶。

4. 孩子接过协助者递的酥油茶时,要向协助者表达谢意。要求语言表达或用眼睛看着协助者或微笑地点头,能做到的奖励1个代币。

5. 协助者让孩子喝酥油茶并出示饼干,当孩子感受到酥油茶很咸时,协助者引导孩子表达"酥油茶很咸"。

6. 协助者引导孩子忍耐酥油茶的咸。要求孩子把碗里的酥油茶喝完,能做到的奖励一小块饼干。

7. 当孩子把咸的酥油茶喝完了,协助者和孩子单手击掌鼓励并说"耶"。随后询问孩子:"要不要再喝一杯?"若孩子表达还要喝咸酥油茶,则重复训练步骤2~7。

六、教学建议

1. 自制咸柑橘。
2. 咸酥油茶也可以用咸豆浆代替。

第33课　孩子能拒绝喝过量的饮品

一、教学目标

孩子能拒绝喝过量的饮品。

二、教学重点

1. 孩子体验饮品喝多后身体的不适，如饱、呕等。
2. 孩子能停止喝饮品，能拒绝别人递的饮品。

三、教学准备

1. 温开水、各种饮料、1罐葡萄糖粉。
2. 1个水杯、1个垃圾桶、1个勺子。

四、指导语

1. ××（孩子的名字）要喝水呀？给，自己倒。
2. 把水喝完了，给××（孩子的名字）一块饼干吃。
3. ××（孩子的名字）要饼干？再喝一杯水。
4. 怎么啦？还喝不喝？肚子不舒服了，你不喝了。

五、教学过程

活动一：喝水

1. 孩子渴了，主动向协助者表达喝水的需求。
2. 协助者递给孩子一壶温开水，让孩子自己倒水喝。
3. 当孩子喝完一杯水后，协助者奖励一块饼干。
4. 协助者出示饼干，询问："还要不要饼干？"
5. 当孩子表达吃饼干的需求后，重复步骤2～3。

6. 孩子喝了数杯水后，感觉饱了，引导孩子拒绝协助者递给自己水并表达"我不喝了"或做出摆手等动作，能表达的就停止喝水。没有表达的孩子重复步骤 4～5。

活动二：喝汽水

1. 孩子渴了，主动向协助者表达喝水的需求。
2. 协助者递给孩子一瓶汽水，让孩子自己倒汽水喝。
3. 当孩子喝完一杯汽水后，协助者询问："还要不要喝？"
4. 当孩子表达喝汽水的需求后，重复步骤 2～3。
5. 孩子喝了数杯汽水后，感觉饱了，引导孩子拒绝继续喝汽水并向协助者表达"我不喝了"或做出摆手等动作，能表达的就停止喝汽水。若孩子还没有感觉饱，还要喝汽水，则继续重复步骤 2～3。

活动三：喝葡萄糖水

1. 孩子渴了，主动向协助者表达喝水的需求。
2. 协助者递给孩子一袋葡萄糖粉，让孩子自己冲糖水喝。要求孩子配合指令拿杯、舀葡萄糖粉、倒水、搅拌，能配合指令的奖励一粒糖。
3. 当孩子喝完一杯糖水后，协助者询问："还要不要喝？"
4. 当孩子表达喝糖水的需求后，重复步骤 2～3。
5. 孩子喝了数杯糖水后，感觉饱了，引导孩子拒绝继续喝糖水并向协助者表达"我不喝了"或做出摆手等动作，能表达的就停止喝糖水。若孩子还没有感觉饱，还要喝糖水，则继续重复步骤 2～3。

六、教学建议

1. 活动三要冲很甜的葡萄糖水，适当多加点葡萄糖。
2. 如果孩子不懂拒绝，喝多了就会吐，在旁边放一个垃圾桶接呕吐物。

第 34 课　喝的水太热，孩子能等待

一、教学目标

喝的水太热，孩子能等待。

二、教学重点

1. 水太热，孩子能等待水凉些再喝。
2. 孩子能配合指令对着水轻轻地吹气，让热水变凉。
3. 孩子能配合指令将水在两个杯子里轮换倒，让热水变凉。
4. 孩子能配合指令把热水轻浮于凉水上，让热水变凉。

三、教学准备

1 杯热水、1 个空杯子、1 盆凉水。

四、指导语

1. 试一试，水热不热？
2. 水好热，不可以喝。
3. 吹一吹，对着水，继续。
4. 把水倒进杯子里，继续。
5. 把杯子放在盆里，拿稳，倒了就没得喝了。
6. 试一试，水凉了没有？可以喝了。

五、教学过程

活动一：水好热，吹一吹

1. 孩子渴了，向协助者表达喝水的需求，要求主动用语言表达"我要喝水"，或用手指着水壶，或拿着水杯等动作表示。若孩子能表达，协助者就给孩子倒一杯热水。
2. 协助者让孩子感受水很热，并引导孩子水很热不能立即喝，询问孩子："水热不热？""水烫嘴，痛不痛？"要求孩子在协助者的提问下表达水热、嘴痛。
3. 协助者一边示范，一边引导孩子对着热水吹气，让热水变凉。要求：配合指令轻轻地吹气直至水变凉。若孩子配合指令，协助者立刻奖励一片薯片。

活动二：两个杯子轮换倒水

1. 孩子渴了，向协助者表达喝水的需求，要求主动用语言表达"我要喝水"，或用手指着水壶或拿着水杯等动作表示。若孩子能表达，协助者就给孩子倒一杯热水。
2. 协助者让孩子感受水很热，并引导孩子水很热不能立即喝，询问孩子："水热不热？""水烫嘴，痛不痛？"要求孩子在协助者的提问下表达水热、嘴痛。

3. 协助者一边示范，一边引导孩子用两个杯子轮换倒水。要求：配合指令把热水倒进空杯子里直至水变凉。若孩子配合指令，协助者立刻奖励一片薯片。

活动三：我把热水放在凉水盆里

1. 孩子渴了，向协助者表达喝水的需求，要求主动用语言表达"我要喝水"，或用手指着水壶或拿着水杯等动作表示。若孩子能表达，协助者就给孩子倒一杯热水。
2. 协助者让孩子感受水很热，并引导孩子水很热不能立即喝，询问孩子："水热不热？""水烫嘴，痛不痛？"要求孩子在协助者的提问下表达水热、嘴痛。
3. 协助者一边示范，一边引导孩子把装着热水的杯子放进一盆凉水里。要求：模仿并配合指令把热水放在凉水盆中直至水变凉。若孩子配合指令，水没有倒出来，协助者立刻奖励一片薯片。

六、教学建议

热水的温度越高，孩子等待的时间越长。刚开始训练时，建议水温 60 摄氏度左右，不适宜太烫，孩子心急容易烫伤。当孩子配合得好一点了，再用更热的水来训练孩子等待更长的时间。

第 35 课　孩子能忍耐饮品到手却不立即到口

一、教学目标

孩子能忍耐饮品到手却不立即到口。

二、教学重点

1. 孩子能配合协助者的指令停止喝饮品。
2. 孩子能忍耐饮品到手却不立即到口。

三、教学准备

1. 代币若干、代币数量 1～5 的参照板各 1 块。
2. 1 盘汤、1 瓶饮料、2 个苹果、1 盒 1 升装牛奶、1 瓶益力多乳酸饮品、2 根香蕉、1 台果汁搅拌机。

四、指导语

1. 不能喝。
2. ××（孩子的名字）帮忙拿牛奶（益力多等）。
3. ××（孩子的名字）没喝，奖励 1 个代币。
4. 不可以喝，××（孩子的名字）喝了要扣 1 个代币。
5. 渴了？把茶送过去给××，送完了再喝。

五、教学过程

活动一：一起做奶昔

1. 孩子渴了，协助者让孩子帮忙洗苹果，引导孩子食物到手却不立即到口。要求孩子不可以偷吃，能完成的奖励 1 个代币。
2. 孩子把洗好的苹果给协助者去皮并切成小块。协助者让孩子把切好的苹果放在一边备用，引导孩子食物到手却不立即到口。要求孩子不可以偷吃，能完成的奖励 1 个代币。
3. 协助者让孩子帮忙剥香蕉皮并拿给协助者切，要求与步骤 1 和步骤 2 一样。
4. 协助者让孩子到冰箱拿一盒牛奶和一支益力多乳酸饮料，并打开倒进杯子里，引导孩子饮品到手却不立即到口。要求孩子不可以偷喝，能完成的奖励 1 个代币。
5. 协助者让孩子帮忙把以上备好的食物递过来准备搅拌，引导孩子饮品到手却不立即到口。要求孩子不可以偷喝，能完成的奖励 1 个代币。
6. 用不完的食材让孩子再放回去，每递一次就做一杯奶昔，至少做两杯奶昔。
7. 奶昔做好了，协助者引导孩子等奶昔都做好了才可以喝，要求孩子忍耐饮品就在眼前却不立即到口，能做到的奖励 1 个代币。
8. 奶昔做好了，协助者引导孩子用代币兑换奶昔。要求用 5 个代币兑换，能做到的可以喝奶昔。

活动二：分奶昔

1. 协助者让孩子负责给每人分一杯奶昔，引导孩子忍耐饮品到手却不立即到口，要求孩子不能一边分奶昔一边喝，能做到的奖励 1 个代币，否则就要扣除 1 个代币。
2. 孩子分完奶昔后，协助者引导孩子等人到齐了才可以喝。要求孩子忍耐饮品就在眼前却不立即到口，能做到的奖励 1 个代币。

活动三：斟茶递水

1. 孩子渴了，主动向协助者表达喝水的需求。
2. 协助者泡茶，让孩子帮忙递茶给家里的每一个人，孩子把茶都递完后，自己才能喝。
3. 协助者引导孩子忍耐，要求双手端茶，不可以嘴巴靠近茶杯喝茶，能做到的奖励 1 个代币。

六、教学建议

训练孩子忍耐饮品到手却不立即到口，一开始训练时，协助者必须看紧孩子手中的饮品，不能轻易让孩子喝到。因为孩子自己是想喝就喝的，需要他人不断提醒孩子不可以喝。一旦孩子喝了，就必须吐出来，这样多次训练，让孩子明白不配合是无法满足自己的需求的。练习多了，孩子会逐渐知道自己什么时候可以喝，什么时候不可以喝。

第三编　个人卫生课

第 36 课　孩子能忍耐刷牙的不适

一、教学目标

孩子能忍耐刷牙的不适。

二、教学重点

1. 孩子能忍耐刷牙时牙刷的摩擦。
2. 孩子能忍耐刷牙至少 2 分钟。
3. 孩子能忍耐薄荷味牙膏的凉爽刺激。

三、教学准备

1 支牙刷、1 支成人牙膏、1 个水杯、1 个用来接漱口水的盆、1 面半身大镜子。

四、指导语

1. 刷牙，刷完牙去吃早餐。
2. 不刷牙，不准吃早餐（睡觉）。
3. 刷牙，刷完牙才能睡觉。
4. 张大嘴巴。
5. 刷，1，2，3，…
6. 看镜子，刷左边（右边、中间、里面、外面、上面等）。

五、教学过程

活动一：早上起床后要刷牙

1. 早上起床后，协助者让孩子去刷牙，配合指令刷牙才能吃早餐。

2. 协助者引导孩子准备牙具。要求孩子配合指令拿牙刷、牙膏，打开牙膏盖子，挤牙膏，能做到的奖励 1 个代币。

3. 协助者引导孩子漱口。要求孩子配合指令喝水、含水、吐水，能做到的奖励 1 个代币。

4. 协助者引导孩子忍耐刷牙的不适。要求孩子配合协助者的动作张大嘴巴使用牙膏刷牙至少 2 分钟，能做到的奖励 1 个代币。

5. 重复训练步骤 3，直至把口腔漱干净。

6. 协助者引导孩子放牙具。要求孩子配合指令放回原位，能做到的奖励 1 个代币。

活动二：睡觉前要刷牙

1. 孩子困了，要睡觉。
2. 协助者让孩子去刷牙，配合指令刷牙的才能睡觉。
3. 协助者引导孩子提出自己需要的牙具，要求表达"我要拿牙刷、牙膏"，能做到的才递给孩子相应的物品。
4. 协助者引导孩子漱口。要求水含在口腔内 30 秒以上，能做到的奖励 1 个代币。
5. 协助者引导孩子忍耐刷牙的不适。要求孩子配合协助者的动作张大嘴巴使用牙膏分别刷上下、左右、中间和里外的牙齿，能做到的奖励 1 个代币。
6. 重复训练步骤 4，直至把口腔漱干净。
7. 协助者引导孩子放牙具。要求孩子配合指令放回原位，能做到的奖励 1 个代币。

活动三：自己刷牙

1. 起床后或睡觉前，孩子主动去刷牙，协助者奖励 1 个代币，孩子刷牙后才能吃早餐或睡觉。
2. 孩子主动向协助者表达拿牙刷、杯子、牙膏的需求。要求正确地称呼协助者，能做到的才递给孩子相应的物品。
3. 协助者引导孩子漱口。要求把水轻轻地吐出来，能做到的奖励 1 个代币。
4. 协助者引导孩子照镜子刷牙。要求看着镜子模仿刷上下、左右、中间和里外的牙齿，每一个位置至少刷 20 下，能做到的奖励代币。
5. 重复训练步骤 3，直至把口腔漱干净。
6. 协助者引导孩子主动把牙具放回原位，能做到的奖励 1 个代币。

六、教学建议

1. 刚开始训练时,协助者给予动作协助,让孩子忍耐并适应牙刷在嘴巴里刷动以及凉爽的牙膏在口腔内。当孩子适应了牙刷的摩擦以及牙膏的味道后,逐渐从动作协助过渡到孩子自己刷。
2. 利用孩子对吃早餐和睡觉的需求,让孩子配合训练。

第 37 课　孩子能忍耐洗脸的不适

一、教学目标

孩子能忍耐洗脸的不适。

二、教学重点

1. 孩子能忍耐用清水洗脸。
2. 孩子能忍耐用花洒淋面部。
3. 孩子能忍耐用洗面奶清洁面部。

三、教学准备

1. 1 条洗脸巾、1 个脸盆、1 支洗面奶、1 个花洒、1 面半身镜。
2. 代币适量。

四、指导语

1. 洗完脸才有得吃(睡觉)。
2. 低下头,把脸浸入水里。
3. 用毛巾擦脸。
4. 拧干毛巾,擦干脸。
5. 闭上眼睛,擦洗面奶,头不能乱动。
6. 用花洒冲脸。

五、教学过程

活动一：用清水洗脸

1. 早上起床后，协助者让孩子去洗脸，配合指令去洗脸的才有早餐吃。
2. 协助者引导孩子准备洗脸用具。要求孩子配合指令拿毛巾、拿脸盆、拿洗面奶，能做到的奖励 1 个代币。
3. 协助者引导孩子避免弄湿衣服。要求孩子配合指令开关水龙头至合适的水流量，并拉起衣袖，能做到的奖励 1 个代币。
4. 协助者引导孩子忍耐用清水打湿面部。要求孩子把脸靠近水面，用湿毛巾洗脸，能做到的奖励 1 个代币。
5. 步骤 4 至少重复 5 遍。
6. 协助者引导孩子照镜子，把脸上的水擦干。要求孩子配合指令拧干毛巾、看镜子、擦脸，能完成的奖励 1 个代币。

活动二：用花洒洗脸

1. 协助者让孩子在洗澡时洗脸，配合指令洗的才有晚餐吃。
2. 协助者引导孩子忍耐用花洒直接淋湿面部。要求孩子配合协助者闭上眼睛，用花洒对着脸淋，能做到的奖励 1 个代币。
3. 协助者引导孩子用湿毛巾洗脸。要求孩子配合指令打开毛巾放在双手上，上下左右来回地洗脸，能完成的奖励 1 个代币。
4. 步骤 2～3 至少重复 5 遍。
5. 协助者引导孩子照镜子，把脸上的水擦干。要求孩子配合指令拧干毛巾、看镜子、擦脸，能完成的奖励 1 个代币。

活动三：用洗面奶洗脸

1. 协助者让孩子睡觉前刷牙洗脸，配合指令清洁的才可以睡觉。
2. 协助者引导孩子区分自己的洗脸用具。要求孩子配合指令拿自己的毛巾、脸盆，能做到的奖励 1 个代币。
3. 协助者引导孩子避免弄湿衣服。要求孩子配合指令开关水龙头至合适的水流量，并拉起衣袖，能做到的奖励 1 个代币。
4. 协助者引导孩子忍耐用清水打湿面部。要求孩子配合指令把脸靠近水面，用湿毛巾洗脸，能做到的奖励 1 个代币。
5. 步骤 4 至少重复 3 遍。
6. 协助者引导孩子忍耐用洗面奶洗脸。要求孩子闭上眼睛，配合协助者把洗面奶的泡沫在脸上来回地擦，能做到的奖励 1 个代币。

7. 协助者引导孩子用湿毛巾洗脸。要求孩子配合指令把脸靠近水面，打开毛巾放在双手上，上下左右来回地洗脸，能完成的奖励 1 个代币。

8. 重复步骤 7，直至把脸上的洗面奶洗干净。

9. 协助者引导孩子照镜子，把脸上的水擦干。要求配合指令拧干毛巾、看镜子、擦脸，能完成的奖励 1 个代币。

六、教学建议

1. 为了方便学生观察面部哪里脏，建议选择泡沫较多的洗面奶。
2. 洗脸巾建议不宜过大。

第 38 课　孩子能向协助者表达洗澡的水很冷

一、教学目标

孩子能向协助者表达洗澡的水很冷。

二、教学重点

1. 孩子体验用冷水洗澡很冷和用温水洗澡很舒服。
2. 孩子能向协助者表达冷的不适，从而满足用温水洗澡的需求。

三、教学准备

1. 1 瓶沐浴露、1 瓶洗发水、1 支洗面奶。
2. 1 条浴巾。

四、指导语

1. 水冷不冷？水很冷。
2. 我帮你调一下，你试一试，还冷不冷？
3. 关水，涂沐浴露（洗发水、洗面奶）。

五、教学过程

活动一：洗澡

1. 协助者把花洒的开关调至冷水处，让孩子打开花洒洗澡，感受洗澡的水很冷。
2. 若孩子回避洗冷水澡，协助者就问孩子："怎么啦？水是不是很冷？"要求孩子表达水很冷，能表达的帮忙把花洒的开关调到温水处。
3. 协助者让孩子把身体淋湿后关上花洒。
4. 协助者引导孩子涂沐浴露。要求孩子配合指令擦指定的身体部位，能做到的奖励1个代币。
5. 协助者把花洒的开关调至冷水处。孩子涂完沐浴露后，协助者让孩子打开花洒冲洗身上的泡沫，感受洗澡的水很冷。
6. 重复步骤2。

活动二：洗头

1. 协助者把花洒的开关调至冷水处，让孩子打开花洒洗头，感受水很冷。
2. 若孩子回避冷水，协助者就问孩子："怎么啦？水是不是很冷？"要求孩子表达水很冷，能表达的帮忙把花洒的开关调到温水处。
3. 协助者让孩子把头发淋湿后关上花洒。
4. 协助者引导孩子涂洗发水。要求孩子配合指令挠头发，能做到的奖励1个代币。
5. 协助者把花洒的开关调至冷水处。孩子涂完洗头水后，协助者让孩子打开花洒冲洗头上的泡沫，感受洗头发的水很冷。
6. 重复步骤2。

活动三：洗脸

1. 协助者把花洒的开关调至冷水处，让孩子打开花洒洗脸，感受水很冷。
2. 若孩子回避冷水，协助者就问孩子："怎么啦？水是不是很冷？"要求孩子表达水很冷，能表达的帮忙把花洒的开关调到温水处。
3. 协助者让孩子把面部淋湿后关上花洒。
4. 协助者引导孩子涂洗面奶。要求孩子配合指令洗面部指定的位置，能做到的奖励1个代币。
5. 协助者把花洒的开关调至冷水处。孩子涂完洗面奶后，协助者让孩子打开花洒冲洗脸上的泡沫，感受到水很冷。
6. 重复步骤2。

六、教学建议

冬季用冷水洗澡的体验会更深刻，孩子表达的欲望也会更强。

第 39 课　孩子能选择用温水洗澡

一、教学目标

孩子能选择用温水洗澡。

二、教学重点

1. 孩子体验用冷水洗澡的不舒服和用温水洗澡的舒服。
2. 孩子能分辨冷水和温水，并选择令自己舒服的温水来洗澡。

三、教学准备

1. 1 个水瓢、2 个水桶（分别装着 1 桶冷水和 1 桶温水）。
2. 1 瓶沐浴露、1 瓶洗发水、1 支洗面奶。

四、指导语

1. 舀水、淋身（头、脸）上、慢慢倒。
2. 你试一试水。
3. 你要舀哪一桶水？
4. 冷不冷？
5. 温水好舒服啊！

五、教学过程

活动一：舀水洗澡

1. 协助者准备一桶冷水和一桶温水，让孩子先舀一小勺冷水往身上淋，让孩子再舀一小勺温水往身上淋。
2. 协助者让孩子反复舀水洗澡，直至把身体冲洗干净。
3. 协助者引导孩子从冷水和温水中选择舀温水。要求：舀水前伸手试试水温后再选择，孩子舀的是温水就洗温水，否则就洗冷水。

4. 孩子用冷水冲洗时，协助者问："水是不是很冷？"引导孩子表达很冷。
5. 孩子用温水冲洗时，协助者问："温水是不是很舒服？"要求孩子表达舒服。

活动二：舀水洗头

1. 协助者准备一桶冷水和一桶温水。
2. 协助者让孩子反复舀水洗头，直至把头发冲洗干净。
3. 协助者引导孩子从冷水和温水中选择舀温水。要求：舀水前伸手试试水温后再选择，孩子舀的是温水就洗温水，否则就洗冷水。
4. 孩子用冷水冲洗时，协助者问："水是不是很冷？"引导孩子表达很冷。
5. 孩子用温水冲洗时，协助者问："温水是不是很舒服？"要求孩子表达舒服。

活动三：舀水洗脸

1. 协助者准备一桶冷水和一桶温水。
2. 协助者让孩子反复舀水洗脸，直至把脸冲洗干净。
3. 协助者引导孩子从冷水和温水中选择舀温水。要求：舀水前伸手试试水温后再选择，孩子舀的是温水就洗温水，否则就洗冷水。
4. 孩子用冷水冲洗时，协助者问："水是不是很冷？"引导孩子表达很冷。
5. 孩子用温水冲洗时，协助者问："温水是不是很舒服？"要求孩子表达舒服。

六、教学建议

1. 冬季训练较合适。冷的感受更深刻，使用温水洗澡的欲望更强烈，孩子选择的主动性就会更积极。
2. 用水瓢舀水后要慢慢地往身上淋水，有助于孩子感受水温。
3. 训练时，协助者不时地变换两个水桶的位置，让孩子不断地判断哪一桶是温水、哪一桶是冷水后再进行选择。

第40课　孩子能表达洗澡的水很烫

一、教学目标

孩子能表达洗澡的水很烫。

二、教学重点

1. 孩子能知道水很烫。

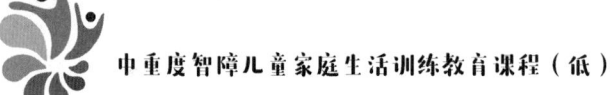

2. 孩子能向协助者表达水很烫。
3. 孩子能选择合适的水温洗澡、洗头和洗脸。

三、教学准备

1. 1 瓶沐浴露、1 瓶洗发水、1 支洗面奶。
2. 60 摄氏度的热水、1 个水桶。

四、指导语

1. 试试水，烫不烫？
2. 水烫，我给你调一调。
3. 再试试水，洗澡（洗头、洗脸）。

五、教学过程

活动一：洗澡

1. 协助者把热水器的水温调至 60 摄氏度，让孩子打开花洒试水温，感受水很烫。
2. 若孩子回避洗热水，协助者就问孩子："怎么啦？水是不是很烫？"要求孩子表达水很烫，能表达的，协助者把水温调至 37 摄氏度。
3. 协助者让孩子把身体淋湿后关上花洒。
4. 协助者引导孩子涂沐浴露。要求孩子配合指令擦指定的身体部位，能做到的奖励 1 个代币。
5. 协助者把水温调至 60 摄氏度，孩子涂完沐浴露后，协助者让孩子打开花洒试试水温再冲洗身上的泡沫，感受洗澡的水很烫。
6. 重复步骤 2。

活动二：洗头

1. 协助者把热水器的水温调至 60 摄氏度，让孩子打开花洒试水温，感受水很烫。
2. 若孩子回避洗热水，协助者就问孩子："怎么啦？水是不是很烫？"要求孩子表达水很烫，能表达的，协助者把水温调至 37 摄氏度。
3. 协助者让孩子把头发淋湿后关上花洒。
4. 协助者引导孩子涂洗发水。要求孩子配合指令挠头发，能做到的奖励 1 个代币。

5. 协助者把水温又调至 60 摄氏度，孩子用洗发水洗完后，协助者让孩子打开花洒试试水温再冲洗头上的泡沫，感受洗头的水很烫。

6. 重复步骤 2。

活动三：洗脸

1. 协助者把热水器的水温调至 60 摄氏度，让孩子打开花洒试水温，感受水很烫。

2. 若孩子回避洗热水，协助者就问孩子："怎么啦？水是不是很烫？"要求孩子表达水很烫，能表达的，协助者把水温调至 37 摄氏度。

3. 协助者让孩子把头发淋湿后关上花洒。

4. 协助者引导孩子涂洗面奶。要求孩子配合指令洗面部指定的位置，能做到的奖励 1 个代币。

5. 协助者把水温又调至 60 摄氏度，孩子使用洗面奶洗脸后，协助者让孩子打开花洒试试水温再冲洗脸上的泡沫，感受洗澡的水很烫。

6. 重复步骤 2。

六、教学建议

60 摄氏度以上水温较高，以防烫伤孩子。孩子试水温，也可以先用水桶接一桶热水给孩子感受水很烫，乃至无法把手伸到水中，从而向协助者表达水很烫。

第 41 课　当孩子感受到水温不合适时，能正确称呼协助者

一、教学目标

当孩子感受到水温不合适时，能正确称呼协助者。

二、教学重点

1. 当孩子感受到水温不合适时，能求助协助者。
2. 孩子求助时，能正确称呼协助者。

三、教学准备

1. 1 台热水器、2 个脸盆、1 条毛巾、1 瓶洗发水、1 支洗面奶、1 瓶沐浴露。
2. 代币若干。

四、指导语

1. 怎么啦？水很烫（冷），怎么办？叫我帮忙。
2. 你叫我，我是谁？妈妈（爸爸等）。
3. 你要什么？我要热水。
4. 好的，你等一等，我去帮你调凉一些。

五、教学过程

活动一：洗澡的水好冷，要求助

1. 协助者让孩子准备毛巾和衣服后进入浴室脱衣洗澡。
2. 协助者关上热水器的热水开关，让孩子打开花洒用水桶接水。要求孩子配合指令拿水桶接半桶水，能做到的奖励1个代币。
3. 协助者让孩子用毛巾打湿身体。
4. 孩子感受到桶里的水很冷，协助者询问孩子："怎么啦？水是不是很冷？要不要热水？"孩子表达加热水的需求后，协助者引导孩子称呼协助者。要求孩子正确称呼协助者，协助者递给能做到的孩子半桶热水，使水温至合适的温度。
5. 孩子洗一次澡至少使用10盆水以上，步骤2～5重复训练5遍。

活动二：洗澡的水好热，要求助

1. 协助者让孩子准备毛巾和衣服后进入浴室脱衣洗澡。
2. 协助者把热水器的水温调至60摄氏度，让孩子打开花洒开关试水温，感受水很烫。
3. 孩子感受到花洒里的水很热，协助者询问孩子："怎么啦？水是不是很烫？要不要调水温？"孩子表达要调水温的需求后，协助者引导孩子称呼协助者。要求孩子正确地称呼协助者，协助者帮能做到的孩子把水温调至合适的温度。
4. 协助者让孩子把头发淋湿后关上花洒，协助者引导孩子涂洗发水。要求孩子配合指令挠头发挠出泡沫，能做到的奖励1个代币。
5. 协助者把水温又调至60摄氏度，孩子涂完洗发水后，协助者让孩子打开花洒试试水温再冲洗头上的泡沫，孩子感受洗头发的水很烫。
6. 重复步骤3。
7. 孩子洗干净头发后用毛巾擦干头发。
8. 协助者引导孩子用沐浴露洗澡，步骤2～6重复一遍。

活动三：水温很不舒服，要求助

1. 冬天，早上起床或晚上睡觉前，协助者让孩子刷牙、洗脸。要求：配合指令拿自己的洗漱用品、刷牙、用洗面奶洗脸，完成方可用餐或睡觉。
2. 协助者给孩子倒半杯热水，让孩子用玻璃杯接水刷牙，孩子感受水很烫。
3. 孩子感受到玻璃杯的水很烫，协助者引导孩子求助他人，要求先称呼协助者后表达加凉水的需求。协助者给予能做到的孩子凉水，把水温调至合适的温度。
4. 孩子刷牙至少要使用两杯水，步骤2～3重复两遍。
5. 协助者给孩子倒半盆冰水，让孩子洗脸，孩子感受水很凉。
6. 孩子感受到脸盆里的水很凉，协助者引导孩子求助他人，要求先称呼协助者后表达加热水的需求。协助者给予能做到的孩子热水，把水温调至合适的温度。

六、教学建议

若训练时，有两个以上的协助者，可引导孩子求助不同的协助者。在求助过程中，学习区分不同人的称谓。

第42课　孩子能向协助者表达如厕的需求

一、教学目标

孩子能向协助者表达如厕的需求。

二、教学重点

1. 孩子能用语言或动作表达如厕的需求。
2. 厕所门锁住了进不去，孩子能求助协助者并表达如厕的需求。
3. 孩子外出时能向协助者表达如厕的需求。

三、教学准备

1. 带门锁的厕所、1把厕所门钥匙。
2. 1卷纸巾、代币。
3. 1面全身镜子。

四、指导语

1. 你要去哪里？
2. 我要上厕所。
3. 怎么啦？厕所门打不开？锁住了，我拿钥匙打开。
4. 我带你去厕所。

五、教学过程

活动一：上厕所

1. 协助者观察到孩子需要如厕，询问："你要去哪里？"
2. 协助者引导孩子表达上厕所的需求。要求孩子用语言或动作表达"我要大便"或"我要小便"，孩子表达后方可上厕所。
3. 协助者递纸巾给孩子，引导孩子如厕后用纸巾擦拭。要求孩子配合指令擦干净相应的位置，能做到的奖励1个代币。
4. 协助者提醒孩子如厕后整理衣服、冲厕所、洗手。要求孩子理解并配合指令做出相应的动作，能做到的孩子奖励1个代币。

活动二：厕所门锁了，进不去

1. 协助者观察到孩子有上厕所的需求，但厕所门被锁住了，孩子打不开。
2. 协助者引导孩子求助。要求孩子用语言或动作表达"我要大便"或"我要小便"，协助者帮能表达的孩子打开厕所门。
3. 协助者递纸巾给孩子，引导孩子如厕后用纸巾擦拭。要求孩子配合指令擦干净相应的位置，能做到的孩子奖励1个代币。
4. 协助者引导孩子如厕后整理衣服、冲厕所、洗手。要求孩子理解并配合指令做出相应的动作，能做到的孩子奖励1个代币。

活动三：外出时，要上厕所

1. 外出时，孩子需要上厕所，协助者询问孩子："你要去哪里？"
2. 协助者引导孩子表达上厕所的需求。要求孩子用语言或动作表达"我要大便"或"我要小便"，孩子表达后，协助者带领孩子去上厕所。
3. 协助者询问孩子："你要不要纸巾？"要求孩子：用语言或点头动作表达"我要纸巾"，能做到的孩子给予适量的纸巾。
4. 协助者引导孩子如厕后整理衣服、冲厕所、洗手。要求孩子理解并配合指令做出相应的动作,能做到的孩子奖励 1 个代币。

六、教学建议

孩子表达如厕的需求,如"我要大便""我要小便""我要上厕所",协助者训练时要根据孩子的语言表达能力提出相应的要求。若孩子不会说话,则训练孩子用动作姿势来表达如厕的需求,如用手指着厕所的方向等。

第43课 孩子能选择穿厚度合适的衣服

一、教学目标

孩子能选择穿厚度合适的衣服。

二、教学重点

让孩子充分地感受冷和暖、热和凉快,把握天气冷、热的变化和"我"的关系,学会选择穿合适的衣服。

三、教学准备

1 套保暖内衣、1 件毛衣、1 条厚长裤、1 件棉或羽绒外套、1 套夏装短袖衣服。

四、指导语

1. 你冷不冷?好冷啊。
2. 你要不要穿衣服?我要穿衣服。
3. 你还冷不冷?冷就继续穿衣服。
4. 你穿短袖衣服还是保暖衣服?

五、教学过程

活动一:穿衣保暖

1. 冬天,孩子洗过澡,协助者递给孩子一条毛巾,引导孩子擦干身上的水。要求孩子配合指令擦相应的部位,能做到的才能穿衣服。
2. 孩子擦干身体后,协助者询问孩子:"冷不冷?"要求孩子用语言或动作表达冷,表达后协助者递给孩子一件衣服。

3. 协助者出示衣服，询问"你要不要穿衣"，引导孩子表达穿衣服的需求。要求孩子用手指出自己需要的衣服或用语言表达，正确表达后，协助者把一件衣服递给孩子。

4. 重复步骤2～3，直至孩子穿上足够的衣物保暖。

活动二：穿暖和的衣服

1. 冬天的早晨，协助者让孩子脱下睡衣换上外出的衣服。
2. 协助者询问孩子："冷不冷？"要求孩子用语言或动作表达冷。
3. 孩子向协助者表达冷后，协助者出示衣服，询问"你要不要穿衣"，引导孩子表达穿衣服的需求。要求：用手指出自己需要的衣服或用语言表达。
4. 孩子表达穿衣服的需求后，协助者拿出夏天的衣服和保暖内衣、毛衣和羽绒外套等冬装衣物给孩子选择，引导孩子选择穿合适的衣服保暖。要求：从夏装衣服和冬装衣服中选择穿冬装衣服。
5. 若孩子选择的是夏装衣服，感受到冷时，重复步骤2～4。
6. 若孩子选择了冬装衣服，协助者引导孩子配合指令一件一件地把衣服穿上，穿好衣服后才能用餐。

活动三：穿凉快的衣服

1. 夏天洗过澡后，协助者让孩子穿上衣服。
2. 协助者拿出夏天的衣服和保暖内衣等冬装衣物给孩子选择，引导孩子选择穿合适的衣服。要求：从夏装衣服和冬装衣服中选择穿夏装衣服。
3. 若孩子选择的是冬装衣服，感受到热时，协助者询问孩子："热不热？你要不要换衣服？"引导孩子用语言或动作表达热和换衣服的需求，孩子表达后重复训练步骤2。
4. 若孩子选择了夏装衣服，协助者引导孩子配合指令一件一件地把衣服穿上，穿好衣服后才能用餐。

六、教学建议

1. 冬季让孩子感受冷和暖，夏季感受热和凉快。
2. 活动二至活动三，协助者把供孩子选择的衣服分成两堆，一堆是夏装，一堆是冬装，孩子从两堆衣服中选择其中一堆。

第 44 课　孩子能选择穿鞋

一、教学目标

孩子能选择穿鞋。

二、教学重点

1. 地面很滑，孩子感受到身体容易不平衡，能选择穿鞋。
2. 地面很烫、很粗糙，孩子感受到脚会痛，能选择穿鞋。

三、教学准备

1. 1 双鞋。
2. 2 个扫把、1 个水桶、洗衣粉少量、1 个球。
3. 鹅卵石路、草丛等硌脚的地方。
4. 篮球场晒得炙热的地面。

四、指导语

1. 滑不滑？地滑穿鞋。
2. 怎么啦？哪里痛？要不要穿鞋？
3. 脚痛怎么办？

五、教学过程

活动一：滑脚，要穿鞋

1. 协助者让孩子把鞋袜都脱了，准备洗地。
2. 协助者和孩子一起用盆接水冲湿地面。要求孩子配合指令接水、倒水，能做到的孩子奖励 1 个代币。
3. 协助者在瓷砖上洒少量洗衣粉。
4. 协助者和孩子一起用扫把擦地面的瓷砖。要求孩子配合指令用力擦出泡沫，能做到的孩子奖励 1 个代币。
5. 孩子提水冲地，协助者扫水，每提一桶水奖励 1 个代币。
6. 孩子提水、扫水走动时，感受到地面很滑，易摔跤，协助者提醒孩子："地滑，穿鞋。"

活动二：硌脚，要穿鞋

1. 协助者和孩子一起到有鹅卵石路、有草丛的公园里玩耍。
2. 协助者让孩子光脚踩鹅卵石路，感受到脚底被硌得很痛。
3. 协助者询问孩子："脚痛不痛？哪里很痛？要不要穿鞋？"孩子表达后让孩子把鞋穿上。
4. 协助者和孩子赤脚在草丛中踢球、追球，感受到脚被硌得很痛。
5. 步骤3重复1遍。

活动三：烫脚，要穿鞋

1. 夏季，协助者和孩子赤脚在被晒得炙热的篮球场上投球，孩子感受到脚底被烫得很痛。
2. 协助者询问孩子："脚痛不痛？哪里很痛？脚痛怎么办？"要求孩子表达穿鞋的需求，能表达的给予穿鞋。

六、教学建议

1. 根据家庭周边环境选择一些硌脚的地方让孩子感受，如砂石路、山路、田埂等。
2. 选择铺着抛光瓷砖、大理石等非常光滑的地面，让孩子感受滑。

第45课 孩子能选择穿大小合适的鞋

一、教学目标

孩子能选择穿大小合适的鞋。

二、教学重点

1. 孩子感受鞋小，穿起来挤脚，会脚痛。
2. 孩子感受大小合适的鞋穿起来舒服。
3. 孩子能选择穿大小合适的鞋。

三、教学准备

1双码数偏小的运动鞋、1双码数合适的运动鞋、1个背包。

四、指导语

1. 我们去爬山（买菜、散步）。
2. 换鞋。
3. 试一试这两双鞋。
4. 脚痛不痛？
5. 你穿哪一双？

五、教学过程

活动一：换鞋去爬山

1. 协助者递给孩子一双码数偏小的运动鞋让孩子穿上。
2. 协助者在背包里备一双码数合适的鞋，孩子穿好鞋背上背包去爬山。
3. 若孩子穿着码数偏小的运动鞋走一段路程后感受到脚痛，协助者要询问孩子："为什么要脱鞋？是不是脚痛？"引导孩子用语言或动作正确地表达"我的脚痛"。孩子表达后，协助者递一双码数合适的鞋给孩子。
4. 孩子换上码数合适的鞋继续爬山。

活动二：换鞋去买菜

1. 协助者和孩子准备去离家较远的菜市场买菜。
2. 协助者递给孩子两双运动鞋：一双是码数合适的运动鞋，一双是码数偏小的运动鞋。
3. 协助者让孩子试穿后从两双鞋中选择一双码数偏小的鞋来穿。
4. 若孩子穿着码数偏小的运动鞋走一段路程后感受到脚痛，协助者便询问孩子："为什么要脱鞋？是不是脚痛？"引导孩子用语言或动作正确地表达"我的脚痛"。孩子表达后，协助者让孩子把鞋脱了或者忍痛回家后再换鞋。

活动三：换鞋去散步

1. 协助者和孩子准备出门散步。
2. 协助者递给孩子两双运动鞋：一双是码数合适的运动鞋，一双是码数偏小的运动鞋。
3. 协助者让孩子试穿后从两双鞋中选择一双码数偏小的鞋来穿，并询问孩子："你要穿哪一双鞋走路？脚痛不痛？穿不穿？"
4. 若孩子穿着码数偏小的运动鞋走一段路程后感受到脚痛，协助者便询问孩子：

"为什么要脱鞋？是不是脚痛？"引导孩子用语言或动作正确地表达"我的脚痛"。孩子表达后，协助者让孩子把鞋脱了或者忍痛回家后再换鞋。

六、教学建议

1. 每次换鞋时都可训练孩子选择穿大小合适的鞋。
2. 除了训练孩子选择大小合适的鞋，还可以用同样的方法帮助孩子选择软硬适中的鞋。

第 46 课　孩子困了，能向协助者表达睡觉的需求

一、教学目标

孩子困了，能向协助者表达睡觉的需求。

二、教学重点

1. 困了，孩子能选择回房间睡觉。
2. 困了，孩子能选择向协助者表达睡觉的需求。
3. 孩子能正确地表达睡觉的需求。

三、教学准备

1. 若干珠子、5 条绳子。
2. 适量的黄豆、绿豆、红豆，1 个大碗、3 个小碗。
3. 1 盒雪花片玩具。
4. 1 盒牛奶、1 包饼干。

四、指导语

1. 你困了吗？
2. 你是不是想睡觉了？我要睡觉。
3. 你要到哪里睡觉？我要回房间睡觉。
4. 用手指指着房间。
5. 困了，你要怎么做？

五、教学过程

活动一：穿珠子

1. 临睡前，协助者让孩子用绳子穿珠子，每穿一条，奖励孩子 1 个代币。
2. 协助者出示牛奶和饼干，孩子赚够代币可以兑换零食。要求：用 5 个代币换一小包饼干，10 个代币换一盒牛奶。
3. 协助者观察孩子是否困了。
4. 当孩子困了有睡意时，协助者立即询问孩子："你困了吗？你是不是想睡觉？你要到哪里睡觉？"要求：用"我要睡觉"等语言或者用点头、手指房间方向等动作来表达睡觉的需求。孩子表达后方可回房间睡觉。
5. 房门是锁住的，协助者把钥匙递给孩子后一起去开门。

活动二：分豆子

1. 临睡前，协助者让孩子把 3 种豆子混在 1 个大碗里，再引导孩子把 3 种豆挑出来分别放在 3 个小碗里，分完了就奖励 1 个代币。
2. 协助者出示牛奶和饼干，孩子赚够代币可以兑换零食，要求：用 5 个代币换一小包饼干，10 个代币换一盒牛奶。
3. 协助者观察孩子在分豆子的过程中是否困了。
4. 当孩子困了有睡意时，协助者立即询问孩子："你困了吗？你是不是想睡觉？你要到哪里睡觉？"要求：用"我要睡觉"等语言或者用点头、手指房间方向等动作来表达睡觉的需求。孩子表达后方可回房间睡觉。
5. 房门是锁住的，协助者把钥匙递给孩子。
6. 若孩子不会用钥匙开门，协助者可引导孩子求助他人。要求：用"帮我开门"等语言或把钥匙递给协助者等动作来表达自己的需求。协助者帮能正确表达的孩子开门。

活动三：拼雪花片玩具

1. 临睡前，协助者和孩子一起拼雪花片，引导孩子用雪花片拼一朵花，拼好一朵花奖励 1 个代币。
2. 协助者出示牛奶和饼干，孩子赚够代币可以兑换零食，要求：用 5 个代币换一小包饼干，10 个代币换一盒牛奶。
3. 协助者观察孩子在拼雪花片的过程中是否困了。
4. 当孩子困了有睡意时，协助者立即询问孩子："困了，你要怎么做？"要求：用"我要睡觉"等语言或者手指房间方向等动作来表达睡觉的需求。孩子表达后方可回房间睡觉。

5. 孩子走到房间门口发现门被锁了，协助者引导孩子找人拿钥匙。要求：找指定的人，找对人了才能拿到钥匙开门。

6. 若孩子不会用钥匙开门，协助者引导孩子求助他人。要求：用"帮我开门"等语言或把钥匙递给协助者等动作来表达自己的需求。协助者帮能正确表达的孩子开门。

六、教学建议

1. 临睡前，建议选择安静的、孩子可操作的活动。
2. 协助者要时刻留意孩子是否有睡意，必须是孩子真的困了后才训练。

第47课　孩子能选择睡舒服的床垫

一、教学目标

孩子能选择睡舒服的床垫。

二、教学重点

通过对比感受睡在指压垫上的刺痛、硬板床的硬以及海绵垫的软，学会选择睡舒服的床垫。

三、教学准备

1张竹席、1张海绵垫、20张指压垫。

四、指导语

1. 痛不痛？硬不硬？
2. 软绵绵的，真舒服。
3. 你要垫哪一种？

五、教学过程

活动一：选择垫指压垫还是海绵垫

1. 协助者在孩子睡觉的床板上铺一层指压垫。

2. 孩子困了，引导孩子向协助者表达上床睡觉的需求，要求孩子在协助者询问下或主动用语言或动作表达"我要上床睡觉"，孩子能正确表达需求后方可上床睡觉。

3. 孩子躺在铺了指压垫的床上，协助者观察孩子是否表现出对指压板的回避。

4. 当孩子回避指压垫时，协助者出示一张海绵垫，引导孩子选择指压垫还是海绵垫，要求从两种垫中选择其中一种。孩子选择后，把垫子放在床板上方可睡觉。

5. 选择海绵垫的孩子可以舒舒服服地睡觉了。选择了硬硬的、躺上去就会痛、不敢随意动的指压垫的孩子，协助者继续观察孩子，当孩子躺上 10 分钟后，引导孩子表达不舒服的感觉。要求孩子在协助者的询问下用语言或动作表达，表达后可重新选择。

活动二：选择竹席还是海绵垫

1. 协助者把孩子床上的垫子、被子、枕头都收起来，只留一张竹席。

2. 孩子困了，引导孩子向协助者表达上床睡觉的需求，要求孩子在协助者的询问下或主动用语言或动作表达"我要上床睡觉"，孩子正确表达需求后方可上床睡觉。

3. 若孩子直接躺在床板上睡觉，协助者观察孩子是否感受到硬板床很硬。10 分钟后，协助者出示一张海绵垫，引导孩子选择继续睡凉席还是睡海绵垫，要求选择其中一种，选择后孩子垫上自己选择的凉席或者海绵垫睡觉。

4. 选择海绵垫的孩子，在协助者的指令下铺好床垫、盖好被子、垫上枕头舒舒服服地睡觉了。

5. 如果孩子选择了硬硬的竹席，协助者继续观察孩子。躺了 10 分钟后，引导孩子表达硬的不适。要求孩子在协助者的询问下用语言或动作表达，表达后可重新选择。

活动三：选择指压垫、竹席还是海绵垫

1. 协助者把孩子床上的垫子、被子、枕头都收起来。

2. 孩子困了，引导孩子向协助者表达上床睡觉的需求，要求孩子在协助者的询问下或主动用语言或动作表达"我要上床睡觉"，孩子正确表达需求后方可上床睡觉。

3. 若孩子直接躺在床板上睡觉，协助者观察孩子是否感受到硬板床很硬。10 分钟后，再引导孩子选择垫子。若孩子直接向协助者表达要拿垫子，协助者在孩子表达后给予选择。

4. 协助者出示海绵垫、指压垫和竹席，引导选择继续睡竹席还是海绵垫、指压垫，要求三选一，选择后孩子垫上自己选择的床垫方可睡觉。

5. 选择海绵垫的孩子，在协助者的指令下铺好床垫、盖好被子、垫上枕头舒舒服服地睡觉了。

6. 若孩子选择的是竹席或指压垫,协助者继续观察孩子。躺了 10 分钟后,引导孩子表达硬的不适或不舒服的感觉。要求孩子在协助者的询问下用语言或动作表达,表达后可重新选择。

六、教学建议

1. 选择轻便、可以折叠的海绵垫,方便训练时随时拿放。
2. 最好选择麻将块竹席,铺在床板上硬的感受会更明显。

第48课　孩子能选择穿舒适的衣物

一、教学目标

孩子能选择穿舒适的衣物。

二、教学重点

1. 孩子穿的裤子紧,感受到腿容易累和麻。
2. 孩子穿高领的羊毛衫刺皮肤,皮肤痒。
3. 孩子能向协助者表达腿累、腿麻、身痒。
4. 孩子能选择穿舒适的衣物。

三、教学准备

1. 1 条紧身无弹性的牛仔裤、1 件高领刺皮肤的羊毛衫、若干应季的和舒适的裤子和衣服。
2. 1 个衣刷、1 条抹布、1 个脸盆。
3. 洗干净的衣物、晾干的衣服。
4. 1 个扫把、1 个拖把。

四、指导语

1. 穿衣(裤)。
2. 裤子紧不紧?腿累不累?
3. 脖子是不是很痒?
4. 裤子紧,换一条舒服的裤子。
5. 衣服扎脖子,换一件舒服的衣服。

6. 你穿哪一条裤子会舒服一些？
7. 穿哪一件衣服脖子会痒？你穿哪一件？

五、教学过程

活动一：裤子好紧

1. 早上起床后，协助者准备好紧身无弹性的牛仔裤让孩子换上。
2. 孩子穿上紧身裤后，蹲着清洁地砖，准备好一盆水在身边，先用刷子后用抹布擦。
3. 清洁一段时间后，协助者观察孩子是否出现腿累或者腿麻导致的变换各种姿势的表现。
4. 协助者引导孩子表达裤子好紧、蹲着好累。要求孩子在协助者的询问下用语言或动作表达，能正确表达的换一条宽松的裤子。
5. 孩子换完宽松的裤子后，继续清洁地砖。

活动二：羊毛衫好刺

1. 冬天洗澡后，协助者准备好高领的羊毛衫让孩子穿上。
2. 孩子穿上羊毛衫后和协助者一起收衣服、折衣服、晾衣服。
3. 协助者观察孩子是否出现羊毛衣服扎皮肤、脖子痒的现象。
4. 协助者引导孩子表达衣服扎脖子、脖子很痒。要求孩子在协助者的询问下用语言或动作表达，能正确表达的孩子，协助者让孩子换一件棉质的衣服。
5. 孩子换完衣服后，继续收衣服、折衣服、晾衣服。

活动三：选择穿舒适的衣服

1. 冬天，孩子起床后，协助者准备好一件羊毛衫、一件舒适的衣服、一条紧身无弹性的牛仔裤和一条舒适的裤子让孩子选择并换上。
2. 孩子换好衣服，蹲下清洁柜底、床底。先吸尘或扫地，再拖地或擦地。
3. 协助者观察穿羊毛衫和紧身裤的孩子是否出现羊毛衫扎皮肤，脖子痒和裤子太紧，蹲着不舒服的现象。
4. 协助者引导孩子表达脖子很痒，腿很累或很麻。要求孩子在协助者的询问下用语言或动作表达，能正确表达的孩子，协助者让孩子重新选择衣服和裤子。
5. 孩子换完衣服后，继续清洁。

六、教学建议

尽量选择一些刺激皮肤的羊毛衫，协助者可提前感受选择的衣服是否会扎脖子，脖子的皮肤是最敏感的。

第49课　孩子能选择穿软硬合适的鞋

一、教学目标

孩子能选择穿软硬合适的鞋。

二、教学重点

1. 孩子感受鞋硬，穿起来脚会痛。
2. 孩子感受软硬合适的鞋穿起来舒服。
3. 孩子能选择穿软硬合适的鞋。

三、教学准备

1双偏硬的鞋、1双柔软的鞋、1个背包。

四、指导语

1. 我们去爬山（买菜、散步）。
2. 换鞋。
3. 试一试这两双鞋。
4. 脚痛不痛？
5. 你穿哪一双？

五、教学过程

活动一：换鞋去爬山

1. 协助者递给孩子一双偏硬的鞋让孩子穿上。
2. 协助者在背包里备一双软硬合适的鞋，孩子穿好鞋后背上背包去爬山。
3. 若孩子穿着偏硬的鞋走一段路程后，感受到脚痛，协助者便询问孩子："为什么要脱鞋？是不是脚痛？"引导孩子用语言或动作正确地表达"我的脚痛"。孩子表达后，协助者递一双软硬合适的鞋给孩子。

4. 孩子换上软硬合适的鞋继续爬山。

活动二：换鞋去买菜

1. 协助者和孩子准备去离家较远的菜市场买菜。
2. 协助者递给孩子两双鞋：一双是软硬合适的鞋，一双是偏硬的鞋。
3. 协助者让孩子试穿后从两双鞋中选择一双软硬合适的鞋来穿。
4. 若孩子选择穿着偏硬的鞋走一段路程后，感受到脚痛，协助者便询问孩子："为什么要脱鞋？是不是脚痛？"引导孩子用语言或动作正确地表达"我的脚痛"。孩子表达后，协助者让孩子把鞋脱了或者忍痛回家后再换鞋。

活动三：换鞋去散步

1. 协助者和孩子准备出门散步。
2. 协助者递给孩子两双运动鞋：一双是软硬合适的鞋，一双是偏硬的鞋。
3. 协助者让孩子试穿后从两双鞋中选择一双鞋来穿，并询问孩子："你要穿哪一双鞋走路？脚痛不痛？穿不穿？"
4. 若孩子选择穿着偏硬的鞋走一段路程后，感受到脚痛，协助者便询问孩子："为什么要脱鞋？是不是脚痛？"引导孩子用语言或动作正确地表达"我的脚痛"。孩子表达后，协助者让孩子把鞋脱了或者忍痛回家后再换鞋。

六、教学建议

不仅仅局限在爬山、买菜和散步时训练，应该灵活到每一次换鞋时都可训练孩子选择穿软硬合适的鞋。

第50课 孩子能选择穿防滑鞋

一、教学目标

孩子能选择穿防滑鞋。

二、教学重点

地面有水，让孩子穿泡沫底的鞋感受脚滑，身体不平衡。让孩子学会区分防滑鞋和不防滑鞋。地滑时，孩子能选择穿防滑鞋，以防自己摔跤。

三、教学准备

1. 1 双泡沫底的拖鞋、1 双防滑底的拖鞋。
2. 1 个扫把、1 个拖把、1 个拖把桶、洗衣粉适量。

四、指导语

1. 你穿哪一双鞋？
2. 小心点，地滑。
3. 地滑怎么办？穿鞋。
4. 滑不滑？慢慢走，你要不要换一双鞋？

五、教学过程

活动一：下雨出行

1. 雨天，协助者和孩子准备外出买菜。协助者递给孩子一双泡沫底易滑的拖鞋让孩子换上。
2. 孩子出门后感受雨天路滑，协助者询问："是不是很滑？慢慢走。"
3. 协助者让孩子换一双防滑底的拖鞋，并让孩子感受这双鞋走起路来不滑。
4. 孩子走一段路之后，协助者让孩子脱鞋洗脚后把脚擦干。
5. 擦干脚后，协助者引导孩子从两双鞋中选择穿防滑鞋，孩子选择什么就穿什么。
6. 若孩子还是选择穿泡沫底不防滑的拖鞋，继续重复步骤 2。

活动二：洗地

1. 协助者让孩子把鞋袜都脱了，准备洗地。
2. 协助者和孩子一起用盆接水冲湿地面。要求孩子配合指令接水、倒水，能做到的奖励 1 个代币。
3. 协助者在瓷砖上洒少量洗衣粉。
4. 协助者和孩子一起用扫把擦地面的瓷砖。要求孩子配合指令用力擦出泡沫，能做到的奖励 1 个代币。
5. 孩子提水冲地，协助者扫水，每提一桶水奖励 1 个代币。
6. 孩子提水、扫水走动时，感受到地面很滑，易摔跤，协助者提醒孩子："地滑，怎么办？"
7. 协助者出示两双拖鞋：一双是防滑的，另一双是泡沫底不防滑的，引导孩子从两双鞋中选择穿防滑鞋,孩子选择什么就穿什么。

8. 若孩子选择的是防滑鞋,就感受到不滑了。

9. 若孩子还是选择穿泡沫底不防滑的拖鞋,则继续感受地滑,协助者询问:"是不是很滑?慢慢走。"孩子感受15分钟后,协助者让孩子换一双防滑底的拖鞋,并让孩子感受这双鞋走起路来不会滑。

活动三:地湿,要小心滑倒

1. 协助者和孩子一起拖地。孩子帮忙提水,协助者负责拖地。

2. 协助者出示两双拖鞋:一双是防滑的,另一双是泡沫底不防滑的。让孩子拖地前先换拖鞋。要求:从两对拖鞋中选择穿防滑鞋,孩子选什么就穿什么。

3. 若孩子选择的是防滑鞋,就感受到不会滑。

4. 若孩子还是选择穿泡沫底不防滑的拖鞋,则继续感受地滑,协助者询问:"是不是很滑?慢慢走。"孩子感受15分钟后,协助者让孩子换一双防滑底的拖鞋,并让孩子感受这双鞋走起路来不会滑。

六、教学建议

洗澡时浴室的地面比较滑,洗澡前让孩子换鞋也可以训练孩子选择穿防滑鞋。为了让孩子感受浴室地滑,可让孩子在浴室里多走动,遍地都是洗涤剂的泡沫。协助者除了让孩子拿沐浴露、洗发水、洗面奶,还可以拿洗衣液洗衣物,拿洁厕剂洗厕所,拿水盆接水洗衣物、冲洗厕所等。

第51课 孩子能忍耐理发的不适

一、教学目标

孩子能忍耐理发的不适。

二、教学重点

1. 孩子能克服惧怕电推剪、剃头刀、理发剪。
2. 孩子能忍耐碎发掉在皮肤上以及使用扫子清理脖子碎发时引起的痒。

三、教学准备

1. 1个电推剪、1把剃发刀、1个理发剪、1个扫子、1张围布、1张椅子、洗头用具。

2. 孩子喜欢吃的零食。

四、指导语

1. 想吃吗？
2. 坐着不能动。
3. 是不是脖子痒？我给你扫一扫。
4. 有一点痒。
5. 身上痒，去洗。

五、教学过程

活动一：不怕电推剪

1. 协助者出示孩子喜欢吃的零食。
2. 协助者让孩子坐在理发椅上并围上围布，能做到的孩子奖励一点孩子喜欢吃的零食。
3. 协助者打开电推剪，给孩子理发。要求孩子安静地坐着不动，协助者每推一次头发，孩子都能按要求做到，则立即奖励一点孩子喜欢吃的零食。
4. 重复步骤3，直到把头发剪完。

活动二：头发刺得好痒

1. 理完发后，协助者一边用扫子扫孩子身上的头发，一边引导孩子忍耐扫时痒痒的感觉。要求孩子坐正，不能乱动，能做到的奖励代币。
2. 孩子身上还有许多碎发，协助者观察孩子是否用手挠痒并询问："是不是很痒？"要求孩子用语言或动作表达身上痒，能表达的可去洗澡，把身上的头发洗干净。

活动三：到理发店理发

1. 协助者出示孩子喜欢吃的零食。
2. 协助者观察孩子是否配合理发师坐在理发椅上，围上围布准备理发，能做到的奖励一点零食。
3. 理发师用电推剪给孩子理发。要求孩子安静地坐着配合理发，能做到的奖励一点零食。
4. 理发师用剃发刀给孩子剃发。要求孩子安静地坐着配合理发，能做到的奖励一点零食。

5. 理发师用扫子给孩子扫脖子上的碎发。要求孩子安静地坐着配合清理碎发，能做到的奖励一点零食。

六、教学建议

利用孩子喜欢的零食、牛奶、面包等食物引诱孩子配合理发，一点一点地克服孩子对电推剪等理发工具的抗拒。

第52课　孩子能配合协助者的指令擦嘴

一、教学目标

孩子能配合协助者的指令擦嘴。

二、教学重点

1. 孩子能配合协助者的指令擦干净残留在脸上的食物。
2. 孩子能照镜子发现脸上哪里脏了擦哪里。

三、教学准备

1包纸巾、1面镜子、1个奶油蛋糕、1碗芝麻糊、1个雪糕。

四、指导语

1. 看看，你的脸。
2. 脏了，擦干净再吃。
3. 拿纸巾，擦。
4. 看看擦干净了没有。

五、教学过程

活动一：吃奶油蛋糕

1. 协助者出示一个奶油蛋糕，孩子表达吃蛋糕的需求，并用代币兑换。
2. 孩子吃蛋糕时，把脸弄脏了，协助者立刻中断孩子吃蛋糕。
3. 协助者递给孩子一面镜子，引导孩子照镜子观察自己脸上哪里脏了，要求孩子配合指令照镜子。

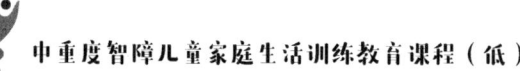

4. 协助者递给孩子一张纸巾，引导孩子用纸巾把脸上的奶油擦干净。要求：配合指令擦脸上脏的位置，擦干净了才能继续吃奶油蛋糕。

活动二：吃芝麻糊

1. 协助者出示一碗芝麻糊，孩子表达吃芝麻糊的需求，并用代币兑换。
2. 孩子吃芝麻糊时，把脸弄脏了，协助者立刻中断孩子吃芝麻糊。
3. 协助者递给孩子一面镜子，引导孩子照镜子观察自己脸上哪里脏了。要求：配合指令拿纸巾擦脸上脏的位置，擦干净了才能继续吃芝麻糊。

活动三：吃雪糕

1. 协助者出示一个雪糕，孩子表达吃雪糕的需求，并用代币兑换。
2. 孩子吃雪糕时，把脸弄脏了，协助者立刻中断孩子吃雪糕。
3. 协助者引导孩子照镜子观察自己脸上哪里脏了。要求：主动拿纸巾并照镜子擦脸，擦干净了才能继续吃雪糕。

六、教学建议

协助者也可以选择在用餐时训练孩子配合指令擦嘴，可以煮一些吃起来容易弄脏嘴巴的菜式，如酱油鸡翅。酱油的颜色一旦蘸在脸上就很容易观察出来。

协助者引导孩子照镜子观察脸上哪里脏了，刚开始时协助者给予动作提示，手指着脏的位置。孩子练习多了，协助者要逐渐减少提示，只是给予语言提示："脸脏了，擦干净。"

第53课　孩子能配合协助者的指令洗手

一、教学目标

孩子能配合协助者的指令洗手。

二、教学重点

1. 吃饭前、吃东西前和如厕后，孩子能配合指令去洗手。
2. 孩子能配合指令洗手心和手背。
3. 吃饭前、吃东西前和如厕后，孩子能主动洗手。

三、教学准备

1 瓶洗手液、孩子喜欢吃的零食、一日三餐的食物以及餐具。

四、指导语

1. 你要吃什么？9 个代币。
2. 洗手。
3. 搓手心、手背。
4. 洗手吃饭（零食）。
5. 按洗手液。

五、教学过程

活动一：吃饭前要洗手

1. 协助者准备用餐的食物，孩子主动表达吃饭的需求，并用代币兑换。
2. 兑换后，协助者要求孩子把手洗干净才能拿食物和餐具。
3. 协助者对着孩子发指令"洗手"。要求孩子到洗手盆处洗手，能做到的方可用餐。

活动二：吃东西前要洗手

1. 孩子想吃零食或水果时，主动向协助者表达吃零食或吃水果的需求，并用代币兑换。
2. 兑换后，协助者要求孩子把手洗干净才能拿零食或水果。
3. 协助者对着孩子发指令"洗手"。要求孩子用洗手液搓手心、手背，能做到的方可吃零食或水果。

活动三：便后要洗手

1. 孩子如厕后，协助者引导孩子配合指令用洗手液洗手，把手洗干净的奖励零食。
2. 协助者对着孩子发指令"冲"。要求孩子用水冲洗手心或手背，能配合指令的奖励一点零食。
3. 协助者对着孩子发指令"按"。要求孩子按适量的洗手液，能做到的奖励一点点零食。

4. 协助者对着孩子发指令"搓"。要求孩子用洗手液搓手心或手背，能配合指令的奖励一点零食。

5. 协助者对着孩子发指令"洗"。要求孩子对着水洗手并搓手心或手背，直至把手洗干净，能配合指令的奖励一点零食。

六、教学建议

刚开始时，训练孩子配合指令。孩子在协助者的指令提示下习得洗手的动作，当孩子洗手的动作逐渐熟练了，协助者要慢慢减少指令。由"洗手""搓手心""搓手背"这些直接的指令过渡成间接的指令，协助者可以这样提问："吃饭了要做什么？""洗手是怎么洗的？""搓哪里？"

第54课　孩子能配合协助者的指令刷牙

一、教学目标

孩子能配合协助者的指令刷牙。

二、教学重点

1. 早上起床后，孩子想吃早餐时，能配合协助者的指令刷牙。
2. 当孩子困了想睡觉时，能配合协助者的指令刷牙。
3. 睡觉前，孩子能刷牙。
4. 起床后，孩子能刷牙。

三、教学准备

1. 1个杯子、1支牙膏、1支牙刷。
2. 若干代币、代币数量参照板。

四、指导语

1. 想吃早餐吗？
2. 刷了牙才能吃早餐（睡觉）。
3. 拿（放）牙刷（杯子、牙膏）。
4. 接水、漱口、刷牙。
5. 起床刷牙。
6. 拿自己的牙刷（杯子），有奖。

五、教学过程

活动一：要刷牙才能吃早餐

1. 早上起床后，协助者出示早餐，询问孩子："想吃早餐吗？有没有代币？去刷牙，我奖代币给你。"

2. 协助者对着孩子发指令"拿杯子"。要求孩子拿自己的漱口杯，能做到的奖励1个代币。

3. 协助者对着孩子发指令"拿牙刷"。要求孩子拿自己的牙刷，能做到的奖励1个代币。

4. 协助者对着孩子发指令"拿牙膏"。要求孩子挤适量的牙膏，能做到的奖励1个代币。

5. 孩子拿齐了牙具后，协助者对着孩子发指令"装水""关水"。要求孩子配合指令打开水龙头接一杯水后关上水龙头，能做到的奖励1个代币。

6. 协助者对着孩子发指令"漱口"。要求孩子喝水后，把水轻轻地吐到洗手池里，能做到的奖励1个代币。

7. 协助者对着孩子发指令"刷牙"。要求孩子刷指定的位置，至少刷20下，能做到的奖励1个代币。

8. 协助者对着孩子发指令"漱口"。要求孩子反复漱口直至把口腔漱干净为止，能做到的奖励1个代币。

9. 孩子刷牙完毕，协助者对着孩子发指令"放"。要求孩子把杯子、牙刷和牙膏放在指定位置，放一个物品奖励1个代币。

10. 孩子洗漱后，协助者让孩子用代币兑换早餐。要求：用9个代币兑换，代币够了方可吃早餐。

活动二：要刷牙才能睡觉

1. 孩子困了要睡觉，协助者要求孩子必须刷牙后才能睡觉，不刷牙就不可以睡觉。

2. 协助者对着孩子发指令"刷牙"。要求孩子主动准备牙具，能做到的奖励1个代币。

3. 协助者引导孩子拿自己的牙具，询问："看清楚，哪个是你的呢？"拿对了奖励1个代币。

4. 协助者引导孩子挤牙膏。要求孩子挤适量的牙膏，能做到的奖励1个代币。

5. 协助者提醒孩子打开水龙头要注意控制水流量，避免水太大，能做到的奖励1个代币，否则扣1个代币。

6. 协助者观察孩子的水龙头是否关紧，能关紧水龙头的奖励1个代币，否则扣

1个代币。

7. 协助者对着孩子发指令"漱口"。要求孩子喝水后，把水轻轻地吐到洗手池里，能做到的奖励1个代币。

8. 协助者对着孩子发指令"刷牙"。要求孩子刷指定的位置，至少刷20下，能做到的奖励1个代币。

9. 协助者对着孩子发指令"漱口"。要求孩子反复漱口直至把口腔漱干净为止，能做到的奖励1个代币。

10. 孩子刷牙完毕，协助者观察孩子是否主动把牙具放回原位，能做到的奖励1个代币。

11. 孩子洗漱后方可睡觉。

活动三：起床后要刷牙

1. 协助者提问："孩子起床后要做什么？"引导孩子向协助者表达要去刷牙，能表达的奖励1个代币。

2. 协助者观察孩子是否主动准备牙具，能做到的奖励1个代币。

3. 协助者检查孩子是否拿自己的牙具，拿对了奖励1个代币。

4. 协助者观察孩子是否挤适量的牙膏，能做到的奖励1个代币，否则就扣1个代币。

5. 协助者观察孩子打开水龙头是否能控制水流量，避免水太大，能做到的奖励1个代币，否则扣1个代币。

6. 协助者观察孩子的水龙头是否关紧，能关紧水龙头的奖励1个代币，否则扣1个代币。

7. 协助者观察孩子漱口时是否喝生水或者吐水的力度太大，否则扣1个代币。

8. 协助者对着孩子发指令"刷牙"。要求孩子刷指定的位置，至少刷20下，能做到的奖励1个代币。

9. 协助者观察孩子是否反复漱口直至把口腔漱干净为止，能做到的奖励1个代币。

10. 孩子刷牙完毕，协助者观察孩子是否主动把牙具放回原位，能做到的奖励1个代币。

六、教学建议

刚开始时利用孩子吃饭、睡觉的需求，训练孩子配合指令完成拿牙具、挤牙膏、漱口、刷牙、放牙具等动作以及区分物品等，逐渐过渡到食物不在眼前，孩子起床后能主动刷牙，无须他人提示即独立完成刷牙的动作技能。

第 55 课　孩子能配合协助者的指令穿衣

一、教学目标

孩子能配合协助者的指令穿衣。

二、教学重点

1. 孩子能配合协助者的指令穿、脱衣、裤、袜。
2. 起床后、睡觉前、洗澡后，孩子能主动更换衣物。

三、教学准备

1. 1 套睡衣、1 套外出服、1 双袜子。
2. 代币若干，早餐的食物和餐具。

四、指导语

1. 脱衣服（裤、袜）。
2. 穿衣服（裤、袜）。
3. 把衣服挂起来。
4. 把浴巾晾起来。
5. 把衣服放进洗衣机。

五、教学过程

活动一：起床后要换衣服

1. 协助者出示早餐，孩子主动表达吃早餐的需求。
2. 协助者把需要更换的衣、裤、鞋、袜递给孩子。要求孩子更换后才可以吃早餐。
3. 协助者对着孩子发指令"脱"。要求孩子把穿在身上的衣服、裤子都脱下来，能配合指令脱一件就奖励 1 个代币。
4. 协助者对着孩子发指令"穿"。要求孩子把需要更换的衣服、裤子、袜子一件一件地穿上，穿好一件奖励 1 个代币。
5. 协助者对着孩子发指令"放"。要求孩子把换下来的睡衣挂起来，能做到的奖励 1 个代币。

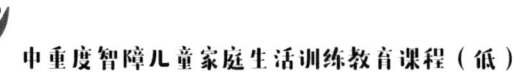

6. 换好衣服后，孩子方可与协助者兑换早餐。

活动二：睡觉前要换睡衣

1. 孩子困了，主动向协助者表达睡觉的需求。
2. 协助者让孩子换上睡衣后才能上床睡觉。
3. 协助者对着孩子发指令"脱"。要求孩子把穿在身上的衣服、裤子、袜子都脱下来，能做到的奖励 1 个代币。
4. 协助者对着孩子发指令"穿"。要求孩子把睡衣、睡裤穿上，穿好后方可上床睡觉。
5. 协助者对着孩子发指令"放"。要求孩子把换下来的衣服挂起来，能做到的奖励 1 个代币。

活动三：洗澡后要穿衣服

1. 孩子困了，主动向协助者表达睡觉的需求。
2. 协助者让孩子洗澡后才能上床睡觉。
3. 孩子洗完澡，协助者把睡衣递给孩子。要求孩子自己穿睡衣，穿好睡衣后方可上床睡觉。
4. 协助者对着孩子发指令"放"。要求孩子把浴巾晾起来，把换洗的衣服放进洗衣机里，能做到的分别奖励 1 个代币。

六、教学建议

如果奖励代币不能调动孩子参与的积极性，那么协助者可以用零食奖励。

第 56 课　孩子能配合协助者的指令洗脸

一、教学目标

孩子能配合协助者的指令洗脸。

二、教学重点

1. 早上起床后，孩子想吃早餐时，能配合协助者的指令洗脸。
2. 当孩子困了想睡觉时，能配合协助者的指令洗脸。
3. 睡觉前，孩子能洗脸。
4. 起床后，孩子能洗脸。

三、教学准备

1. 1个脸盆、1条洗脸巾、1支洗面奶。
2. 若干代币、代币数量参照板。

四、指导语

1. 想吃早餐吗？
2. 洗了脸才能吃早餐（睡觉）。
3. 拿（放）盆（毛巾、洗面奶）。
4. 接水、拧毛巾、洗脸。
5. 起床刷牙洗脸。
6. 拿自己的毛巾，有奖。

五、教学过程

活动一：要洗脸才能吃早餐

1. 早上起床后，协助者出示早餐，询问孩子："想吃早餐吗？有没有代币？去洗脸，我奖代币给你。"
2. 协助者对着孩子发指令"拿毛巾"。要求孩子拿自己的毛巾，能做到的奖励1个代币。
3. 协助者对着孩子发指令"拿盆"。要求孩子拿自己的脸盆，能做到的奖励1个代币。
4. 孩子拿齐了洗脸的用具后，协助者对着孩子发指令"装水""关水"。要求孩子配合指令打开水龙头接半盆水后关上水龙头，能做到的奖励1个代币。
5. 协助者对着孩子发指令"洗脸"。要求用湿毛巾擦脸或者把脸浸入水里，能做到的奖励1个代币。
6. 协助者对着孩子发指令"拿洗面奶"。要求孩子挤适量的洗面奶，能做到的奖励1个代币。
7. 协助者对着孩子发指令"擦"。要求孩子照镜子把洗面奶擦到额头、脸、鼻子等指定的位置，能做到的奖励1个代币。
8. 协助者对着孩子发指令"洗脸"。要求孩子用湿毛巾把脸上的泡泡擦干净，能做到的奖励1个代币。
9. 协助者对着孩子发指令"拧毛巾"。要求孩子双手拧干毛巾上的水，能做到的奖励1个代币。
10. 孩子洗脸完毕，协助者对着孩子发指令"放"。要求孩子把毛巾、脸盆和洗面奶放在指定的位置,能做到的奖励1个代币。

11. 孩子洗漱后,协助者让孩子用代币兑换早餐。要求:用9个代币兑换,代币够了方可吃早餐。

活动二:要洗脸才能睡觉

1. 孩子困了要睡觉,协助者要求孩子必须把脸洗干净后才能睡觉,不洗脸就不可以睡觉。
2. 协助者对着孩子发指令"洗脸"。要求孩子主动准备洗脸用具,能做到的奖励1个代币。
3. 协助者引导孩子拿自己的洗脸用具,询问:"看清楚,哪个是你的呢?"拿对了奖励1个代币。
4. 协助者引导孩子挤洗面奶。要求孩子挤适量的洗面奶,能做到的奖励1个代币。
5. 协助者提醒孩子打开水龙头时要注意控制水流量,避免水太大,能做到的奖励1个代币,否则扣1个代币。
6. 协助者观察孩子的水龙头是否关紧,能关紧水龙头的奖励1个代币,否则扣1个代币。
7. 协助者对着孩子发指令"洗脸"。要求孩子用水把脸打湿,能做到的奖励1个代币。
8. 协助者对着孩子发指令"擦"。要求孩子照镜子用洗面奶擦指定的位置,能做到的奖励1个代币。
9. 协助者对着孩子发指令"洗脸"。要求孩子反复用毛巾擦脸,直至把脸上的泡泡擦干净,能做到的奖励1个代币。
10. 协助者对着孩子发指令"拧"。要求孩子双手拧干毛巾的水,能做到的奖励1个代币。
11. 孩子洗脸完毕,协助者观察孩子是否主动把毛巾、脸盆、洗面奶摆回原位,能做到的奖励1个代币。
12. 孩子洗漱后方可睡觉。

活动三:起床后要洗脸

1. 协助者提问孩子:"起床后要做什么?"引导孩子表达要去洗脸,能表达的奖励1个代币。
2. 协助者观察孩子是否主动准备洗脸用具,能做到的奖励1个代币。
3. 协助者检查孩子是否拿的是自己的毛巾和脸盆,拿对了奖励1个代币。
4. 协助者观察孩子是否挤适量的洗面奶,能做到的奖励1个代币,否则扣1个代币。

5. 协助者观察孩子打开水龙头接水时能否控制水流量，避免水太大，能做到的奖励 1 个代币，否则扣 1 个代币。

6. 接水完毕，协助者观察孩子是否关紧了水龙头，能关紧水龙头的奖励 1 个代币，否则扣 1 个代币。

7. 协助者对着孩子发指令"擦"。要求孩子照镜子用洗面奶擦指定的位置，能做到的奖励 1 个代币。

8. 协助者观察孩子能否反复把脸上的泡沫擦干净，能做到的奖励 1 个代币。

9. 孩子洗脸完毕，协助者观察孩子是否主动把毛巾、脸盆、洗面奶放回原位，能做到的奖励 1 个代币。

六、教学建议

刚开始时利用孩子吃饭、睡觉的需求，训练孩子配合指令完成拿洗脸用具、挤洗面奶、涂洗面奶、洗脸、拧毛巾、放洗脸用具等动作以及区分物品等，逐渐过渡到食物不在眼前，孩子起床后能主动洗脸，无须他人提示即独立完成洗脸的动作技能。

第 57 课 孩子能配合协助者的指令洗澡

一、教学目标

孩子能配合协助者的指令洗澡。

二、教学重点

1. 孩子能配合协助者的指令洗身体的各个部位。
2. 孩子能区分头、脸、手、脚等身体的各个部位。
3. 睡觉前，孩子能洗澡。

三、教学准备

1. 1 瓶沐浴露、1 瓶洗发水、1 支洗面奶、1 条浴巾、1 条洗脸巾。
2. 1 面全身镜子、1 个沐浴球、代币若干。

四、指导语

1. 困了吗？你要睡觉吗？你还没有洗澡不可以睡觉。
2. 洗完澡才能睡觉。
3. 洗脸（头、身、手、脚、脖子、前面、后面等）。

五、教学过程

活动一：洗脸

1. 孩子困了，主动向协助者表达睡觉的需求。
2. 协助者询问孩子"你洗澡了吗"，并提出要求没洗澡不能睡觉。
3. 协助者让孩子到浴室脱衣服洗澡，洗澡前引导孩子用手试水温，感受水太凉或太热。要求孩子向协助者表达水太凉或太热，协助者帮能做到的孩子调水温。
4. 协助者对着孩子发指令"洗脸"。要求孩子用水冲洗面部，能做到的奖励 1 个代币。
5. 协助者对着孩子发指令"擦"。要求孩子照镜子用洗面奶擦额头、脸、鼻子、脖子等部位，能配合指令擦指定部位的奖励 1 个代币。
6. 协助者对着孩子发指令"洗"。要求孩子用水冲洗面部，把脸上的泡沫洗干净，能做到的奖励 1 个代币。

活动二：洗头

1. 协助者引导孩子用手试水温，感受水太凉或太热。要求孩子向协助者表达水太凉或太热，协助者帮能做到的孩子调水温。
2. 协助者对着孩子发指令"洗头"。要求孩子用水冲洗头部，能做到的奖励 1 个代币。
3. 协助者对着孩子发指令"抓"。要求孩子用洗发水抓头发，能配合指令抓出满头泡沫的奖励 1 个代币。
4. 协助者对着孩子发指令"洗"。要求孩子用水冲洗头部，把头上的泡沫洗干净，能做到的奖励 1 个代币。

活动三：洗身体

1. 协助者引导孩子用手试水温，感受水太凉或太热。要求孩子向协助者表达水太凉或太热，能做到的协助者帮忙调水温。
2. 协助者对着孩子发指令"洗前面"。要求孩子用水冲身体的前面、后面，能做到的分别奖励 1 个代币。
3. 协助者对着孩子发指令"洗脚"。要求孩子用水冲洗大腿、小腿、脚和左右手，能配合指令擦指定部位的分别奖励 1 个代币。
4. 协助者递给孩子一个沐浴球，并让孩子把沐浴露挤在沐浴球上。
5. 协助者对着孩子发指令"擦"。要求孩子用沐浴球擦身体的前面、后面、左手、右手、左腿、右腿等部位，能做到的分别奖励 1 个代币。

6. 协助者对着孩子发指令"洗"。要求孩子用水冲洗身上的泡沫，洗干净的奖励 1 个代币。

7. 把身体冲洗干净后，协助者把浴巾递给孩子，并让孩子把身上的水擦干。要求孩子配合指令擦指定的部位，能做到的奖励 1 个代币。

8. 协助者把睡衣递给孩子，要求孩子穿上睡衣后把浴巾和换洗的衣物放在指定位置。要求孩子把浴巾晾起来，把衣服放进洗衣机，完成后方可睡觉。

六、教学建议

孩子刚开始洗澡时，需要协助者过多的指令提示，练习多了后，孩子的动作越来越熟练，配合越来越好，协助者发出的指令也会随之减少，奖励也不需要这么密集。若奖励代币难以调动孩子参与的积极性，那么可奖励零食。

第 58 课　孩子能向协助者表达拿床上用品的需求

一、教学目标

孩子能向协助者表达拿床上用品的需求。

二、教学重点

1. 冷了，孩子能向协助者表达盖被子的需求。
2. 冷了，孩子能向协助者表达垫床垫的需求。
3. 睡觉时，孩子能向协助者表达拿被子、枕头、床垫（或凉席）的需求。

三、教学准备

1. 1 床被子、1 张床垫、1 个枕头、1 张凉席。
2. 1 台空调。

四、指导语

1. 困了吗？你要睡觉吗？
2. 冷不冷？
3. 你要不要盖被子（垫床垫）？
4. 睡觉，你要拿什么？
5. 我要拿被子（枕头、床垫）。

五、教学过程

活动一：冷了，要盖被子

1. 孩子困了，主动向协助者表达睡觉的需求。
2. 协助者让孩子上床睡觉，但床上没有被子。
3. 夏天协助者打开空调调至低温，或冬天天气比较冷，观察孩子不盖被子睡觉是否感受到冷。当孩子冷得把身子蜷缩起来时，询问孩子："冷不冷？要不要盖被子？"引导孩子表达"我很冷，我要盖被子"，协助者给能表达的孩子拿被子盖上。
4. 孩子拿到被子后方可继续睡觉。

活动二：冷了，要垫床垫

1. 孩子困了，主动向协助者表达睡觉的需求。
2. 协助者让孩子上床睡觉，但床上只有一张凉席。
3. 夏天协助者打开空调调制低温，或冬天天气比较冷，观察孩子垫凉席是否感受到冷。当孩子冷得把身子蜷缩起来时，询问孩子："冷不冷？要不要垫床垫？"引导孩子表达"我很冷，我要垫床垫"，协助者给能表达的孩子铺上床垫。
4. 铺好床垫后孩子方可继续睡觉。

活动三：铺床睡觉

1. 孩子困了，主动向协助者表达睡觉的需求。
2. 协助者让孩子上床睡觉，但床上没有床上用品。
3. 协助者询问孩子："睡觉，你要不要铺床？"引导孩子向协助者表达拿枕头、被子、床垫或凉席的需求，表达了才能拿到相应的床上用品。
4. 铺好床后，孩子方可上床睡觉。

六、教学建议

床上用品是睡觉的必需品。没有床上用品时，睡觉也睡得不舒服。用上合适的床上用品，才能睡得舒服。让孩子在对比中，知道自己的需求，并向协助者表达自己的需求。

第四编　环境卫生课

第59课　擦地板时，孩子能忍耐痛的感受

一、教学目标

擦地板时，孩子能忍耐痛的感受。

二、教学重点

孩子蹲着擦地板时感觉腿痛，能忍耐腿痛并配合完成协助者提出的擦地要求，从而获得自己需要的代币或食物。

三、教学准备

1. 食物。
2. 代币。
3. 抹布。

四、指导语

1. 拿抹布擦地。
2. 把抹布洗干净。
3. 蹲在地上，两只手按住抹布擦地板。
4. 两只脚向前跳。
5. 到墙边掉头继续擦。
6. 做得好，奖励1个代币。
7. 不要停，停下来要扣代币。

五、教学过程

活动一：擦客厅地板

1. 协助者带着孩子在家里搞卫生，让孩子拿抹布擦地板。
2. 让孩子先将抹布洗干净，再擦客厅。
3. 让孩子蹲下来，将抹布摊开放在面前，双手按住抹布一边向前移动，两只脚跟着向前跳。
4. 协助者要求孩子将客厅擦一遍就能得1个代币。
5. 擦完一遍后，再将抹布洗干净，继续擦。
6. 擦地板时，要注意观察孩子的情绪、行为和身体反应。当孩子不愿意动，想站起来时，先制止，再提要求：将客厅擦完一遍才能起来。
7. 如孩子按照要求能控制好情绪，继续擦地板，直到擦完整个客厅，则奖励1个代币；反之，扣1个代币。
8. 整个客厅至少擦8遍。

活动二：擦厨房、阳台地板

1. 协助者带着孩子在家里搞卫生，让孩子拿抹布擦地板。
2. 让孩子先将抹布洗干净，再擦阳台与厨房地板。
3. 让孩子蹲下来，将抹布摊开放在面前，双手按住抹布一边向前移动，两只脚跟着向前跳。
4. 协助者要求孩子将厨房与阳台擦一遍就能得1个代币。
5. 擦完一遍后，再将抹布洗干净，继续擦。
6. 擦地板时，要注意观察孩子的情绪、行为和身体反应。当孩子不愿意动，想站起来时，先制止，再提要求：将客厅擦完一遍才能起来。
7. 如孩子按照要求能控制好情绪，继续擦地板，直到擦完整个阳台与厨房，则奖励1个代币；反之，扣1个代币。
8. 整个厨房与阳台至少擦8遍。

活动三：擦房间地板

1. 协助者带着孩子在家里搞卫生，让孩子拿抹布擦地板。
2. 让孩子先将抹布洗干净，再擦房间地板。
3. 让孩子蹲下来，将抹布摊开放在面前，双手按住抹布一边向前移动，两只脚跟着向前跳。
4. 协助者要求孩子将房间地板擦一遍就能得1个代币。

5. 擦完一遍后，再将抹布洗干净，继续擦。

6. 擦地板时，要注意观察孩子的情绪、行为和身体反应。当孩子不愿意动，想站起来时，先制止，再提要求：将房间地板擦完一遍才能起来。

7. 如孩子按照要求能控制好情绪，继续擦地板，直到擦完整个房间地板，则奖励1个代币；反之，扣掉1个代币。

8. 家里的每个房间至少擦8遍。

六、教学建议

1. 以蛙跳的姿势来擦地板，孩子容易出现脚痛的体验。

2. 及时兑换孩子得到的代币，当天午餐或晚餐时兑换。

3. 3个活动的训练点落在忍耐上。孩子能忍耐痛的不适，控制自己的情绪，服从要求，完成训练目标。

4. 协助者要多观察，多调整目标，给孩子提的要求尽量贴近孩子当前的水平，让孩子既能体验到痛的不适，又不会因要求过高而无法完成。

第60课 擦地板时，孩子能表达痛的感受

一、教学目标

擦地板时，孩子能表达痛的感受。

二、教学重点

孩子跪着或蹲着擦地板时，感到脚痛了，能向协助者表达脚痛，从而获得休息来缓解疼痛。

三、教学准备

1. 食物。
2. 代币。
3. 抹布。

四、指导语

1. 拿抹布擦地。
2. 把抹布洗干净。
3. 蹲下，两只手按住抹布擦地板。

4. 两只脚向前跳。

5. 到墙边掉头继续擦。

6. 做得好,奖励1个代币。

7. 不要停,停下来要扣代币。

8. 怎么了?说出来。

9. 脚痛,那就站起来休息一下。

五、教学过程

活动一:擦客厅地板

1. 协助者带着孩子在家里搞卫生,让孩子拿抹布擦地板。
2. 让孩子先将抹布洗干净,再擦客厅。
3. 让孩子蹲下来,将抹布摊开放在面前,双手按住抹布一边向前移动,两只脚跟着向前跳。
4. 协助者要求孩子将客厅擦一遍就能得1个代币。擦完一遍后,再将抹布洗干净,继续擦。
5. 擦地板时,要注意观察孩子的情绪、行为和身体反应。当孩子脸上有痛苦的表情,或者不愿意蹲下,想起来时,先要制止。如果孩子主动向协助者表达痛的感受,协助者就允许孩子站起来休息一下。如果没有表达,就继续擦。如果孩子停下来有3次还不能表达,协助者要适时加以引导:"你怎么了?说出来(指出来哪里不舒服)。"
6. 引导孩子清楚地表达痛的感受,允许孩子站起来休息一下,然后继续擦地。每当孩子想停下来时,就及时引导,能表达痛就让孩子休息一会。
7. 多次练习,让孩子能主动表达。

活动二:擦厨房、阳台地板

1. 协助者带着孩子在家里搞卫生,让孩子拿抹布擦地板。
2. 让孩子先将抹布洗干净,擦完客厅后就擦厨房阳台。
3. 让孩子蹲下来,将抹布摊开放在面前,双手按住抹布一边向前移动,两只脚跟着向前跳。
4. 协助者要求孩子将厨房、阳台擦一遍就能得1个代币。擦完一遍后,再将抹布洗干净,继续擦。
5. 在擦地板时,要注意观察孩子的情绪、行为和身体反应。当孩子脸上有痛苦的表情,或者不愿意蹲下,想起来时,先要制止。如果孩子主动向协助者表达痛的感受,协助者就允许孩子站起来休息一下。如果没有表达,就继续擦。如果孩子停下来有3次还不能表达,协助者要适时加以引导:"你怎么了?说出来(指出来哪里不舒服）。"

6. 引导孩子清楚地表达痛的感受，允许孩子站起来休息一下，然后继续擦地。每当孩子想停下来时，就及时引导，能表达痛就让孩子休息一会。

7. 多次练习，让孩子能主动表达。

活动三：擦房间地板

1. 协助者带着孩子在家里搞卫生，让孩子拿抹布擦地板。
2. 让孩子先将抹布洗干净，擦完客厅、阳台、厨房后，就擦房间地板。
3. 让孩子蹲下来，将抹布摊开放在面前，双手按住抹布一边向前移动，两只脚跟着向前跳。
4. 协助者要求孩子将所有房间擦一遍就能得 1 个代币。擦完一遍后，再将抹布洗干净，继续擦。
5. 擦地板时，要注意观察孩子的情绪、行为和身体反应。当孩子脸上有痛苦的表情，或者不愿意蹲下，想起来时，先要制止。如果孩子主动向协助者表达痛的感受，协助者就允许孩子站起来休息一下。如果没有表达，就继续擦。如果孩子停下来有 3 次还不能表达，协助者要适时地加以引导："你怎么了？说出来（指出来哪里不舒服）。"
6. 引导孩子清楚地表达痛的感受，允许孩子站起来休息一下，然后继续擦地。每当孩子想停下来时，就及时引导，能表达痛就让孩子休息一会。
7. 多次练习，让孩子能主动表达。

六、教学建议

1. 根据实际情况，调整孩子的任务量，能保证让孩子多体验到痛的感受。
2. 及时兑换孩子得到的代币，当天午餐或晚餐时兑换。
3. 3 个活动的训练点落在选择表达上。孩子能体验痛的不适，通过求助他人，消除痛的感觉，对比之后懂得通过向协助者求助来满足自己的需求。
4. 在生活中，要多提供这样的机会来锻炼孩子，让孩子懂得选择，能主动表达。

第 61 课　擦地板时，孩子脚痛了
能向协助者表达休息的需求

一、教学目标

擦地板时，当孩子脚痛了能向协助者表达休息的需求。

二、教学重点

1. 孩子表达时能与协助者有眼神交流。
2. 孩子能用正确的动作和语言表达休息的需求。

三、教学准备

1. 食物。
2. 代币。
3. 抹布。

四、指导语

1. 拿抹布擦地。
2. 把抹布洗干净。
3. 蹲在地上,两只手按住抹布擦地板。
4. 两只脚向前跳。
5. 到墙边掉头继续擦。
6. 做得好,奖励1个代币。
7. 怎么不做了?
8. 说出来或指出来。
9. 没听清楚,讲清楚点。
10. 讲得不清楚,继续做。
11. 脚痛想休息?好,那就停下来休息一下吧。

五、教学过程

活动一:擦客厅地板

1. 协助者带着孩子在家里搞卫生,让孩子拿抹布擦地板。
2. 让孩子先将抹布洗干净,再擦客厅。
3. 让孩子蹲下来,将抹布摊开放在面前,双手按住抹布一边向前移动,两只脚跟着向前跳。
4. 协助者要求孩子将客厅擦一遍就能得1个代币。擦完一遍后,再将抹布洗干净,继续擦。
5. 擦地板的过程中,要注意观察孩子的情绪、行为和身体反应。当孩子脸上有痛苦的表情,并出现躁狂情绪,或者停下来不愿意做时,观察孩子的反应。如果孩子主动正确地向协助者表达休息的需求，就停下来休息 1 分钟，再继续做。如果不能正确表达，则不能停下来休息。

6. 如果孩子 3 次都无法正确表达自己的需求，协助者可以有一些提示"怎么停下来了"，引导孩子正确表达自己的需求。

7. 客厅的地板擦 8 遍。

活动二：擦厨房、阳台地板

1. 协助者带着孩子在家里搞卫生，让孩子拿抹布擦地板。
2. 让孩子先将抹布洗干净。擦完客厅后，擦厨房和阳台地板。
3. 让孩子蹲下来，将抹布摊开放在面前，双手按住抹布一边向前移动，两只脚跟着向前跳。
4. 协助者要求孩子将厨房阳台擦一遍就能得 1 个代币。擦完一遍后，再将抹布洗干净，继续擦。
5. 擦地板的过程中，要注意观察孩子的情绪、行为和身体反应。当孩子脸上有痛苦的表情，并出现躁狂情绪，或者停下来不愿意做时，观察孩子的反应。如果孩子主动正确地向协助者表达休息的需求，就停下来休息 1 分钟，再继续做。如果不能正确表达，则不能停下来休息。
6. 如果孩子 3 次都无法正确表达自己的需求，协助者可以有一些提示"怎么停下来了"，引导孩子正确表达自己的需求。
7. 厨房、阳台的地板擦 8 遍。

活动三：擦房间地板

1. 协助者带着孩子在家里搞卫生，让孩子拿抹布擦地板。
2. 让孩子先将抹布洗干净。擦完客厅厨房、阳台地板后，继续擦房间地板。
3. 让孩子蹲下来，将抹布摊开放在面前，双手按住抹布一边向前移动，两只脚跟着向前跳。
4. 协助者要求孩子将所有房间都擦一遍就能得 1 个代币。擦完一遍后，再将抹布洗干净，继续擦。
5. 擦地板的过程中，要注意观察孩子的情绪、行为和身体反应。当孩子脸上有痛苦的表情，并出现躁狂情绪，或者停下来不愿意做时，观察孩子的反应。如果孩子主动正确地向协助者表达休息的需求，就停下来休息 1 分钟，再继续做。如果不能正确表达，则不能停下来休息。
6. 如果孩子 3 次都无法正确表达自己的需求，协助者可以有一些提示"怎么停下来了"，引导孩子正确表达自己的需求。
7. 房间的地板擦 8 遍。

六、教学建议

1. 本活动中孩子得到的代币在当天午餐或晚餐时兑换。
2. 孩子的每一口食物都必须是按要求获得的代币兑换的。
3. 在活动中训练点落在与人互动上。孩子能主动正确地表达自己的需求，并与协助者有眼神交流。
4. 协助者在训练孩子时，要多观察，多调整目标，给孩子提的要求尽量贴近孩子当前的水平，让孩子既能体验到累的不适，又不会因要求过高而无法完成。

第 62 课　擦地板时，孩子脚痛了能正确称呼协助者

一、教学目标

擦地板时，孩子脚痛了能正确称呼协助者。

二、教学重点

1. 孩子能分辨自己需要求助的人是谁。
2. 孩子能在提示下称呼协助者。
3. 孩子能正确称呼协助者。

三、教学准备

1. 食物。
2. 代币。
3. 抹布。

四、指导语

1. 把抹布洗干净。
2. 蹲下，两只手按住抹布擦地板。
3. 两只脚向前跳。
4. 到墙边掉头继续擦。
5. 做得好，奖励 1 个代币。
6. 怎么了？
7. 是不是脚痛啊？先叫我，不叫就不可以休息。
8. 嗯，好的，站起来休息一下。

五、教学过程

活动一：擦客厅地板

1. 协助者带着孩子在家里搞卫生，让孩子拿抹布擦地板。
2. 让孩子先将抹布洗干净，再擦客厅。
3. 让孩子蹲下来，将抹布摊开放在面前，双手按住抹布一边向前移动，两只脚跟着向前跳。
4. 协助者要求孩子将客厅擦一遍就能得 1 个代币。擦完一遍后，再将抹布洗干净，继续擦。
5. 擦地板的过程中，要注意观察孩子的情绪、行为和身体反应。当孩子脸上有痛苦的表情，并出现躁狂情绪，或者停下来不愿意做时，观察孩子的反应。如果孩子主动正确地称呼协助者并表达痛的感受，就可以站起来休息 1 分钟。
6. 如果孩子 3 次都无法正确称呼协助者并表达自己的需求，协助者可以有一些提示引导一下。
7. 客厅的地板擦 8 遍。

活动二：擦厨房、阳台地板

1. 协助者带着孩子在家里搞卫生，让孩子拿抹布擦地板。
2. 让孩子先将抹布洗干净。擦完客厅后，擦厨房、阳台地板。
3. 让孩子蹲下来，将抹布摊开放在面前，双手按住抹布一边向前移动，两只脚跟着向前跳。
4. 协助者要求孩子将厨房、阳台擦一遍就能得 1 个代币。擦完一遍后，再将抹布洗干净，继续擦。
5. 擦地板的过程中，要注意观察孩子的情绪、行为和身体反应。当孩子脸上有痛苦的表情，并出现躁狂情绪，或者停下来不愿意做时，观察孩子的反应。如果孩子主动正确地称呼协助者并表达痛的感受，就可以站起来休息 1 分钟。
6. 如果孩子 3 次都无法正确称呼协助者并表达自己的需求，协助者可以有一些提示引导一下。
7. 厨房、阳台的地板擦 8 遍。

活动三：擦房间地板

1. 协助者带着孩子在家里搞卫生，让孩子拿抹布擦地板。
2. 让孩子先将抹布洗干净。擦完客厅厨房后，再擦房间地板。
3. 让孩子蹲下来，将抹布摊开放在面前，双手按住抹布一边向前移动，两只脚跟着向前跳。

4. 协助者要求孩子将所有房间擦一遍就能得 1 个代币。擦完一遍后，再将抹布洗干净，继续擦。

5. 擦地板的过程中，要注意观察孩子的情绪、行为和身体反应。当孩子脸上有痛苦的表情，并出现躁狂情绪，或者停下来不愿意做时，观察孩子的反应。如果孩子能主动正确地称呼协助者并表达痛的感受，就可以站起来休息 1 分钟。

6. 如果孩子 3 次都无法正确称呼协助者并表达自己的需求，协助者可以有一些提示引导一下。

7. 房间的地板擦 8 遍。

六、教学建议

1. 根据实际情况调整孩子的任务量，保证孩子多体验到痛的感受。
2. 及时兑换孩子得到的代币，在当天午餐或晚餐时兑换。
3. 留意孩子与人互动时的眼神交流，称呼、表达的同时眼睛要看着对方。
4. 训练的重点落在能正确称呼协助者上，刚开始时协助者可以多引导孩子正确地表达。等孩子在训练过程中逐渐学会怎样称呼协助者后，就要减少提示。

第 63 课　擦地板时，孩子能忍耐累的感受

一、教学目标

擦地板时，孩子能忍耐累的感受。

二、教学重点

孩子擦地板时感到累了，能控制自己的情绪，忍耐累配合完成协助者提出的要求再休息。

三、教学准备

1. 食物。
2. 代币。
3. 用于擦地的一条抹布。

四、指导语

1. 拿抹布擦地。

2. 把抹布洗干净。

3. 蹲在地上，两只手按住抹布擦地板。

4. 两只脚向前跳。

5. 到墙边掉头继续擦。

6. 做得好，奖励1个代币。

7. 不要停，停下来要扣代币。

五、教学过程

活动一：擦客厅地板

1. 协助者带着孩子在家里搞卫生，让孩子拿抹布擦地板。

2. 让孩子先将抹布洗干净，再擦客厅。

3. 让孩子蹲下来，将抹布摊开放在面前，双手按住抹布一边向前移动，两只脚跟着向前跳。

4. 协助者要求孩子将客厅擦一遍就能得1个代币。

5. 擦完一遍后，再将抹布洗干净，继续擦。

6. 在擦地板时，要注意观察孩子的情绪、行为和身体反应。当孩子不愿意动，想站起来时，先制止，再提要求：将客厅擦完一遍才能起来。

7. 如果孩子按照要求能控制好情绪，继续擦地板，直到擦完整个客厅，则奖励1个代币；反之，扣1个代币。

8. 整个客厅至少擦8遍。

活动二：擦厨房、阳台地板

1. 协助者带着孩子在家里搞卫生，让孩子拿抹布擦地板。

2. 让孩子先将抹布洗干净，再擦阳台与厨房地板。

3. 让孩子蹲下来，将抹布摊开放在面前，双手按住抹布一边向前移动，两只脚跟着向前跳。

4. 协助者要求孩子将厨房与阳台擦一遍就能得1个代币。

5. 擦完一遍后，再将抹布洗干净，继续擦。

6. 在擦地板时，要注意观察孩子的情绪、行为和身体反应。当孩子不愿意动，想站起来时，先制止，再提要求将厨房阳台擦完一遍才能起来。

7. 如果孩子按照要求能控制好情绪，继续擦地板，直到擦完厨房阳台，则奖励1个代币；反之，扣1个代币。

8. 整个厨房阳台至少擦8遍。

活动三：擦房间地板

1. 协助者带着孩子在家里搞卫生，让孩子拿抹布擦地板。
2. 让孩子先将抹布洗干净。擦完厨房、阳台、客厅后，再擦房间地板。
3. 让孩子蹲下来，将抹布摊开放在面前，双手按住抹布一边向前移动，两只脚跟着向前跳。
4. 协助者要求孩子将所有房间擦一遍就能得 1 个代币。
5. 擦完一遍后，再将抹布洗干净，继续擦。
6. 擦地板时，要注意观察孩子的情绪、行为和身体反应。当孩子不愿意动，想站起来时，先制止，再提要求：将房间擦完一遍才能起来。
7. 如果孩子按照要求能控制好情绪，继续擦地板，直到擦完所有房间，则奖励 1 个代币；反之，扣 1 个代币。
8. 家里的每个房间至少擦 8 遍。

六、教学建议

1. 以蛙跳的姿势来擦地板，孩子容易出现脚累的体验。
2. 及时兑换孩子得到的代币，当天午餐或晚餐时兑换。
3. 3 个活动的训练点落在忍耐上。孩子能忍耐累带来的不适，控制自己的情绪，服从要求，完成训练目标。
4. 协助者要多观察，多调整目标，给孩子提的要求尽量贴近孩子当前的水平，让孩子既能体验到累的不适，又不会因要求过高而无法完成。

第64课　擦地板时，孩子能表达累的感受

一、教学目标

擦地板时，孩子能表达累的感受。

二、教学重点

孩子擦地板时感到累，能向协助者表达自己累了，从而获得休息的机会来恢复体力。

三、教学准备

1. 食物。

2. 代币。
3. 抹布。

四、指导语

1. 拿抹布擦地。
2. 把抹布洗干净。
3. 蹲在地上,两只手按住抹布擦地板。
4. 两只脚向前跳。
5. 到墙边掉头继续擦。
6. 做得好,奖励 1 个代币。
7. 不要停,停下来要扣代币。
8. 怎么了?说出来。
9. 好累,那就站起来休息一下。

五、教学过程

活动一:擦客厅地板

1. 协助者带着孩子在家里搞卫生,让孩子拿抹布擦地板。
2. 让孩子先将抹布洗干净,再擦客厅。
3. 让孩子蹲下来,将抹布摊开放在面前,双手按住抹布一边向前移动,两只脚跟着向前跳。
4. 协助者要求孩子将客厅擦一遍就能得 1 个代币。擦完一遍后,再将抹布洗干净,继续擦。
5. 擦地板时,要注意观察孩子的情绪、行为和身体反应。当孩子额头上有汗珠,或者不愿意蹲下,想起来时,先要制止。如果孩子主动向协助者表达累的感受,协助者就允许孩子站起来休息一下。如果没有表达,就继续擦。如果孩子停下来有 3 次还不能表达,协助者要适时加以引导:"你怎么了?说出来(指出来哪里不舒服)。"
6. 引导孩子清楚地表达累的感受,允许孩子站起来休息一下,然后继续擦地。每当孩子想停下来时,就及时引导,能表达累就让孩子休息一会。
7. 多次练习,让孩子能主动表达。

活动二:擦厨房、阳台地板

1. 协助者带着孩子在家里搞卫生,让孩子拿抹布擦地板。
2. 让孩子先将抹布洗干净,擦完客厅后再擦厨房、阳台。
3. 让孩子蹲下来,将抹布摊开放在面前,双手按住抹布一边向前移动,两只脚

跟着向前跳。

4. 协助者要求孩子将厨房、阳台擦一遍就能得 1 个代币。擦完一遍后,再将抹布洗干净,继续擦。

5. 擦地板时,要注意观察孩子的情绪、行为和身体反应。当孩子额头上有汗珠,或者不愿意蹲下,想起来时,先要制止。如果孩子主动向协助者表达累的感受,协助者就允许孩子站起来休息一下。如果没有表达,就继续擦。如果孩子停下来有 3 次还不能表达,协助者要适时加以引导:"你怎么了?说出来(指出来哪里不舒服)。"

6. 引导孩子清楚地表达累的感受,允许孩子站起来休息一下,然后继续擦地。每当孩子想停下来时,就及时引导,能表达累就让孩子休息一会。

7. 多次练习,让孩子能主动表达。

活动三:擦房间地板

1. 协助者带着孩子在家里搞卫生,让孩子拿抹布擦地板。
2. 让孩子先将抹布洗干净。擦完客厅阳台厨房后,再擦房间地板。
3. 让孩子蹲下来,将抹布摊开放在面前,双手按住抹布一边向前移动,两只脚跟着向前跳。
4. 协助者要求孩子将所有房间擦一遍就能得 1 个代币。擦完一遍后,再将抹布洗干净,继续擦。
5. 擦地板时,要注意观察孩子的情绪、行为和身体反应。当孩子额头上有汗珠,或者不愿意蹲下,想起来时,先要制止。如果孩子主动向协助者表达累的感受,协助者就允许孩子站起来休息一下。如果没有表达,就继续擦。如果孩子停下来有 3 次还不能表达,协助者要适时加以引导:"你怎么了?说出来(指出来哪里不舒服)。"
6. 引导孩子清楚地表达累的感受,允许孩子站起来休息一下,然后继续擦地。每当孩子想停下来时,就及时引导,能表达累就让孩子休息一会。
7. 多次练习,让孩子能主动表达。

六、教学建议

1. 根据实际情况调整孩子的任务量,能保证让孩子多体验到累的感受。
2. 3 个活动的训练点落在选择表达上。孩子能体验累带来的不适,通过求助他人消除累的感觉,对比之后懂得通过向协助者求助来满足自己的需求。
3. 在生活中,要多提供这样的机会来训练孩子,让孩子懂得选择,能主动表达。
4. 及时兑换孩子得到的代币,当天午餐或晚餐时兑换。

第65课 擦地板时，孩子累了能向协助者表达休息的需求

一、教学目标

擦地板时，当孩子累了能向协助者表达休息的需求。

二、教学重点

1. 孩子表达时能与协助者有眼神交流。
2. 孩子能用正确的动作和语言表达休息的需求。

三、教学准备

1. 食物。
2. 代币。
3. 抹布。

四、指导语

1. 拿抹布擦地。
2. 把抹布洗干净。
3. 蹲在地上，两只手按住抹布擦地板。
4. 两只脚向前跳。
5. 到墙边掉头继续擦。
6. 做得好，奖励1个代币。
7. 怎么不做了？
8. 说出来或指出来。
9. 没听清楚，讲清楚点。
10. 讲得不清楚，继续做。
11. 好累，想休息？好，那就停下来休息一下吧。

五、教学过程

活动一：擦客厅地板

1. 协助者带着孩子在家里搞卫生，让孩子拿抹布擦地板。

2. 让孩子先将抹布洗干净，再擦客厅。

3. 让孩子蹲下来，将抹布摊开放在面前，双手按住抹布一边向前移动，两只脚跟着向前跳。

4. 协助者要求孩子将客厅擦一遍就能得 1 个代币。擦完一遍后，再将抹布洗干净，继续擦。

5. 擦地板的过程中，要注意观察孩子的情绪、行为和身体反应。当孩子额头上有汗珠，并出现躁狂情绪，或者停下来不愿意做时，观察孩子的反应。如果孩子主动正确地向协助者表达休息的需求，就停下来休息 1 分钟，再继续做。如果不能正确表达，则不能停下来休息。

6. 如果孩子 3 次都无法正确表达自己的需求，协助者可以有一些提示"怎么停下来了"，引导孩子正确表达自己的需求。

7. 客厅的地板擦 8 遍。

活动二：擦厨房、阳台地板

1. 协助者带着孩子在家里搞卫生，让孩子拿抹布擦地板。
2. 让孩子先将抹布洗干净。擦完客厅后，擦厨房、阳台地板。
3. 让孩子蹲下来，将抹布摊开放在面前，双手按住抹布一边向前移动，两只脚跟着向前跳。
4. 协助者要求孩子将厨房、阳台擦一遍就能得 1 个代币。擦完一遍后，再将抹布洗干净，继续擦。
5. 擦地板的过程中，要注意观察孩子的情绪、行为和身体反应。当孩子额头上有汗珠，并出现躁狂情绪，或者停下来不愿意做时，观察孩子的反应。如果孩子主动正确地向协助者表达休息的需求，就停下来休息 1 分钟，再继续做。如果不能正确表达，则不能停下来休息。
6. 如果孩子 3 次都无法正确表达自己的需求，协助者可以有一些提示"怎么停下来了"，引导孩子正确表达自己的需求。
7. 厨房、阳台的地板擦 8 遍。

活动三：擦房间地板

1. 协助者带着孩子在家里搞卫生，让孩子拿抹布擦地板。
2. 让孩子先将抹布洗干净。擦完客厅厨房、阳台、地板后，继续擦房间地板。
3. 让孩子蹲下来，将抹布摊开放在面前，双手按住抹布一边向前移动，两只脚跟着向前跳。
4. 协助者要求孩子将所有房间都擦一遍就能得 1 个代币。擦完一遍后，再将抹布洗干净，继续擦。
5. 擦地板的过程中，要注意观察孩子的情绪、行为和身体反应。当孩子额头上

有汗珠,并出现躁狂情绪,或者停下来不愿意做时,观察孩子的反应。如果孩子主动正确地向协助者表达休息的需求,就停下来休息 1 分钟,再继续做。如果不能正确表达,则不能停下来休息。

6. 如果孩子 3 次都无法正确表达自己的需求,协助者可以有一些提示"怎么停下来了",引导孩子正确表达自己的需求。

7. 房间的地板擦 8 遍。

六、教学建议

1. 本活动中孩子得到的代币在当天午餐或晚餐时兑换。
2. 孩子的每一口食物都必须由按要求获得的代币兑换。
3. 在活动中训练点落在与人互动上。孩子能主动正确地表达自己的需求,并与协助者有眼神交流。
4. 协助者在训练孩子时,要多观察,多调整目标,给孩子提的要求尽量贴近孩子当前的水平,让孩子既能体验到累的不适,又不会因要求过高而无法完成。

第 66 课 擦地板时,孩子累了能正确称呼协助者

一、教学目标

擦地板时,孩子累了能正确称呼协助者。

二、教学重点

1. 孩子能分辨自己需要求助的人是谁。
2. 孩子能在提示下称呼协助者。
3. 孩子能正确称呼协助者。

三、教学准备

1. 食物。
2. 代币。
3. 抹布。

四、指导语

1. 把抹布洗干净。
2. 蹲在地上,两只手按住抹布擦地板。

3. 两只脚向前跳。
4. 到墙边掉头继续擦。
5. 做得好，奖励1个代币。
6. 怎么了？
7. 是不是很累啊？先叫我，不叫就不可以休息。
8. 嗯，好的，站起来休息一下。

五、教学过程

活动一：擦客厅地板

1. 协助者带着孩子在家里搞卫生，让孩子拿抹布擦地板。
2. 让孩子先将抹布洗干净，再擦客厅。
3. 让孩子蹲下来，将抹布摊开放在面前，双手按住抹布一边向前移动，两只脚跟着向前跳。
4. 协助者要求孩子将客厅擦一遍就能得1个代币。擦完一遍后，再将抹布洗干净，继续擦。
5. 擦地板的过程中，要注意观察孩子的情绪、行为和身体反应。当孩子额头上有汗珠，并出现躁狂情绪，或者停下来不愿意做时，观察孩子的反应。如果孩子主动正确地称呼协助者并表达累的感受，就可以站起来休息1分钟。
6. 如果孩子3次都无法正确称呼协助者并表达自己的需求，协助者可以有一些提示引导一下。
7. 客厅的地板擦8遍。

活动二：擦厨房、阳台地板

1. 协助者带着孩子在家里搞卫生，让孩子拿抹布擦地板。
2. 让孩子先将抹布洗干净。擦完客厅后，再擦厨房、阳台地板。
3. 让孩子蹲下来，将抹布摊开放在面前，双手按住抹布一边向前移动，两只脚跟着向前跳。
4. 协助者要求孩子将厨房、阳台擦一遍就能得1个代币。擦完一遍后，再将抹布洗干净，继续擦。
5. 擦地板的过程中，要注意观察孩子的情绪、行为和身体反应。当孩子额头上有汗珠，并出现躁狂情绪，或者停下来不愿意做时，观察孩子的反应。如果孩子主动正确地称呼协助者并表达累的感受，就可以站起来休息1分钟。
6. 如果孩子3次都无法正确称呼协助者并表达自己的需求，协助者可以有一些提示引导一下。
7. 厨房、阳台的地板擦8遍。

活动三：擦房间地板

1. 协助者带着孩子在家里搞卫生，让孩子拿抹布擦地板。
2. 让孩子先将抹布洗干净。擦完客厅厨房后，再擦房间地板。
3. 让孩子蹲下来，将抹布摊开放在面前，双手按住抹布一边向前移动，两只脚跟着向前跳。
4. 协助者要求孩子将所有房间擦一遍就能得 1 个代币。擦完一遍后，再将抹布洗干净，继续擦。
5. 擦地板的过程中，要注意观察孩子的情绪、行为和身体反应。当孩子额头上有汗珠，并出现躁狂情绪，或者停下来不愿意做时，观察孩子的反应。如果孩子主动正确称呼协助者并表达累的感受，就可以站起来休息 1 分钟。
6. 如果孩子 3 次都无法正确称呼协助者并表达自己的需求，协助者可以有一些提示引导一下。
7. 房间的地板擦 8 遍。

六、教学建议

1. 根据实际情况调整孩子的任务量，保证孩子多体验到累的感受。
2. 及时兑换孩子得到的代币，在当天午餐或晚餐时兑换。
3. 留意孩子与人互动时的眼神交流，称呼、表达的同时眼睛要看着对方。
4. 训练的重点落在能正确称呼协助者上，刚开始对协助者可以多引导孩子正确地表达。等孩子在训练过程中逐渐学会怎样称呼协助者后，就要减少提示。

第 67 课　提水时，孩子能忍耐痛的感受

一、教学目标

提水时，孩子能忍耐痛的感受。

二、教学重点

孩子在提水时能忍耐痛的感受。

三、教学准备

1. 食物。
2. 代币。

3. 水桶、洗净的油壶（5升）、胶盆。

四、指导语

1. 拿水桶（盆、油桶）过来装水，浇花。
2. 好，把水提过去。
3. 慢慢提，小心水洒出来。
4. 不要放下桶，放下来要扣代币。
5. 倒在这里。
6. 做得好，奖励1个代币。
7. 好，再返回装水。

五、教学过程

活动一：提水桶浇花

1. 协助者找一个对外开放的花圃或者农场，带孩子进去浇花玩耍，最好夏天去，弄湿衣服也不怕。准备一套干的衣服，以及水桶、1~2个5升左右洗干净的油壶、胶盆。
2. 首先，让孩子拿水桶到水龙头处接水。接好水后，让孩子提起水桶到指定的地方给花浇水。要求孩子中途不能放下水桶，浇花之后，孩子能得1个代币。
3. 协助者也提一桶水跟随其后，途中提醒孩子不要放下水桶。
4. 提水时，要注意观察孩子的情绪、行为和身体反应。当孩子停下来，准备弯腰放下桶时，先制止，再重申要求，不能放下来，放下来就没有代币奖励。
5. 如果孩子按照要求能控制好情绪，继续提水，直到浇完花，则奖励1个代币。若将水放下，则没有代币奖励。
6. 至少提10个来回。

活动二：提油壶装水浇花

1. 用水桶浇完花后，换成油壶装水浇花。根据孩子的能力，用1个或者2个油壶装水。
2. 让孩子提着油壶到水龙头处装水。接好水之后，让孩子提着水到指定的地方浇花。
3. 协助者也提一壶水跟随其，途中做好提醒与引导。
4. 提水时，要注意观察孩子的情绪、行为和身体反应。当孩子停下来，准备弯腰放下壶时，先制止，再重申要求，不能放下来，放下来就没有代币奖励。
5. 如果孩子按照要求能控制好情绪，继续提水，直到浇完花，则奖励1个代币。

若将水放下，则没有代币奖励。

6. 至少提 10 个来回。

活动三：端胶盆浇花

1. 用油壶装水浇过花后，再换成胶盆装水浇花。
2. 让孩子拿着胶盆到水龙头处接水。接好水后，让孩子端起胶盆，走到指定的地方浇花。
3. 协助者跟随孩子一直到达浇花处，中途做好提醒与引导。
4. 端水时，要注意观察孩子的情绪、行为和身体反应。当孩子停下来，准备弯腰放下盆时，先制止，再重申要求，不能放下来，放下来就没有代币奖励。
5. 如孩子按照要求能控制好情绪，继续端水，直到浇完花，则奖励 1 个代币。若将水放下，则没有代币奖励。
6. 至少端 10 个来回。

六、教学建议

1. 用水桶以及有提手的油壶装水，孩子提时容易手痛，用胶盆装水同样如此。
2. 及时兑换孩子得到的代币，当天午餐或晚餐时兑换。
3. 3 个活动的训练点落在忍耐上。孩子能忍耐痛带来的不适，控制自己的情绪，服从要求，完成训练目标。
4. 协助者要多观察，多调整目标，给孩子提的要求尽量贴近孩子当前的水平。如果孩子能提动半桶水就装半桶水，能提满桶水就装满桶水，提时可以多调整，让孩子既能体验到痛的不适，又不会因要求过高而无法完成。

第 68 课　提水时，孩子能表达痛的感受

一、教学目标

提水时，孩子能表达痛的感受。

二、教学重点

孩子提水时能表达痛，这里的表达属于服从子目标：比较选择。

三、教学准备

1. 食物。

2. 代币。
3. 水桶、洗净的油壶（5升）、胶盆。

四、指导语

1. 拿水桶（盆、油桶）过来装水，浇花。
2. 好，把水提过去。
3. 慢慢提，小心水洒出来。
4. 不要放下桶，放下来要扣代币。
5. 倒在这里。
6. 做得好，奖励1个代币。
7. 好，再返回装水。
8. 怎么了？说出来。
9. 手痛，让我帮你拎一下。

五、教学过程

活动一：提水桶浇花

1. 协助者找一个对外开放的花圃或者农场，带孩子进去浇花玩耍，最好夏天去，弄湿衣服也不怕。准备一套干的衣服，以及水桶、1～2个5升左右洗干净的油壶、胶盆。
2. 首先，让孩子拿水桶到水龙头处接水。
3. 接好水后，让孩子提起水桶到指定的地方给花浇水。
4. 协助者要求孩子中途不能放下水桶，浇花之后，能得1个代币。
5. 协助者也提一桶水跟随其后，途中提醒孩子不要放下水桶。
6. 提水时，要注意观察孩子的情绪、行为和身体反应。当孩子停下来，准备弯腰放下水桶时，先制止。如果孩子主动向协助者表达痛的感受，协助者就帮孩子提一下水桶。如果没有表达，就继续提。
7. 如果孩子停下来有3次还不能表达，协助者要适时加以引导："你怎么了？说出来（指出来哪里不舒服）。"孩子表达清楚了就帮提一下。
8. 让孩子休息一下，再把桶交还给孩子，让孩子继续提水。到达指定地方浇花，则奖励1个代币。
9. 至少提10个来回。

活动二：提油壶装水浇花

1. 用水桶浇完花后，换成油壶装水浇花。根据孩子的能力，用1个或者2个油壶装水。

2. 让孩子提着油壶到水龙头处装水。
3. 接好水之后，让孩子提着水到指定的地方浇花。
4. 协助者也提一壶水跟随其后，途中做好提醒与引导。
5. 提水时，要注意观察孩子的情绪、行为和身体反应。当孩子停下来，准备弯腰放下油壶时，先制止。如果孩子主动向协助者表达痛的感受，协助者就帮孩子提一下油壶。如果没有表达，就继续提。
6. 如果孩子停下来有3次还不能表达，协助者要适时加以引导："你怎么了？说出来（指出来哪里不舒服）。"孩子表达清楚了就帮孩子提一下。
7. 让孩子休息一下，再把壶交还给孩子，让孩子继续提水。到达指定地方浇花，则奖励1个代币。
8. 至少提10个来回。

活动三：端胶盆浇花

1. 用油壶装水浇过花后，再换成胶盆装水浇花。
2. 让孩子拿着胶盆到水龙头处接水。
3. 接好水后，让孩子端起胶盆，走到指定的地方浇花。
4. 协助者跟随孩子一直到达浇花处，中途做好提醒与引导。
5. 提水时，要注意观察孩子的情绪、行为和身体反应。当孩子停下来，准备弯腰放下胶盆时，先制止。如果孩子主动向协助者表达痛的感受，协助者就帮孩子端一下胶盆。如果没有表达，就继续端。
6. 如果孩子停下来有3次还不能表达，协助者要适时加以引导："你怎么了？说出来（指出来哪里不舒服）"。孩子表达清楚了就帮孩子端一下。
7. 让孩子休息一下，再把盆交还给孩子，让孩子继续端水。到达指定地方浇花，则奖励1个代币。
8. 至少提10个来回。

六、教学建议

1. 用水桶以及有提手的油壶装水，孩子提时容易手痛，用胶盆装水同样如此。
2. 及时兑换孩子得到的代币，当天午餐或晚餐时兑换。
3. 3个活动的训练点落在选择表达上。孩子能体验痛带来的不适，通过求助他人消除痛的感觉，对比之后懂得通过向协助者求助来满足自己的需求。
4. 在生活中，要多提供这样的机会来训练孩子，让孩子懂得选择，能主动表达。

第69课 提水时，孩子手痛了能向协助者表达休息的需求

一、教学目标

提水时，孩子手痛了能向协助者表达休息的需求。

二、教学重点

1. 孩子表达时能与协助者有眼神交流。
2. 孩子能用正确的动作和语言表达休息的需求。

三、教学准备

1. 食物。
2. 代币。
3. 水桶、洗净的油壶（5升）、胶盆。

四、指导语

1. 拿水桶（盆、油桶）过来装水，浇花。
2. 好，把水提过去。
3. 慢慢提，小心水洒出来。
4. 不要放下桶，放下来要扣代币。
5. 倒在这里。
6. 做得好，奖励1个代币。
7. 好，再返回装水。
8. 怎么不做了？
9. 说出来或指出来。
10. 没听清楚，讲清楚点。
11. 讲得不清楚，继续做。
12. 手痛想休息？好，把桶交给我。

五、教学过程

活动一：提水桶浇花

1. 协助者找一个对外开放的花圃或者农场，带孩子进去浇花玩耍，最好夏天去，弄湿衣服也不怕。准备一套干的衣服，以及水桶、1～2个5升左右洗干净的油壶、胶盆。
2. 首先，让孩子拿水桶到水龙头处接水。
3. 接好水后，让孩子提起水桶到指定的地方给花浇水。
4. 协助者要求孩子中途不能放下水桶，浇花之后，能得1个代币。
5. 协助者也提一桶水跟随其后，途中提醒孩子不要放下水桶。
6. 提水时，要注意观察孩子的情绪、行为和身体反应。当孩子停下来，准备弯腰放下水桶时，先制止，观察孩子的反应。如果孩子主动正确地向协助者表达休息的需求，就帮孩子提一下水桶，休息半分钟，再继续做。如果不能正确表达，则不能停下来休息。
7. 如果孩子3次都无法正确表达自己的需求，协助者可以有一些提示："怎么停下来了？"引导孩子正确表达自己的需求。再帮提一下，让孩子休息半分钟。
8. 至少提10个来回。

活动二：提油壶装水浇花

1. 用水桶浇完花后，换成油壶装水浇花。根据孩子的能力，用1个或者2个油壶装水。
2. 让孩子提着油壶到水龙头处装水。
3. 接好水之后，让孩子提着水到指定的地方浇花。
4. 协助者也提一壶水跟随其后，途中做好提醒与引导。
5. 提水时，要注意观察孩子的情绪、行为和身体反应。当孩子停下来，准备弯腰放下油壶时，先制止，观察孩子的反应。如果孩子主动正确地向协助者表达休息的需求，就帮孩子提一下油壶，休息半分钟，再继续做。如果不能正确表达，则不能停下来休息。
6. 如果孩子3次都无法正确表达自己的需求，协助者可以有一些提示："怎么停下来了？"引导孩子正确表达自己的需求。再帮提一下，让孩子休息半分钟。
7. 至少提10个来回。

活动三：端胶盆浇花

1. 用油壶装水浇过花后，再换成胶盆装水浇花。

2. 让孩子拿着胶盆到水龙头处接水。
3. 接好水后,让孩子端起胶盆,走到指定的地方浇花。
4. 协助者跟随孩子一直到达浇花处,中途做好提醒与引导。
5. 端水时,要注意观察孩子的情绪、行为和身体反应。当孩子停下来,准备弯腰放下胶盆时,先制止,观察孩子的反应。如果孩子主动正确地向协助者表达休息的需求,就帮孩子端一下胶盆,休息半分钟,再继续做。如果不能正确表达,则不能停下来休息。
6. 如果孩子3次都无法正确表达自己的需求,协助者可以有一些提示:"怎么停下来了?"引导孩子正确表达自己的需求。再帮孩子端一下,让孩子休息半分钟。
7. 至少端10个来回。

六、教学建议

1. 用水桶以及有提手的油壶装水,孩子提时容易手痛,用胶盆装水同样如此。
2. 孩子的每一口食物都必须是按要求获得的代币兑换的。
3. 在活动中训练点落在与人互动上。孩子能主动正确地表达自己的需求与协助者,并有眼神交流。
4. 协助者在训练孩子时,要多观察,多调整目标,给孩子提的要求尽量贴近孩子当前的水平,让孩子既能体验到痛的不适,又不会因要求过高而无法完成。

第70课 提水时,孩子手痛了能正确称呼协助者

一、教学目标

提水时,孩子手痛了能正确称呼协助者。

二、教学重点

1. 孩子能分辨自己需要求助的人是谁。
2. 孩子能在提示下称呼协助者。
3. 孩子能正确称呼协助者。

三、教学准备

1. 食物。
2. 代币。
3. 水桶、洗净的油壶(5升)、胶盆。

四、指导语

1. 拿水桶（盆、油桶）过来装水，浇花。
2. 好，把水提过去。
3. 慢慢提，小心水洒出来。
4. 不要放下桶，放下来要扣代币。
5. 倒在这里。
6. 做得好，奖励 1 个代币。
7. 好，再返回装水。
8. 怎么了？
9. 是不是手痛啊？先叫我，我帮你提一下。
10. 嗯，好的，把桶给我，休息一下。

五、教学过程

活动一：提水桶浇花

1. 协助者找一个对外开放的花圃或者农场，带孩子进去浇花玩耍，最好夏天去，弄湿衣服也不怕。准备一套干的衣服，以及水桶、1～2 个 5 升左右洗干净的油壶、胶盆。
2. 首先，让孩子拿水桶到水龙头处接水。
3. 接好水后，让孩子提起水桶到指定的地方给花浇水。
4. 协助者要求孩子中途不能放下水桶，浇花之后，能得 1 个代币。
5. 协助者也提一桶水跟随其后，途中提醒孩子不要放下水桶。
6. 提水时，要注意观察孩子的情绪、行为和身体反应。当孩子停下来，准备弯腰放下水桶时，先制止，观察孩子的反应。如果孩子主动正确称呼协助者并表达痛的感受，就帮孩子提一下水桶，让孩子休息一下。如果不能表达，就不能休息，继续提水。
7. 如果孩子 3 次都无法正确称呼协助者并表达自己的需求，协助者可以有一些提示引导一下。
8. 至少提 10 个来回。

活动二：提油壶装水浇花

1. 用水桶浇完花后，换成油壶装水浇花。根据孩子的能力，用 1 个或者 2 个油壶装水。
2. 让孩子提着油壶到水龙头处装水。

3. 接好水之后，让孩子提着水到指定的地方浇花。

4. 协助者也提一壶水，跟随其后，途中做好提醒与引导。

5. 提水时，要注意观察孩子的情绪、行为和身体反应。当孩子停下来，准备弯腰放下油壶时，先制止，观察孩子的反应。如果孩子主动正确地称呼协助者并表达痛的感受，就帮孩子提一下油壶，让孩子休息一下。如果不能表达，就不能休息，继续提水。

6. 如果孩子3次都无法正确称呼协助者并表达自己的需求，协助者可以有一些提示引导一下。

7. 至少提10个来回。

活动三：端胶盆浇花

1. 用油壶装水浇过花后，再换成胶盆装水浇花。
2. 让孩子拿着胶盆到水龙头处接水。
3. 接好水后，让孩子端起胶盆，走到指定的地方浇花。
4. 协助者跟随孩子一直到达浇花处，中途做好提醒与引导。
5. 端水时，要注意观察孩子的情绪、行为和身体反应。当孩子停下来，准备弯腰放下胶盆时，先制止，观察孩子的反应。如果孩子主动正确地称呼协助者并表达痛的感受，就帮孩子端一下胶盆，让孩子休息一下。如果不能表达，就不能休息，继续端水。
6. 如果孩子3次都无法正确称呼协助者并表达自己的需求，协助者可以有一些提示引导一下。
7. 至少端10个来回。

六、教学建议

1. 用水桶以及有提手的油壶装水，孩子提时容易手痛，用胶盆装水同样。
2. 及时兑换孩子得到的代币，当天午餐或晚餐时兑换。
3. 留意孩子与人互动时的眼神交流，称呼、表达的同时眼睛要看着对方。
4. 训练的重点落在能正确称呼协助者上，刚开始时协助者可以多引导孩子正确地表达。等孩子在训练过程中逐渐学会怎样称呼协助者后，就要减少提示。

第71课　提水时，孩子能忍耐累的感受

一、教学目标

提水时，孩子能忍耐累的感受。

二、教学重点

孩子提水时能忍耐累的感受。

三、教学准备

1. 食物。
2. 代币。
3. 水桶。

四、指导语

1. 拿水桶过来装水，浇花。
2. 好，把水提过去。
3. 慢慢提，小心水洒出来。
4. 不要放下桶，放下来要扣代币。
5. 倒在这里。
6. 做得好，奖励 1 个代币。
7. 好，再返回装水。

五、教学过程

活动一：给花浇水

1. 协助者找一个农场，里面有花有树还有菜，可以带孩子进去浇花玩耍。最好夏天去，弄湿衣服也不怕，准备一套干的衣服。
2. 首先，让孩子拿水桶到水龙头处接水。
3. 接好水后，让孩子提起水桶到指定的地方给花浇水。
4. 协助者要求孩子中途不能放下水桶，浇花之后，能得 1 个代币。
5. 协助者也提一桶水跟随其后，途中提醒孩子不要放下水桶。
6. 提水时，要注意观察孩子的情绪、行为和身体反应。当孩子气喘吁吁，停下来，准备弯腰放下水桶时，先制止，再重申要求，不能放下来，放下来就没有代币奖励。
7. 如果孩子按照要求能控制好情绪，继续提水，直到浇完花，则奖励 1 个代币。若将水放下，则没有代币奖励。
8. 至少提 10 个来回。

活动二：给树浇水

1. 孩子给花浇完水后，再给树浇水。
2. 首先，让孩子拿水桶到水龙头处接水。
3. 接好水后，让孩子提起水桶到指定的地方给树浇水。
4. 协助者要求孩子中途不能放下水桶，浇完之后，能得 1 个代币。
5. 协助者也提一桶水跟随其后，途中提醒孩子不要放下水桶。
6. 提水时，要注意观察孩子的情绪、行为和身体反应。当孩子气喘吁吁，停下来，准备弯腰放下水桶时，先制止，再重申要求，不能放下来，放下来就没有代币奖励。
7. 如果孩子按照要求能控制好情绪，继续提水，直到浇完树，则奖励 1 个代币。若将水放下，则没有代币奖励。
8. 至少提 10 个来回。

活动三：给菜浇水

1. 孩子浇完树后，再给菜浇水。
2. 首先，让孩子拿水桶到水龙头处接水。
3. 接好水后，让孩子提起水桶到指定的地方给菜浇水。
4. 协助者要求孩子中途不能放下水桶，浇完之后，能得 1 个代币。
5. 协助者也提一桶水跟随其后，途中提醒孩子不要放下水桶。
6. 提水时，要注意观察孩子的情绪、行为和身体反应。当孩子气喘吁吁，停下来，准备弯腰放下水桶时，先制止，再重申要求，不能放下来，放下来就没有代币奖励。
7. 如果孩子按照要求能控制好情绪，继续提水，直到浇完菜，则奖励 1 个代币。若将水放下，则没有代币奖励。
8. 至少提 10 个来回。

六、教学建议

1. 及时兑换孩子得到的代币，当天午餐或晚餐时兑换。
2. 3 个活动的训练点落在忍耐上。孩子能忍耐累带来的不适，控制自己的情绪，服从要求，完成训练目标。
3. 协助者要多观察，多调整目标，给孩子提的要求尽量贴近孩子当前的水平。如果孩子能提动半桶水就装半桶水，能提满桶水就装满桶水，提时可以多调整，让孩子既能体验到累的不适，又不会因要求过高而无法完成。

第72课　提水时，孩子能表达累的感受

一、教学目标

提水时，孩子能表达累的感受。

二、教学重点

提水时，孩子感到累了，能向协助者表达自己累的感受，从而获得休息的机会。

三、教学准备

1. 食物。
2. 代币。
3. 水桶。

四、指导语

1. 拿水桶过来装水，浇花。
2. 好，把水提过去。
3. 慢慢提，小心水洒出来。
4. 不要放下桶，放下来要扣代币。
5. 倒在这里。
6. 做得好，奖励1个代币。
7. 好，再返回装水。
8. 怎么了？说出来。
9. 好累，那就站起来休息一下。

五、教学过程

活动一：给花浇水

1. 协助者找一个农场，里面有花有树还有菜，可以带孩子进去浇花玩耍。最好夏天去，弄湿衣服也不怕，准备一套干的衣服。
2. 首先，让孩子拿水桶到水龙头处接水。
3. 接好水后，让孩子提起水桶到指定的地方给花浇水。
4. 协助者要求孩子中途不能放下水桶，浇花之后，能得1个代币。

5. 协助者也提一桶水跟随其后，途中提醒孩子不要放下水桶。

6. 提水时，要注意观察孩子的情绪、行为和身体反应。当孩子气喘吁吁，停下来，准备弯腰放下水桶时，先制止。如果孩子主动向协助者表达累的感受，协助者就帮孩子提一下水桶，让孩子休息 2 分钟。如果没有表达，就继续提。

7. 如果孩子停下来有 3 次还不能表达，协助者要适时加以引导："你怎么了？说出来（指出来哪里不舒服）。"孩子表达清楚了就帮他提一下。

8. 让孩子休息一下，再把桶交还给孩子，让孩子继续提水。到达指定地方浇花，则奖励 1 个代币。

9. 至少提 10 个来回。

10. 多次练习，让孩子能主动表达。

活动二：给树浇水

1. 孩子给花浇完水后，再给树浇水。
2. 首先，让孩子拿水桶到水龙头处接水。
3. 接好水后，让孩子提起水桶到指定的地方给树浇水。
4. 协助者要求孩子中途不能放下水桶，浇树之后，能得 1 个代币。
5. 协助者也提一桶水跟随其后，途中提醒孩子不要放下水桶。
6. 提水时，要注意观察孩子的情绪、行为和身体反应。当孩子气喘吁吁，停下来，准备弯腰放下水桶时，先制止。如果孩子主动向协助者表达累的感受，协助者就帮提一下水桶，让孩子休息 2 分钟。如果没有表达，就继续提。
7. 如果孩子停下来有 3 次还不能表达，协助者要适时加以引导："你怎么了？说出来（指出来哪里不舒服）"。孩子表达清楚了就帮提一下。
8. 让孩子休息一下，再把桶交还给孩子，让孩子继续提水。到达指定地方浇树，则奖励 1 个代币。
9. 至少提 10 个来回。
10. 多次练习，让孩子能主动表达。

活动三：给菜浇水

1. 孩子给树浇完水后，再给菜浇水。
2. 首先，让孩子拿水桶到水龙头处接水。
3. 接好水后，让孩子提起水桶到指定的地方给菜浇水。
4. 协助者要求孩子中途不能放下水桶，浇菜之后，能得 1 个代币。
5. 协助者也提一桶水跟随其后，途中提醒孩子不要放下水桶。
6. 提水时，要注意观察孩子的情绪、行为和身体反应。当孩子气喘吁吁，停下来，准备弯腰放下水桶时，先制止。如果孩子主动向协助者表达累的感受，协助者就帮提一下水桶，让孩子休息 2 分钟。如果没有表达，就继续提。

7. 如果孩子停下来有 3 次还不能表达，协助者要适时加以引导："你怎么了？说出来（指出来哪里不舒服）。"孩子表达清楚了就帮提一下。

8. 让孩子休息一下，再把桶交还给孩子，让孩子继续提水。到达指定的地方浇菜，则奖励 1 个代币。

9. 至少提 10 个来回。

10. 多次练习，让孩子能主动表达。

六、教学建议

1. 根据实际情况调整孩子的任务量，保证让孩子多体验到累的感受。

2. 及时兑换孩子得到的代币，当天午餐或晚餐时兑换。

3. 3 个活动的训练点落在选择表达上。孩子能体验累带来的不适，通过求助他人消除累的感觉，对比之后懂得通过向协助者求助来满足自己的需求。

4. 在生活中，要多提供这样的机会来训练孩子，让孩子懂得选择，能主动表达。

第 73 课　提水时，孩子累了能向协助者表达休息的需求

一、教学目标

提水时，孩子累了能向协助者表达休息的需求。

二、教学重点

1. 孩子表达时能与协助者有眼神交流。
2. 孩子能用正确的动作和语言表达休息的需求。

三、教学准备

1. 食物。
2. 代币。
3. 水桶。

四、指导语

1. 拿水桶过来装水，浇花。
2. 好，把水提过去。
3. 慢慢提，小心水洒出来。
4. 不要放下桶，放下来要扣代币。

5. 倒在这里。
6. 做得好,奖励 1 个代币。
7. 好,再返回装水。
8. 怎么不做了?
9. 说出来或指出来。
10. 没听清楚,讲清楚点。
11. 讲得不清楚,继续做。
12. 好累想休息?好,那就停下来休息一下吧。

五、教学过程

活动一:给花浇水

1. 协助者找一个农场,里面有花有树还有菜,可以带孩子进去浇花玩耍。最好夏天去,弄湿衣服也不怕,准备一套干的衣服。
2. 首先,让孩子拿水桶到水龙头处接水。
3. 接好水后,让孩子提起水桶到指定的地方给花浇水。
4. 协助者要求孩子中途不能放下水桶,浇花之后,能得 1 个代币。
5. 协助者也提一桶水跟随其后,途中提醒孩子不要放下水桶。
6. 提水时,要注意观察孩子的情绪、行为和身体反应。当孩子气喘吁吁,停下来,准备弯腰放下水桶时,先制止。如果孩子主动向协助者表达休息的需求,协助者就帮孩子提一下水桶,让孩子休息 2 分钟。如果没有表达,就继续提。
7. 如果孩子停下来有 3 次还不能表达,协助者要适时引导孩子清楚地表达休息的需求,能表达清楚就帮提一下。
8. 让孩子休息一下,再把桶交还给孩子,让孩子继续提水。到达指定的地方浇花,则奖励 1 个代币。
9. 至少提 10 个来回。
10. 多次练习,让孩子能主动表达。

活动二:给树浇水

1. 孩子给花浇完水后,再给树浇水。
2. 首先,让孩子拿水桶到水龙头处接水。
3. 接好水后,让孩子提起水桶到指定的地方给树浇水。
4. 协助者要求孩子中途不能放下水桶,浇树之后,能得 1 个代币。
5. 协助者也提一桶水跟随其后,途中提醒孩子不要放下水桶。
6. 提水时,要注意观察孩子的情绪、行为和身体反应。当孩子气喘吁吁,停下来,准备弯腰放下水桶时,先制止。如果孩子主动向协助者表达休息的需求,协助者就帮孩子提一下水桶，让孩子休息 2 分钟。如果没有表达，就继续提。

7. 如果孩子停下来有 3 次还不能表达，协助者要适时引导孩子清楚地表达休息的需求，能表达清楚就帮提一下。

8. 让孩子休息一下，再把桶交还给孩子，让孩子继续提水。到达指定的地方浇树，则奖励 1 个代币。

9. 至少提 10 个来回。

10. 多次练习，让孩子能主动表达。

活动三：给菜浇水

1. 孩子给树浇完水后，再给菜来浇水。
2. 首先，让孩子拿水桶到水龙头处接水。
3. 接好水后，让孩子提起水桶到指定的地方给菜浇水。
4. 协助者要求孩子中途不能放下水桶，浇菜之后，能得 1 个代币。
5. 协助者也提一桶水跟随其后，途中提醒孩子不要放下水桶。
6. 提水时，要注意观察孩子的情绪、行为和身体反应。当孩子气喘吁吁，停下来，准备弯腰放下水桶时，先制止。如果孩子主动向协助者表达休息的需求，协助者就帮提一下水桶，让孩子休息 2 分钟。如果没有表达，就继续提。
7. 如果孩子停下来有 3 次还不能表达，协助者要适时引导孩子清楚地表达休息的需求，能表达清楚就帮孩子提一下。
8. 让孩子休息一下，再把桶交还给孩子，让孩子继续提水。到达指定的地方浇菜，则奖励 1 个代币。
9. 至少提 10 个来回。
10. 多次练习，让孩子能主动表达。

六、教学建议

1. 本活动中孩子得到的代币在当天午餐或晚餐时兑换。
2. 孩子的每一口食物都必须是按要求获得的代币兑换的。
3. 在活动中训练点落在与人互动上。孩子能主动正确地表达自己的需求，并与协助者有眼神交流。
4. 协助者在训练孩子时，要多观察，多调整目标，给孩子提的要求尽量贴近孩子当前的水平，让孩子既能体验到累的不适，又不会因要求过高而无法完成。

第 74 课　提水时，孩子累了能正确称呼协助者

一、教学目标

提水时，孩子累了能正确称呼协助者。

二、教学重点

1. 孩子能分辨自己需要求助的人是谁。
2. 孩子能在提示下称呼协助者。
3. 孩子能正确称呼协助者。

三、教学准备

1. 食物。
2. 代币。
3. 水桶。

四、指导语

1. 拿水桶过来装水，浇花。
2. 好，把水提过去。
3. 慢慢提，小心水洒出来。
4. 不要放下桶，放下来要扣代币。
5. 倒在这里。
6. 做得好，奖励 1 个代币。
7. 好，再返回装水。
8. 怎么了？
9. 是不是很累啊？先叫我，不叫就不可以休息。
10. 嗯，好的，站起来休息一下。

五、教学过程

活动一：给花浇水

1. 协助者找一个农场，里面有花有树还有菜，可以带小孩进去浇花玩耍。最好夏天去，弄湿衣服也不怕，准备一套干的衣服。

2. 首先，让孩子拿水桶到水龙头处接水。
3. 接好水后，让孩子提起水桶到指定的地方给花浇水。
4. 协助者要求孩子中途不能放下水桶，浇花之后，能得 1 个代币。
5. 协助者也提一桶水跟随其后，途中提醒孩子不要放下水桶。
6. 提水时，要注意观察孩子的情绪、行为和身体反应。当孩子气喘吁吁，停下来，准备弯腰放下水桶时，先制止，观察孩子的反应。如果孩子主动正确称呼协助者并表达累的感受，协助者就帮孩子提一下水桶，让孩子休息 2 分钟。如果没有表达，就继续提。
7. 如果孩子 3 次都无法正确称呼协助者并表达自己的需求，协助者可以有一些提示引导一下。
8. 至少提 10 个来回。
9. 多次练习，让孩子能正确称呼协助者。

活动二：给树浇水

1. 孩子给花浇完水后，再给树浇水。
2. 首先，让孩子拿水桶到水龙头处接水。
3. 接好水后，让孩子提起水桶到指定的地方给树浇水。
4. 协助者要求孩子中途不能放下水桶，浇树之后，能得 1 个代币。
5. 协助者也提一桶水跟随其后，途中提醒孩子不要放下水桶。
6. 提水时，要注意观察孩子的情绪、行为和身体反应。当孩子气喘吁吁，停下来，准备弯腰放下水桶时，先制止，观察孩子的反应。如果孩子主动正确称呼协助者并表达累的感受，协助者就帮提一下水桶，让孩子休息 2 分钟。如果没有表达，就继续提。
7. 如果孩子 3 次都无法正确称呼协助者并表达自己的需求，协助者可以有一些提示引导一下。
8. 至少提 10 个来回。
9. 多次练习，让孩子能正确称呼协助者。

活动三：给菜浇水

1. 孩子给树浇完水后，再给菜浇水。
2. 首先，让孩子拿水桶到水龙头处接水。
3. 接好水后，让孩子提起水桶到指定的地方给菜浇水。
4. 协助者要求孩子中途不能放下水桶，浇完菜之后，能得 1 个代币。
5. 协助者也提一桶水跟随其后，途中提醒孩子不要放下水桶。
6. 提水时，要注意观察孩子的情绪、行为和身体反应。当孩子气喘吁吁，停下来，准备弯腰放下水桶时，先制止，观察孩子的反应。如果孩子主动正确称呼协助者并表达累的感受，协助者就帮孩子提一下水桶，让孩子休息 2 分钟。如果没有表达，就继续提。

7. 如果孩子 3 次都无法正确称呼协助者并表达自己的需求，协助者可以有一些提示引导一下。

8. 至少提 10 个来回。

9. 多次练习，让孩子能正确称呼协助者。

六、教学建议

1. 根据实际情况调整孩子的任务量，保证让孩子多体验到累的感受。
2. 及时兑换孩子得到的代币，当天午餐或晚餐时兑换。
3. 留意孩子与人互动时的眼神交流，称呼、表达的同时眼睛要看着对方。
4. 训练的重点落在能正确称呼协助者上，刚开始时协助者可以多引导孩子正确地表达。等孩子在训练过程中逐渐学会怎样称呼协助者后，就要减少提示。

第75课 提水时，孩子能忍耐热的感受

一、教学目标

提水时，孩子能忍耐热的感受。

二、教学重点

孩子在提水时能忍耐热的感受。

三、教学准备

1. 饮用水。
2. 代币。
3. 水桶。

四、指导语

1. 拿水桶过来装水，浇花。
2. 好，把水提过去。
3. 慢慢提，小心水洒出来。
4. 不要放下桶，放下来要扣代币。
5. 倒在这里。

6. 做得好，奖励 1 个代币。
7. 好，再返回装水。

五、教学过程

活动一：给花浇水

1. 协助者找一个农场，里面有花有树还有菜，可以带小孩进去浇花玩耍。最好夏天去，弄湿衣服也不怕，准备一套干的衣服。
2. 首先，让孩子拿水桶到水龙头处接水。
3. 接好水后，让孩子提起水桶到指定的地方给花浇水。
4. 协助者要求孩子中途不能放下水桶，浇花之后，能得 1 个代币。
5. 协助者也提一桶水跟随其后，途中提醒孩子不要放下水桶。
6. 提水时，要注意观察孩子的情绪、行为和身体反应。当孩子满头大汗，停下来，准备弯腰放下水桶时，先制止，再重申要求，不能放下来，放下来就没有代币奖励。
7. 如果孩子按照要求能控制好情绪，继续提水，直到浇完花，则奖励 1 个代币。若将水放下，则没有代币奖励。
8. 至少提 10 个来回。

活动二：给树浇水

1. 孩子给花浇完水后，再给树浇水。
2. 首先，让孩子拿水桶到水龙头处接水。
3. 接好水后，让孩子提起水桶到指定的地方给树浇水。
4. 协助者要求孩子中途不能放下水桶，浇完之后，能得 1 个代币。
5. 协助者也提一桶水跟随其后，途中提醒孩子不要放下水桶。
6. 提水时，要注意观察孩子的情绪、行为和身体反应。当孩子满头大汗，停下来，准备弯腰放下水桶时，先制止，再重申要求，不能放下来，放下来就没有代币奖励。
7. 如果孩子按照要求能控制好情绪，继续提水，直到浇完，则奖励 1 个代币。若将水放下，则没有代币奖励。
8. 至少提 10 个来回。

活动三：给菜浇水

1. 孩子浇完树后，再给菜浇水。
2. 首先，让孩子拿水桶到水龙头处接水。

3. 接好水后,让孩子提起水桶到指定的地方给菜浇水。
4. 协助者要求孩子中途不能放下水桶,浇完之后,能得 1 个代币。
5. 协助者也提一桶水跟随其后,途中提醒孩子不要放下水桶。
6. 提水时,要注意观察孩子的情绪、行为和身体反应。当孩子满头大汗,停下来,准备弯腰放下水桶时,先制止,再重申要求,不能放下来,放下来就没有代币奖励。
7. 如果孩子按照要求能控制好情绪,继续提水,直到浇完菜,则奖励 1 个代币。若将水放下,则没有代币奖励。
8. 至少提 10 个来回。

六、教学建议

1. 及时兑换孩子得到的代币,当天午餐或晚餐时兑换。
2. 3 个活动的训练点落在忍耐上。孩子能忍耐热带来的不适,控制自己的情绪,服从要求,完成训练目标。
3. 协助者要多观察,多调整目标,给孩子提的要求尽量贴近孩子当前的水平。如果孩子能提动半桶水就装半桶水,能提满桶水就装满桶水,提时可以多调整,让孩子既能体验到热的不适,又不会因要求过高而无法完成。

第76课 提水时,孩子能表达热的感受

一、教学目标

提水时,孩子能表达热的感受。

二、教学重点

孩子提水时感受到热的不适,能向协助者表达热,从而让自己的身体获得舒服的感受。

三、教学准备

1. 饮用水。
2. 代币。
3. 水桶。

四、指导语

1. 拿水桶过来装水，浇花。
2. 好，把水提过去。
3. 慢慢提，小心水洒出来。
4. 不要放下桶，放下来要扣代币。
5. 倒在这里。
6. 做得好，奖励 1 个代币。
7. 好，再返回装水。
8. 怎么了？说出来。
9. 好热，那就到阴凉的地方喝口水休息一下。

五、教学过程

活动一：给花浇水

1. 协助者找一个农场，里面有花有树还有菜，可以带孩子进去浇花玩耍。最好夏天去，弄湿衣服也不怕，准备一套干的衣服。
2. 首先，让孩子拿水桶到水龙头处接水。
3. 接好水后，让孩子提起水桶到指定的地方给花浇水。
4. 协助者要求孩子中途不能放下水桶，浇花之后，能得 1 个代币。
5. 协助者也跟随孩子一起，途中提醒孩子不要放下水桶。
6. 提水时，要注意观察孩子的情绪、行为和身体反应。当孩子满头大汗，停下来，准备弯腰放下水桶时，先制止。如果孩子主动向协助者表达热的感受，就可以到阴凉的地方喝口水休息一下。如果没有表达，就继续提。
7. 如果孩子停下来有 3 次还不能表达，协助者要适时加以引导："你怎么了？说出来（指出来哪里不舒服）。"孩子表达清楚了就可以到阴凉的地方喝口水休息一下。
8. 孩子休息一下后，继续提水到指定的地方浇花，则奖励 1 个代币。
9. 至少提 10 个来回。
10. 多次练习，让孩子能主动表达。

活动二：给树浇水

1. 孩子给花浇完水后，再给树浇水。
2. 首先，让孩子拿水桶到水龙头处接水。
3. 接好水后，让孩子提起水桶到指定的地方给树浇水。
4. 协助者要求孩子中途不能放下水桶，浇树之后，能得 1 个代币。

5. 协助者也跟随孩子一起，途中提醒孩子不要放下水桶。

6. 提水时，要注意观察孩子的情绪、行为和身体反应。当孩子满头大汗，停下来，准备弯腰放下水桶时，先制止。如果孩子主动向协助者表达热的感受，就可以到阴凉的地方喝口水休息一下。如果没有表达，就继续提。

7. 如果孩子停下来有3次还不能表达，协助者要适时加以引导："你怎么了？说出来（指出来哪里不舒服）。"孩子表达清楚了就可以到阴凉的地方喝口水休息一下。

8. 孩子休息一下后，继续提水到指定的地方浇树，则奖励1个代币。

9. 至少提10个来回。

10. 多次练习，让孩子能主动表达。

活动三：给菜浇水

1. 孩子给树浇完水后，再给菜浇水。

2. 首先，让孩子拿水桶到水龙头处接水。

3. 接好水后，让孩子提起水桶到指定的地方给菜浇水。

4. 协助者要求孩子中途不能放下水桶，浇菜之后，能得1个代币。

5. 协助者也跟随孩子一起，途中提醒孩子不要放下水桶。

6. 提水时，要注意观察孩子的情绪、行为和身体反应。当孩子满头大汗，停下来，准备弯腰放下水桶时，先制止。如果孩子主动向协助者表达热的感受，就可以到阴凉的地方喝口水休息一下。如果没有表达，就继续提。

7. 如果孩子停下来有3次还不能表达，协助者要适时加以引导："你怎么了？说出来（指出来哪里不舒服）。"孩子表达清楚了就可以到阴凉的地方喝口水休息一下。

8. 孩子休息一下后，继续提水到指定的地方浇树，则奖励1个代币。

9. 至少提10个来回。

10. 多次练习，让孩子能主动表达。

六、教学建议

1. 根据实际情况调整孩子的任务量，保证让孩子多体验到热的感受。

2. 及时兑换孩子得到的代币，当天午餐或晚餐时兑换。

3. 3个活动的训练点落在选择表达上。孩子能体验热带来的不适，通过求助他人消除热的感觉，对比之后懂得通过向协助者求助来满足自己的需求。

4. 在生活中，要多提供这样的机会来训练孩子，让孩子懂得选择，主动表达。

第 77 课　提水时，孩子热了能向协助者表达喝水的需求

一、教学目标

提水时，孩子热了能向协助者表达喝水的需求。

二、教学重点

1. 孩子表达时能与协助者有眼神交流。
2. 孩子能用正确的动作和语言表达喝水的需求。

三、教学准备

1. 饮用水。
2. 代币。
3. 水桶。

四、指导语

1. 拿水桶过来装水，浇花。
2. 好，把水提过去。
3. 慢慢提，小心水洒出来。
4. 不要放下桶，放下来要扣代币。
5. 倒在这里。
6. 做得好，奖励 1 个代币。
7. 好，再返回装水。
8. 怎么不做了？
9. 说出来或指出来。
10. 没听清楚，讲清楚点。
11. 讲得不清楚，继续做。
12. 好热想喝水？好，那就停下来喝水吧。

五、教学过程

活动一：给花浇水

1. 协助者找一个农场，里面有花有树还有菜，可以带孩子进去浇花玩耍。最好

夏天去，弄湿衣服也不怕，准备一套干的衣服。

2. 首先，让孩子拿水桶到水龙头处接水。
3. 接好水后，让孩子提起水桶到指定的地方给花浇水。
4. 协助者要求孩子中途不能放下水桶，浇花之后，能得 1 个代币。
5. 协助者也跟随孩子一起，途中提醒孩子不要放下水桶。
6. 提水时，要注意观察孩子的情绪、行为和身体反应。当孩子满头大汗，停下来，准备弯腰放下水桶时，先制止。如果孩子主动向协助者表达喝水的需求，就可以到阴凉的地方喝口水休息一下。如果没有表达，就继续提。
7. 如果孩子停下来有 3 次还不能表达，协助者要适时引导孩子清楚地表达喝水的需求，表达清楚了就可以到阴凉的地方喝口水休息一下。
8. 孩子喝水休息一下后，继续提水到指定的地方浇花，则奖励 1 个代币。
9. 至少提 10 个来回。
10. 多次练习，让孩子能主动表达。

活动二：给树浇水

1. 孩子给花浇完水后，再给树浇水。
2. 首先，让孩子拿水桶到水龙头处接水。
3. 接好水后，让孩子提起水桶到指定的地方给树浇水。
4. 协助者要求孩子中途不能放下水桶，浇树之后，能得 1 个代币。
5. 协助者也跟随孩子一起，途中提醒孩子不要放下水桶。
6. 提水时，要注意观察孩子的情绪、行为和身体反应。当孩子满头大汗，停下来，准备弯腰放下水桶时，先制止。如果孩子主动向协助者表达喝水的需求，就可以到阴凉的地方喝口水休息一下。如果没有表达，就继续提。
7. 如果孩子停下来有 3 次还不能表达，协助者要适时引导孩子清楚地表达喝水的需求，表达清楚了就可以到阴凉的地方喝口水休息一下。
8. 孩子喝水休息一下后，继续提水到指定的地方浇树，则奖励 1 个代币。
9. 至少提 10 个来回。
10. 多次练习，让孩子能主动表达。

活动三：给菜浇水

1. 孩子给树浇完水后，再给菜浇水。
2. 首先，让孩子拿水桶到水龙头处接水。
3. 接好水后，让孩子提起水桶到指定的地方给菜浇水。
4. 协助者要求孩子中途不能放下水桶，浇菜之后，能得 1 个代币。
5. 协助者也跟随孩子一起，途中提醒孩子不要放下水桶。
6. 提水时，要注意观察孩子的情绪、行为和身体反应。当孩子满头大汗，停下来，准备弯腰放下水桶时，先制止。如果孩子主动向协助者表达喝水的需求，就可以到阴凉的地方喝口水休息一下。

7. 如果孩子停下来连续有3次还不能表达，协助者要适时引导孩子清楚地表达喝水的需求，表达清楚了就可以到阴凉的地方喝口水休息一下。

8. 孩子喝水休息一下后，继续提水到指定的地方浇菜，则奖励1个代币。

9. 至少提10个来回。

10. 多次练习，让孩子能主动表达。

六、教学建议

1. 本活动中孩子得到的代币当天午餐或晚餐时兑换。
2. 孩子的每一口食物都必须是按要求获得的代币兑换的。
3. 在活动中训练点落在与人互动上。孩子能主动正确地表达自己的需求，并与协助者有眼神交流。
4. 协助者在训练孩子时，给孩子提的要求尽量贴近孩子当前的水平，让孩子既能体验到热的不适，又不会因要求过高而无法完成。

第78课　提水时，孩子热了能正确称呼协助者

一、教学目标

提水时，孩子热了能正确称呼协助者。

二、教学重点

1. 孩子能分辨自己需要求助的人是谁。
2. 孩子能在提示下称呼协助者。
3. 孩子能正确称呼协助者。

三、教学准备

1. 饮用水。
2. 代币。
3. 水桶。

四、指导语

1. 拿水桶过来装水，浇花。

2. 好,把水提过去。
3. 慢慢提,小心水洒出来。
4. 不要放下桶,放下来要扣代币。
5. 倒在这里。
6. 做得好,奖励 1 个代币。
7. 好,再返回装水。
8. 怎么了?
9. 是不是很热啊?先叫我,叫我就可以喝水休息。
10. 嗯,好的,去那边喝水休息一下。

五、教学过程

活动一:给花浇水

1. 协助者找一个农场,里面有花有树还有菜,可以带小孩进去浇花玩耍。最好夏天去,弄湿衣服也不怕,准备一套干的衣服。
2. 首先,让孩子拿水桶到水龙头处接水。
3. 接好水后,让孩子提起水桶到指定的地方给花浇水。
4. 协助者要求孩子中途不能放下水桶,浇花之后,能得 1 个代币。
5. 协助者也跟随孩子一起,途中提醒孩子不要放下水桶。
6. 提水时,要注意观察孩子的情绪、行为和身体反应。当孩子满头大汗,停下来,准备弯腰放下水桶时,先制止,观察孩子的反应。如果孩子主动正确地称呼协助者并表达热的感受,就可以到阴凉的地方喝口水休息一下。如果没有表达,就继续提。
7. 如果孩子 3 次都无法正确称呼协助者并表达自己的需求,协助者可以有一些提示引导一下。
8. 至少提 10 个来回。
9. 多次练习,让孩子能正确称呼协助者。

活动二:给树浇水

1. 孩子给花浇完水后,再给树浇水。
2. 首先,让孩子拿水桶到水龙头处接水。
3. 接好水后,让孩子提起水桶到指定的地方给树浇水。
4. 协助者要求孩子中途不能放下水桶,浇树之后,能得 1 个代币。
5. 协助者也跟随孩子一起,途中提醒孩子不要放下水桶。
6. 提水时,要注意观察孩子的情绪、行为和身体反应。当孩子满头大汗,停下来,准备弯腰放下水桶时,先制止,观察孩子的反应。如果孩子主动正确地称呼协助者并表达热的感受，就可以到阴凉的地方喝口水休息一下。如果没有表达，就继续提。

7. 如果孩子 3 次都无法正确称呼协助者并表达自己的需求，协助者可以有一些提示引导一下。

8. 至少提 10 个来回。

9. 多次练习，让孩子能正确称呼协助者。

活动三：给菜浇水

1. 孩子给树浇完水后，再给菜浇水。
2. 首先，让孩子拿水桶到水龙头处接水。
3. 接好水后，让孩子提起水桶到指定的地方给菜浇水。
4. 协助者要求孩子中途不能放下水桶，浇菜之后，能得 1 个代币。
5. 协助者也跟随孩子一起，途中提醒孩子不要放下水桶。
6. 提水时，要注意观察孩子的情绪、行为和身体反应。当孩子满头大汗，停下来，准备弯腰放下水桶时，先制止，观察孩子的反应。如果孩子主动正确地称呼协助者并表达热的感受，就可以到阴凉的地方喝口水休息一下。如果没有表达，就继续提。
7. 如果孩子 3 次都无法正确称呼协助者并表达自己的需求，协助者可以有一些提示引导一下。
8. 至少提 10 个来回。
9. 多次练习，让孩子能正确称呼协助者。

六、教学建议

1. 根据实际情况调整孩子的任务量，保证让孩子多体验到热的感受。
2. 及时兑换孩子得到的代币，当天午餐或晚餐时兑换。
3. 留意孩子与人互动时的眼神交流，称呼、表达的同时眼睛要看着对方。
4. 训练的重点落在能正确称呼协助者，刚开始时协助者可以多引导孩子正确地表达。等孩子在训练过程中逐渐学会怎样称呼协助者后，就要减少提示。

第 79 课　提重物时，孩子能忍耐痛的感受

一、教学目标

提重物时，孩子能忍耐痛的感受。

二、教学重点

孩子在提重物时能忍耐痛的感受。

三、教学准备

1. 食物。
2. 代币。
3. 重物（菜、水果、米、油）。

四、指导语

1. 帮我把菜拎着。
2. 帮我把水果拎回家。
3. 帮我把米提回家。
4. 不要放下来，地上很脏。
5. 走到前面的路口可以帮你拎一会。
6. 做得好，奖励1个代币。
7. 不要放下来，放下来要扣代币。

五、教学过程

活动一：从菜市场把菜拎回家

1. 协助者带着孩子去菜市场买菜。
2. 协助者把买到的菜交给孩子拎着，要求孩子不能放下来。
3. 买完菜后，如果孩子能按照要求做到，就可以奖励1个代币。
4. 如果买菜的地方离家不是很远，则把菜交给孩子拎，一起走路回家。
5. 在回家的路上，要注意观察孩子的情绪、行为和身体反应。当孩子不愿意拎东西，想把菜放下来时，先要求孩子别放下。如果孩子继续走一段距离，就能得1个代币，并可以让协助者帮拎一会。
6. 如孩子按照要求能控制好情绪，继续拎着菜到要求的地点，则奖励1个代币；反之，扣1个代币。
7. 协助者帮孩子拎1分钟后，叫孩子拎回家。每当孩子想放下时，就及时引导。如果孩子能忍痛继续拎菜走到指定的地点就奖励代币，不能忍耐并放下来了就扣代币。

活动二：拎水果回家

1. 协助者带着孩子去市场买水果。
2. 协助者把买到的水果交给孩子拎着，要求孩子不能放下来。
3. 买完水果后，如果孩子能按照要求做到，就可以奖励 1 个代币。
4. 如果买水果的地方离家不是很远，则把水果交给孩子拎，一起走路回家。
5. 在回家的路上，要注意观察孩子的情绪、行为和身体反应。当孩子不愿意拎东西，想把水果放下来时，先要求孩子别放下。如果孩子继续走一段距离，就能得到 1 个代币，并可以让协助者帮拎一会。
6. 如孩子按照要求能控制好情绪，继续拎着水果到要求的地点，则奖励 1 个代币；反之，扣 1 个代币。
7. 协助者帮拎 1 分钟后，叫孩子继续把水果拎回家。每当孩子想放下时，就及时引导。如果孩子能忍痛继续拎着水果走到指定的地点就奖励代币，不能忍耐且放下来了就扣代币。

活动三：从超市拎油回家

1. 协助者带着孩子去超市买一些米和油。
2. 协助者把买到的一桶油（大概 5 升）交给孩子拎着，要求孩子不能放下来。
3. 在超市买完东西后，如果孩子能按照要求做到，就可以奖励 1 个代币。
4. 如果超市离家不是很远，则把油桶交给孩子拎，一起走路回家。
5. 在回家的路上，要注意观察孩子的情绪、行为和身体反应。当孩子不愿意拎东西，想把油放下来时，先要求孩子别放下，如果孩子继续走一段距离，就能得到 1 个代币，并可以让协助者帮拎一会。
6. 如孩子按照要求能控制好情绪，继续提着油到要求的地点，则奖励 1 个代币；反之，扣 1 个代币。
7. 协助者帮拎 1 分钟后，叫孩子继续把油拎回家。每当孩子想放下时，就及时引导。如果孩子能忍痛继续拎着油走到指定的地点就奖励代币，不能忍耐且放下来了就扣代币。

六、教学建议

1. 菜市场、水果店、超市选择离家 2~3 千米的距离，菜、水果用塑料袋装，油用油桶装，以 5 升为宜，这样孩子的手比较容易体验到痛的感受。如果距离较近，可以适当增加重量。总之，一个原则就是保证孩子体验到痛的感受。
2. 及时兑换孩子得到的代币，当天午餐或晚餐时兑换。
3. 3 个活动的训练点落在忍耐上。孩子能忍耐痛带来的不适，控制自己的情绪，服从要求，完成训练目标。

4. 协助者要多观察，多调整目标，给孩子提的要求尽量贴近孩子当前的水平，让孩子既能体验到痛的不适，又不会因要求过高而无法完成。

第 80 课　提重物时，孩子能表达痛的感受

一、教学目标

提重物时，孩子能表达痛的感受。

二、教学重点

孩子在提重物时手痛了，能向协助者表达痛的感受，从而获得帮忙或者休息来缓解疼痛。

三、教学准备

1. 食物。
2. 代币。
3. 重物（菜、水果、米、油）。

四、指导语

1. 帮我拎菜。
2. 不要放下来，放下来会把菜弄脏。
3. 帮我把水果拎回家。
4. 帮我把米提回家。
5. 不要放在地上。
6. 怎么了？说出来。
7. 不要停下来，停下来要扣代币。

五、教学过程

活动一：从菜市场把菜拎回家

1. 协助者带着孩子去菜市场买菜。
2. 协助者把买到的菜交给孩子拎着，要求孩子不能放下来。
3. 买完菜后，如果孩子能按照要求做到，就可以奖励 1 个代币。

4. 如果买菜的地方离家不是很远，则把菜交给孩子拎，同孩子一起走路回家。

5. 在回家的路上，要注意观察孩子的情绪、行为和身体反应。当孩子脸上有痛苦的表情，或者不愿意拎菜，想把菜放下来时，先要求孩子别放下。如果孩子主动向协助者表达痛的感受，协助者就帮拎 2 分钟。如果没有表达，就继续走下去。如果孩子停下来有 3 次还不能表达，协助者要适时加以引导："你怎么了？说出来（指出来哪里不舒服）。"

6. 若孩子能清楚地表达痛的感受，协助者就帮拎 2 分钟，再把菜交还给孩子。每当孩子想放下时，就及时引导，直到回家。

7. 多次练习，让孩子能主动表达。

活动二：拎水果回家

1. 协助者带着孩子去市场买水果。
2. 协助者把买到的水果交给孩子拎着，要求孩子不能放下来。
3. 买完水果后，如果孩子能按照要求做到，就可以奖励 1 个代币。
4. 如果买水果的地方离家不是很远，则把水果交给孩子拎，孩子一起走路回家。
5. 在回家的路上，要注意观察孩子的情绪、行为和身体反应。当孩子脸上有痛苦的表情，或者不愿意拎东西，想把水果放下来时，先要求孩子别放下。如果孩子主动向协助者表达痛的感受，协助者就帮拎 2 分钟。如果没有表达，就继续走下去。如果孩子停下来有 3 次还不能表达，协助者要适时加以引导："你怎么了？说出来（指出来哪里不舒服）。"
6. 若孩子能清楚地表达痛的感受，协助者就帮拎 2 分钟，再把水果交还给孩子。每当孩子想放下时，就及时引导，直到回家。
7. 多次练习，让孩子能主动表达。

活动三：从超市拎油回家

1. 协助者带着孩子去超市买一些米和油。
2. 协助者把买到的一桶油（大概 5 升）交给孩子拎着，要求孩子不能放下来。
3. 在超市买完东西后，如果孩子能按照要求做到，就可以奖励 1 个代币。
4. 如果超市离家不是很远，则把油桶交给孩子拎，一起走路回家。
5. 在回家的路上，要注意观察孩子的情绪、行为和身体反应。当孩子脸上有痛苦的表情，或者不愿意拎东西，想把油桶放下来时，先要求孩子别放下。如果孩子主动向协助者表达痛的感受，协助者就帮拎 2 分钟。如果没有表达，就继续走下去。如果孩子停下来有 3 次还不能表达，协助者要适时加以引导："你怎么了？说出来（指出来哪里不舒服）。"
6. 若孩子能清楚地表达痛的感受，协助者就帮拎 2 分钟，再把油桶交还给孩子。每当孩子想放下时，就及时引导，直到回家。

7. 多次练习,让孩子能主动表达。

六、教学建议

1. 提的重物要根据实际情况增减重量,保证让孩子多次体验到痛的感受。
2. 及时兑换孩子得到的代币,在当天午餐或晚餐时兑换。
3. 3个活动的训练点落在选择表达上。孩子能体验痛带来的不适,通过求助他人消除痛的感觉,对比之后懂得通过向协助者求助来满足自己的需求。
4. 在生活中,要多提供这样的机会来训练孩子,让孩子懂得选择,能主动表达。

第81课 提重物时,孩子手痛了能正确称呼协助者

一、教学目标

提重物时,孩子手痛了能正确称呼协助者。

二、教学重点

1. 孩子能分辨自己需要求助的人是谁。
2. 孩子能在提示下称呼协助者。
3. 孩子能正确称呼协助者。

三、教学准备

1. 食物。
2. 代币。
3. 1袋5千克的米,1桶5升的油,若干菜、水果。

四、指导语

1. 想不想要代币?
2. 想要代币,就帮我拎菜回家。
3. 想要代币,就帮我拎水果回家。
4. 想要代币,就帮我把米拎回家。
5. 地上脏,不要把菜放下来。
6. 怎么了?是不是想我帮忙?
7. 想要我帮忙就先叫我,我是谁?
8. 快点叫××(称呼)。

9. 是不是手痛啊？先叫我，不叫不帮你拎。
10. 嗯，好的，把菜交给我。

五、教学过程

活动一：从菜市场把菜拎回家

1. 协助者带着孩子去菜市场买菜。
2. 协助者把买到的菜交给孩子拎着，要求孩子不能放下来。
3. 买完菜后，如果孩子能按照要求做到，可以奖励 1 个代币。
4. 如果买菜的地方离家不是很远，则把菜交给孩子拎，一起走路回家。
5. 在回家的路上，要注意观察孩子的情绪、行为和身体反应。当孩子脸上有痛苦的表情，或者不愿意拎菜，想把菜放下来时，先要求孩子别放下。如果孩子主动称呼协助者并表达痛的感受，协助者就帮拎 2 分钟。如果没有称呼协助者，就继续走下去。如果孩子停下来有 3 次还不会正确称呼，协助者要适时加以引导："叫我××（称呼）。"
6. 如果孩子能清楚地表达痛的感受并求助，协助者就帮孩子拎 2 分钟，再把菜交还给孩子。每当孩子想放下时，就及时引导，直到回家。
7. 多次练习，让孩子能主动称呼协助者。

活动二：拎水果回家

1. 协助者带着孩子去市场买水果。
2. 协助者把买到的水果交给孩子拎着，要求孩子不能放下来。
3. 买完水果后，如果孩子能按照要求做到，可以奖励 1 个代币。
4. 如果买水果的地方离家不是很远，则把水果交给孩子拎，一起走路回家。
5. 在回家的路上，要注意观察孩子的情绪、行为和身体反应。当孩子脸上有痛苦的表情，或者不愿意拎水果，想把水果放下来时，先要求孩子别放下。如果孩子主动称呼协助者并表达痛的感受，协助者就帮拎 2 分钟。如果没有称呼协助者，就继续走下去。如果孩子停下来有 3 次还不会正确称呼，协助者要适时加以引导："叫我××（称呼）。"
6. 如果孩子清楚地表达痛的感受并求助，协助者就帮拎 2 分钟，再把水果交还给孩子。每当孩子想放下时，就及时引导，直到回家。
7. 多次练习，让孩子能主动称呼协助者。

活动三：从超市拎油回家

1. 协助者带着孩子去超市买一些米和油。

2. 协助者把买到的一桶油（大概 5 升）交给孩子拎着，要求孩子不能放下来。

3. 在超市买完东西后，如果孩子能按照要求做到，可以奖励 1 个代币。

4. 如果超市离家不是很远，则把油桶交给孩子拎，一起走路回家。

5. 在回家的路上，要注意观察孩子的情绪、行为和身体反应。当孩子脸上有痛苦的表情，或者不愿意拎油桶，想把油桶放下来时，先要求孩子别放下。如果孩子主动称呼协助者并表达痛的感受，协助者就帮拎 2 分钟。如果没有称呼协助者，就继续走下去。如果孩子停下来有 3 次还不会正确称呼，协助者要适时加以引导："叫我××（称呼）。"

6. 如果孩子清楚地表达痛的感受并求助，协助者就帮拎 2 分钟，再把油桶交还给孩子。每当孩子想放下时，就及时引导，直到回家。

7. 多次练习，让孩子能主动称呼协助者。

六、教学建议

1. 本目标安排在户外进行，请协助者做好户外安全教育，提醒走路注意遵守交通规则。

2. 留意孩子与人互动时的眼神交流，称呼、表达的同时眼睛要看着对方。

3. 训练的重点落在能正确称呼协助者上，刚开始时协助者可以多引导孩子正确地表达。等孩子在训练过程中逐渐学会怎样称呼协助者后，就要减少提示。

第 82 课 提重物时，孩子能忍耐累的感受

一、教学目标

提重物时，孩子能忍耐累的感受。

二、教学重点

孩子提重物时能忍耐累的感受。

三、教学准备

1. 食物。
2. 代币。
3. 重物（菜、水果、米、油）。

四、指导语

1. 帮我拎菜。
2. 不要放下来,放下来会把菜弄脏。
3. 帮我把水果拎回家。
4. 帮我把米提回家。
5. 不要放下来,拎回家再休息。
6. 做得好,奖励 1 个代币。
7. 不要停下来,停下来要扣代币。

五、教学过程

活动一:从菜市场把菜拎回家

1. 协助者带着孩子去菜市场买菜。
2. 协助者把买到的菜交给孩子拎着,要求孩子不能放下来。
3. 买完菜后,如果孩子能按照要求做到,可以奖励 1 个代币。
4. 如果买菜的地方离家不是很远,则把菜交给孩子拎,一起走路回家。
5. 在回家的路上,要注意观察孩子的情绪、行为和身体反应。当孩子额头开始出汗,不愿意拎东西,想把菜放下来时,先要求孩子别放下,可以换只手拎。
6. 如果孩子按照要求能控制好情绪,继续拎着菜回家,则奖励 1 个代币;反之,扣掉 1 个代币。
7. 让孩子拎着菜一直走回家。每当孩子想放下时,就及时引导,能忍耐累继续拎菜回家就奖励,不能忍耐且放下来了就扣 1 个代币。

活动二:拎水果回家

1. 协助者带着孩子去市场买水果。
2. 协助者把买到的水果交给孩子拎着,要求孩子不能放下来。
3. 买完水果后,如果孩子能按照要求做到,可以奖励 1 个代币。
4. 如果买水果的地方离家不是很远,则把水果交给孩子拎,一起走路回家。
5. 在回家的路上,要注意观察孩子的情绪、行为和身体反应。当孩子额头开始出汗,不愿意拎东西,想把水果放下来时,先要求孩子别放下,可以换只手拎。
6. 如果孩子按照要求能控制好情绪,继续拎着水果回家,则奖励 1 个代币;反之,扣掉 1 个代币。
7. 让孩子拎着水果一直走回家。每当孩子想放下时,就及时引导,能忍耐累继续拎水果回家就奖励,不能忍耐且放下来了就扣 1 个代币。

活动三：从超市拎油回家

1. 协助者带着孩子去超市买一些米和油。
2. 协助者把买到的一桶油（大概 5 升）交给孩子拎着，要求孩子不能放下来。
3. 在超市买完东西后，如果孩子能按照要求做到，可以奖励 1 个代币。
4. 如果超市离家不是很远，则把油桶交给孩子拎，一起走路回家。
5. 在回家的路上，要注意观察孩子的情绪、行为和身体反应。当孩子额头开始出汗，不愿意拎东西，想把油桶放下来时，先要求孩子别放下，可以换只手拎。
6. 如果孩子按照要求能控制好情绪，继续拎着油桶回家，则奖励 1 个代币；反之，扣 1 个代币。
7. 让孩子拎着油桶一直走回家。每当孩子想放下时，就及时引导，能忍耐累继续拎油桶回家就奖励，不能忍耐且放下来了就扣 1 个代币。

六、教学建议

1. 菜市场、水果店、超市选择离家 2～3 千米的距离，这样能让孩子体验到累的感受，如果距离较近，可以适当增加重量。
2. 及时兑换孩子得到的代币，在当天午餐或晚餐时兑换。
3. 3 个活动的训练点落在忍耐上。孩子能忍耐累带来的不适，控制自己的情绪，服从要求，完成训练目标。
4. 协助者在训练孩子时，要多观察，多调整目标，给孩子提的要求尽量贴近孩子当前的水平，让孩子既能体验到累的不适，又不会因要求过高而无法完成。

第 83 课　提重物时，孩子能向协助者表达累的感受

一、教学目标

提重物时，孩子能向协助者表达累的感受。

二、教学重点

孩子在走路时能表达累，这里的表达属于服从子目标：比较选择。孩子在表达累后获得帮助，通过被帮助前后，累与舒服两种感觉对比，能主动选择向他人表达需求获得帮助。

三、教学准备

1. 食物。
2. 代币。
3. 重物（菜、水果、米、油）。

四、指导语

1. 帮我拎菜。
2. 不要放下来，放下来会把菜弄脏。
3. 帮我把水果拎回家。
4. 帮我把米提回家。
5. 不要放下来，拎回家再休息。
6. 怎么了？说出来或者指出来。
7. 不要停下来，停下来要扣代币。

五、教学过程

活动一：从菜市场把菜拎回家

1. 协助者带着孩子去菜市场买菜。
2. 协助者把买到的菜交给孩子拎着，要求孩子不能放下来。
3. 买完菜后，如果孩子能按照要求做到，可以奖励 1 个代币。
4. 如果买菜的地方离家不是很远，则把菜交给孩子拎，一起走路回家。
5. 在回家的路上，要注意观察孩子的情绪、行为和身体反应。当孩子额头开始出汗，不愿意拎东西，想把菜放下来时，先要求孩子别放下。如果孩子主动向协助者表达累的感受，协助者就帮拎 2 分钟。如果没有表达，就继续走下去。如果孩子停下来有 3 次还不能表达，协助者要适时加以引导："你怎么了？说出来（指出来哪里不舒服）。"
6. 如果孩子能清楚地表达累的感受，协助者就帮拎 2 分钟，再把菜交还给孩子。每当孩子想放下时，就及时引导，直到回家。
7. 多次练习，让孩子能主动表达。

活动二：拎水果回家

1. 协助者带着孩子去市场买水果。
2. 协助者把买到的水果交给孩子拎着，要求孩子不能放下来。

3. 买完水果后，如果孩子能按照要求做到，可以奖励 1 个代币。

4. 如果买水果的地方离家不是很远，则把水果交给孩子拎，一起走路回家。

5. 在回家的路上，要注意观察孩子的情绪、行为和身体反应。当孩子额头开始出汗，不愿意拎东西，想把水果放下来时，先要求孩子别放下。如果孩子主动向协助者表达累的感受，协助者就帮拎 2 分钟。如果没有表达，就继续走下去。如果孩子停下来有 3 次还不能表达，协助者要适时加以引导："你怎么了？说出来（指出来哪里不舒服）。"

6. 如果孩子能清楚地表达累的感受，协助者就帮拎 2 分钟，再把水果交还给孩子。每当孩子想放下时，就及时引导，直到回家。

7. 多次练习，让孩子能主动表达。

活动三：从超市拎油回家

1. 协助者带着孩子去超市买一些米和油。

2. 协助者把买到的一桶油（大概 5 升）交给孩子拎着，要求孩子不能放下来。

3. 在超市买完东西后，如果孩子能按照要求做到，可以奖励 1 个代币。

4. 如果超市离家不是很远，则把油桶交给孩子拎，一起走路回家。

5. 在回家的路上，要注意观察孩子的情绪、行为和身体反应。当孩子额头开始出汗，不愿意拎东西，想把油桶放下来时，先要求孩子别放下。如果孩子主动向协助者表达累的感受，协助者就帮拎 2 分钟。如果没有表达，就继续走下去。如果孩子停下来有 3 次还不能表达，协助者要适时加以引导："你怎么了？说出来（指出来哪里不舒服）。"

6. 如果孩子能清楚地表达累的感受，协助者就帮拎 2 分钟，再把油桶交还给孩子。每当孩子想放下时，就及时引导，直到回家。

7. 多次练习，让孩子能主动地表达。

六、教学建议

1. 菜市场、水果店、超市选择离家 2～3 千米的距离，这样能让孩子体验到累的感受，如果距离较近，可以适当增加重量。

2. 及时兑换孩子得到的代币，在当天午餐或晚餐时兑换。

3. 3 个活动的训练点落在选择表达上。孩子能体验累带来的不适，通过求助他人消除累的感觉，对比之后懂得通过向协助者求助来满足自己的需求。

4. 在生活中，要多提供这样的机会来训练孩子，让孩子懂得选择，能主动表达。

第 84 课　提重物时，孩子累了能向协助者表达休息的需求

一、教学目标

提重物时，孩子累了能向协助者表达休息的需求。

二、教学重点

1. 孩子表达时能与协助者有眼神交流。
2. 孩子能用正确的动作和语言表达休息的需求。

三、教学准备

1. 食物。
2. 代币。
3. 重物（菜、水果、米、油）。

四、指导语

1. 帮我拎菜。
2. 不要放下来，放下来会把菜弄脏。
3. 帮我把水果拎回家。
4. 帮我把米提回家。
5. 怎么不走了？
6. 想休息啊，好，那就休息一下。
7. 休息好了，继续走。
8. 提回家了，奖代币。

五、教学过程

活动一：从菜市场把菜拎回家

1. 协助者带着孩子去菜市场买菜。
2. 协助者把买到的菜交给孩子拎着，要求孩子不能放下来。
3. 买完菜后，如果孩子能按照要求做到，可以奖励 1 个代币。
4. 如果买菜的地方离家不是很远，则把菜交给孩子拎，一起走路回家。

5. 在回家的路上，要注意观察孩子的情绪、行为和身体反应。当孩子额头开始出汗，不愿意拎东西，想停下来休息时，协助者观察孩子能否主动表达。

6. 如果孩子主动用正确的语言或者动作表达休息的需求，就允许孩子停下来休息片刻。

7. 协助者可以有一些提示："怎么停下来了？"如果孩子不能主动表达需求，或者不能看着协助者表达，或是不能用正确的语言或动作表达，则不能休息。协助者开始时可给予适当的提示，随后要逐渐减少。

8. 如果孩子没有表达自己的需求，则继续拎着菜回家。

9. 练习多次。

活动二：拎水果回家

1. 协助者带着孩子去市场买水果。
2. 协助者把买到的水果交给孩子拎着，要求孩子不能放下来。
3. 买完水果后，如果孩子能按照要求做到，可以奖励 1 个代币。
4. 如果买水果的地方离家不是很远，则把水果交给孩子拎，一起走路回家。
5. 在回家的路上，要注意观察孩子的情绪、行为和身体反应。当孩子额头开始出汗，不愿意拎东西，想停下来休息时，协助者观察孩子能否主动表达。
6. 如果孩子能主动用正确的语言或者动作表达休息的需求，就允许孩子停下来休息片刻。
7. 协助者可以有一些提示："怎么停下来了？"如果孩子不能主动表达需求，或者不能看着协助者表达，或是不能用正确的语言或动作表达，则不能休息。协助者开始时可给予适当的提示，随后要逐渐减少。
8. 如果孩子没有表达自己的需求，则继续拎着水果回家。
9. 练习多次。

活动三：从超市拎油回家

1. 协助者带着孩子去超市买一些米和油。
2. 协助者把买到的一桶油（大概 5 升）交给孩子拎着，要求孩子不能放下来。
3. 在超市买完东西后，如果孩子能按照要求做到，可以奖励 1 个代币。
4. 如果超市离家不是很远，则把油桶交给孩子拎，一起走路回家。
5. 在回家的路上，要注意观察孩子的情绪、行为和身体反应。当孩子额头开始出汗，不愿意拎东西，想停下来休息时，协助者观察孩子能否主动表达。
6. 如果孩子能主动用正确的语言或者动作表达休息的需求，就允许孩子停下来休息片刻。
7. 协助者可以有一些提示："怎么停下来了？"如果孩子不能主动表达需求，或者不能看着协助者表达，或是不能用正确的语言或动作表达，则不能休息。协助者开始时可给予适当的提示，随后要逐渐减少。
8. 如果孩子没有表达自己的需求，则继续拎着油回家。
9. 练习多次。

六、教学建议

1. 菜市场、水果店、超市选择离家 2～3 千米的距离，这样能让孩子体验到累的感受，如果距离较近，可以适当增加重量。。
2. 在活动中训练点落在与人互动上。孩子能主动正确地表达自己的需求，并与协助者有眼神交流。
3. 协助者在训练孩子时，要多观察，多调整目标，给孩子提的要求尽量贴近孩子当前的水平，让孩子既能体验到累的不适，又不会因要求过高而无法完成。

第 85 课 提重物时，孩子累了能正确称呼协助者

一、教学目标

提重物时，孩子累了能正确称呼协助者。

二、教学重点

1. 孩子能分辨自己需要求助的人是谁。
2. 孩子能在提示下称呼协助者。
3. 孩子能正确称呼协助者。

三、教学准备

1. 食物。
2. 代币。
3. 1 袋 5 千克的米，1 桶 5 升的油，若干菜、水果。

四、指导语

1. 想不想要代币？
2. 想要代币，就帮我拎菜回家。
3. 想要代币，就帮我拎水果回家。
4. 想要代币，就帮我把米拎回家。
5. 地上脏，不要把菜放下来。

6. 怎么了？是不是想要我帮忙？
7. 想要我帮忙就先叫我，我是谁？
8. 快点叫××（称呼）。
9. 是不是好累啊？先叫我，不叫不可以休息。
10. 嗯，好的，把菜交给我。

五、教学过程

活动一：从菜市场把菜拎回家

1. 协助者带着孩子去菜市场买菜。
2. 协助者把买到的菜交给孩子拎着，要求孩子不能放下来。
3. 买完菜后，如果孩子能按照要求做到，可以奖励1个代币。
4. 如果买菜的地方离家不是很远，则把菜交给孩子拎，一起走路回家。
5. 在回家的路上，要注意观察孩子的情绪、行为和身体反应。当孩子头上出汗，或者不愿意拎菜，想把菜放下来时，先要求孩子别放下。如果孩子主动称呼协助者并表达累的感受，协助者就帮拎2分钟，休息一下。如果没有称呼协助者，就继续走下去。如果孩子停下来有3次还不会正确称呼，协助者要适时加以引导："叫我××（称呼）。"
6. 如果孩子清楚地表达累的感受并求助，协助者就帮孩子拎2分钟，休息一下，再把菜交还给孩子。每当孩子想放下时，就及时引导，直到回家。
7. 多次练习，让孩子能主动称呼协助者。

活动二：拎水果回家

1. 协助者带着孩子去市场买水果。
2. 协助者把买到的水果交给孩子拎着，要求孩子不能放下来。
3. 买完水果后，如果孩子能按照要求做到，可以奖励1个代币。
4. 如果买水果的地方离家不是很远，则把水果交给孩子拎，一起走路回家。
5. 在回家的路上，要注意观察孩子的情绪、行为和身体反应。当孩子额头冒汗，或者不愿意拎水果，想把水果放下来时，先要求孩子别放下。如果孩子主动称呼协助者并表达累的感受，协助者就帮拎2分钟，休息一下。如果没有称呼协助者，就继续走下去。如果孩子停下来有3次还不会正确称呼，协助者要适时加以引导："叫我××（称呼）。"
6. 如果孩子清楚地表达累的感受并求助，协助者就帮孩子拎2分钟，休息一下，再把水果交还给孩子。每当孩子想放下时，就及时引导，直到回家。
7. 多次练习，让孩子能主动称呼协助者。

活动三：从超市拎油回家

1. 协助者带着孩子去超市买一些米和油。
2. 协助者把买到的一桶油（大概 5 升）交给孩子拎着，要求孩子不能放下来。
3. 在超市买完东西后，如果孩子能按照要求做到，可以奖励 1 个代币。
4. 如果超市离家不是很远，则把油桶交给孩子拎，一起走路回家。
5. 在回家的路上，要注意观察孩子的情绪、行为和身体反应。当孩子额头上冒汗，或者不愿意拎油桶，想把油桶放下来时，先要求孩子别放下。如果孩子主动称呼协助者并表达累的感受，协助者就帮拎 2 分钟，休息一下。如果没有称呼协助者，就继续走下去。如果孩子停下来有 3 次还不会正确称呼，协助者要适时加以引导："叫我××（称呼）。"
6. 如果孩子清楚地表达累的感受并求助，协助者就帮孩子拎 2 分钟，休息一下，再把油交还给孩子。每当孩子想放下时，就及时引导，直到回家。
7. 多次练习，让孩子能主动称呼协助者。

六、教学建议

1. 特别提醒：本目标安排在户外进行，请协助者做好户外安全教育，走路注意遵守交通规则。
2. 留意孩子与人互动时的眼神交流，称呼、表达的同时眼睛要看着对方。
3. 训练的重点落在能正确称呼协助者上，刚开始时协助者可以多引导孩子正确地称呼。等孩子在训练过程中逐渐学会怎样称呼协助者后，就要减少提示。

第 86 课　孩子能配合协助者的指令洗碗

一、教学目标

孩子能配合协助者的指令洗碗。

二、教学重点

1. 孩子饿了，能配合协助者的指令洗碗。
2. 饭后，孩子能配合协助者的指令洗碗。

三、教学准备

1. 餐后未清洁的餐具、1 瓶洗洁精、1 片百洁布。

2. 代币若干、用餐食物。

四、指导语

1. 没碗装饭怎么办？来，把碗洗干净。
2. 拿碗、洗碗布、洗洁精。
3. 洗碗，洗里面（外面）。
4. 开水冲干净。
5. 洗勺子，用布包上擦，擦柄（这边）。

五、教学过程

活动一：饭前洗碗

1. 协助者出示用餐的食物，孩子饿了，主动表达吃饭的需求。
2. 协助者让孩子把洗碗池里还没洗的碗洗干净用来装食物。
3. 协助者对着孩子发指令"拿"。要求孩子配合指令拿碗、洗洁精、百洁布，能做到的奖励 1 个代币。
4. 协助者对着孩子发指令"洗"。要求孩子配合指令用洗洁精洗碗的里面、外面，能做到的奖励 1 个代币。
5. 协助者对着孩子发指令"洗"。要求孩子用水冲洗碗的里面、外面，把泡沫冲洗干净的奖励 1 个代币。
6. 孩子把碗洗干净交给协助者，协助者用热水烫碗后，孩子方可拿碗兑换用餐食物。

活动二：饭前洗勺子

1. 孩子装好饭后没有勺子吃饭，协助者让孩子洗勺子。
2. 协助者对着孩子发指令"拿"。要求孩子配合指令拿勺子、洗洁精、百洁布，能做到的奖励 1 个代币。
3. 协助者对着孩子发指令"擦"。要求孩子配合指令用百洁布把勺子的柄和另一头包上后再擦洗，能做到的奖励 1 个代币。
4. 协助者对着孩子发指令"洗"。要求孩子用水冲洗勺子，把泡沫冲洗干净的奖励 1 个代币。
5. 协助者用热水烫完勺子后，孩子方可拿勺子用餐。

活动三：饭后洗碗

1. 协助者出示孩子喜欢吃的水果，孩子主动表达吃水果的需求。
2. 协助者对着孩子发指令"放"。要求孩子收拾餐桌上的餐具，并把餐具放进洗碗池里，能做到的奖励1个代币。
3. 协助者对着孩子发指令"洗"。要求孩子用水冲洗每一个餐具，能做到的奖励1个代币。
4. 协助者对着孩子发指令"拿"。要求孩子拿百洁布、洗洁精和一个餐具，能做到的奖励1个代币。
5. 协助者对着孩子发指令"擦"。要求孩子把碗、碟的里外都擦遍，用百洁布包着勺子、筷子再擦，能做到的分别奖励1个代币。
6. 重复步骤5，把孩子用过的所有餐具都洗干净。
7. 协助者对着孩子发指令"洗"。要求孩子冲洗每一个餐具上的泡泡，奖励1个代币。
8. 洗完餐具后，协助者引导孩子擦干餐具的水并放进消毒柜。要求孩子配合指令用干抹布擦餐具上的水，并把餐具整齐地放进消毒柜，能做到的奖励1个代币。
9. 协助者出示水果，引导孩子用3个代币兑换水果。要求孩子用语言或动作表达"我要吃水果"，能做到的方可吃水果。

六、教学建议

若孩子对吃饭的需求比较强烈，那么饭前洗碗会更加配合一些。饭前洗碗可加大训练量，提升孩子洗碗动作的熟练程度后，再进行饭后洗碗。为了保持孩子参与的积极性，洗碗量应由少逐渐变多，先洗自己用的碗再洗全家的碗。

第87课 孩子能配合协助者的指令洗杯子

一、教学目标

孩子能配合协助者的指令洗杯子。

二、教学重点

1. 渴了、饿了，孩子能配合协助者的指令洗杯子。
2. 喝完牛奶、果汁等饮料后，孩子能配合协助者的指令洗杯子。

三、教学准备

1. 家人的杯子、孩子的杯子、1 瓶洗洁精、1 片百洁布、1 个消毒柜。
2. 1 壶温开水、1 盒饮料、用餐食物。

四、指导语

1. 你要喝水吗？
2. 把你的杯子洗干净才能喝（吃）。
3. 你用什么洗杯子？
4. 你要什么？我要洗洁精（布）。
5. 洗里面（外面）。

五、教学过程

活动一：渴了要洗杯子

1. 孩子渴了，向协助者表达喝水的需求。
2. 协助者让孩子把自己的杯子洗干净再来倒水喝。
3. 协助者引导孩子准备洗杯子的工具。要求孩子配合指令拿杯子、百洁布、洗洁精，能做到的奖励 1 个代币。
4. 协助者引导孩子洗杯子。要求孩子配合指令用百洁布擦杯子的里面、外面，能做到的奖励 1 个代币。
5. 协助者引导孩子冲洗杯子上的泡沫。要求孩子配合指令用水洗杯子的里面和外面，洗干净后方可用水杯喝水。

活动二：喝完饮料要洗杯子

1. 协助者出示饮料，孩子主动表达喝饮料的需求。
2. 协助者让孩子把自己的杯子洗干净再来倒饮料喝。
3. 孩子主动向协助者拿洗杯子的工具。要求用动作或语言表达拿百洁布、洗洁精，表达后才给洗杯子的工具。
4. 协助者引导孩子洗杯子。要求孩子配合指令用百洁布擦杯子的里面、外面，能做到的奖励 1 个代币。
5. 协助者引导孩子冲洗杯子上的泡沫。要求孩子配合指令用水洗杯子的里面和外面，洗干净后方可用水杯喝饮料。
6. 步骤 3～5 重复一遍，洗完后将杯子放入消毒柜。

活动三：帮忙洗杯子

1. 协助者出示用餐食物，孩子主动表达吃饭的需求。
2. 协助者递给孩子一些水杯，让孩子把杯子洗干净再过来换饭吃。
3. 孩子主动向协助者拿洗杯子的工具。要求用动作或语言表达拿百洁布、洗洁精，表达后才给洗杯子的工具。
4. 协助者引导孩子洗杯子。要求孩子配合指令用百洁布擦杯子的里面、外面，能做到的奖励 1 个代币。
5. 重复步骤 4，直至把所有杯子洗完。
6. 协助者引导孩子冲洗杯子上的泡沫。要求孩子配合指令用水洗杯子的里面和外面，能做到的奖励 1 个代币。
7. 协助者引导孩子擦干杯子并放进消毒柜。要求孩子一个一个地把水杯擦干，整齐地放进消毒柜，完成后方可用代币兑换用餐。

六、教学建议

利用孩子吃饭、喝水、喝饮料的需求，训练孩子配合指令洗杯子，帮助孩子习得洗杯子的动作技能，逐渐增加孩子洗杯子的数量，延长孩子专注洗杯子的时间。

第 88 课　孩子能配合协助者的指令整理床铺

一、教学目标

孩子能配合协助者的指令整理床铺。

二、教学重点

1. 孩子能配合协助者的指令摊开被子。
2. 孩子能配合协助者的指令折被子。
3. 孩子能配合协助者的指令把枕头放在指定的位置。

三、教学准备

1. 1 床被子、1 个枕头、1 张床。
2. 早餐食物、代币若干。

四、指导语

1. 你要吃早餐？
2. 你把被子铺好才可以吃。
3. 枕头摆正。
4. 拿着被角，不能松手。
5. 用力甩。
6. 拉过来、角对齐、边对齐。

五、教学过程

活动一：整理枕头

1. 早晨孩子起床后，协助者出示早餐，孩子主动表达吃早餐的需求。
2. 协助者一边示范，一边引导孩子配合指令用双手抚平枕头套并把枕头摆正，能做到的奖励1个代币。

活动二：摊开被子

1. 协助者引导孩子把被子甩开。要求孩子配合指令拿着被子的两个角，向上甩开，能做到的奖励1个代币。
2. 被子甩开后，协助者引导孩子把被子的四个角拉开。要求孩子配合指令拿着被子的四个角跟床的四个角对齐，能做到的奖励1个代币。
3. 协助者引导孩子把被子的四条边拉直。要求孩子配合指令把四条边和床的四边对齐，能做到的奖励1个代币。

活动三：折被子

1. 协助者引导孩子把被子甩开。要求孩子配合指令拿着被子的两个角，向上甩开，能做到的奖励1个代币。
2. 被子甩开后，协助者引导孩子把被子的四个角拉开。要求孩子配合指令拿着被子的四个角跟床的四个角对齐，能做到的奖励1个代币。
3. 协助者引导孩子把被子的四条边拉直。要求孩子配合指令把四条边和床的四边对齐，能做到的奖励1个代币。
4. 协助者引导孩子把被子对折。要求孩子配合指令把被子的角和角对齐、边和边对齐，能做到的奖励1个代币。
5. 孩子整理好床铺后，方可与协助者兑换早餐。

六、教学建议

刚开始时建议用棉被来训练，厚被子摊开不容易移动。训练折被子只要求对折一遍，把对折的被子正好放在床尾，甚至只要求完成活动二就可以了。协助者也可以根据孩子的能力设计把被子折成什么样。

第89课　孩子能配合协助者的指令收拾衣服

一、教学目标

孩子能配合协助者的指令收拾衣服。

二、教学重点

1. 孩子能配合协助者的指令完成收衣服、晾衣服、折衣服后才能吃饭或睡觉。
2. 孩子能区分衣服、裤子、袜子等衣物。

三、教学准备

1. 每天刚洗干净的一些衣物、每天需要晾晒的衣服。
2. 衣架若干、1个晾衣叉、每天早餐和晚餐的食物。

四、指导语

1. 你要吃饭？
2. 晾完衣服才有饭吃。
3. 把衣服收回来才有饭吃。
4. 折好衣服才能睡觉。
5. 拿衣服（裤、袜等）。
6. 用力按夹子夹住外套。

五、教学过程

活动一：晾衣服

1. 协助者出示早餐，孩子表达吃早餐的需求。要求：把洗衣机的衣服晾完了才能吃早餐。

2. 协助者引导孩子区分衣服、裤子、袜子等衣物。要求孩子听指令拿相应的衣物，拿对了奖励 1 个代币。

3. 协助者引导孩子晾衣服、裤子。要求孩子配合指令把衣架穿进衣领或裤头上，能做到的奖励 1 个代币。

4. 协助者引导孩子晾袜子。要求孩子配合指令用夹子夹住袜子，能做到奖励 1 个代币。

5. 重复步骤 2～4，直至把所有衣物都晾完。

6. 孩子把衣服晾完后方可兑换用餐。

活动二：收衣服

1. 协助者出示晚餐，孩子表达吃晚餐的需求。协助者让孩子把晾晒的衣服收回来了才能吃晚餐。

2. 协助者让孩子把衣服从衣架上拆下来。要求孩子配合指令把所有衣架都拆下来，能做到的奖励 1 个代币。

3. 协助者让孩子收好衣架。要求孩子把衣架一个一个地对齐放在指定位置，能做到的奖励 1 个代币。

4. 孩子完成后方可兑换晚餐。

活动三：折衣服

1. 睡觉前，协助者让孩子折衣服，把自己床上的衣服折好了才能睡觉。

2. 协助者引导孩子区分衣服、裤子、袜子。要求孩子配合指令分类摆放，完成后奖励 1 个代币。

3. 协助者引导孩子折衣服。要求孩子配合指令把衣服、裤子在床上铺开、拉直再对折，折好一件奖励 1 个代币。

4. 协助者引导孩子把折好的衣物整齐地放进衣柜里。要求孩子配合指令一只手在衣服的下面托着，一只手压在衣服的上面，把衣服放进衣柜指定的位置，能做到的奖励 1 个代币。

六、教学建议

利用孩子吃饭、睡觉的需求，训练孩子积极配合指令晾衣服、收衣服、折衣服，同时提高孩子晾衣服、收衣服、折衣服的动作技能。

第 90 课　孩子能配合协助者的指令抹餐桌

一、教学目标

孩子能配合协助者的指令抹餐桌。

二、教学重点

用餐时桌面弄脏了，孩子能配合指令抹餐桌。

三、教学准备

1. 1 条抹布、1 个垃圾桶、1 瓶洗洁精、1 片百洁布。
2. 用餐食物、餐具，代币若干。

四、指导语

1. 脏了，擦干净才能吃。
2. 看看，桌面脏了，怎么办？
3. 抹餐桌。
4. 抹进垃圾桶里，用垃圾桶接住。

五、教学过程

活动一：吃饭前要抹餐桌

1. 孩子饿了，主动向协助者表达吃饭的需求，协助者让孩子用 9 个代币兑换吃饭。
2. 兑换后，协助者让孩子帮忙擦餐桌。要求孩子配合指令拿抹布把餐桌擦干净，能做到的奖励 1 个代币。
3. 协助者让孩子自己去装汤，一旦孩子把汤洒到桌面上，协助者就对着孩子发指令"擦"。要求孩子拿抹布把洒在台面上的汤擦干净，完成了才能用餐。
4. 协助者让孩子自己去装饭，一旦孩子把饭洒到桌面上，协助者就对着孩子发指令"擦"。要求孩子拿抹布把饭粒擦进垃圾桶里，完成了才能用餐。

活动二：一边吃饭一边抹餐桌

1. 用餐时，协助者观察孩子是否把餐桌弄脏了。
2. 一旦孩子把饭粒或者菜汁洒到桌面上，协助者就立刻中断孩子用餐，对着孩子发指令"擦"。要求孩子拿抹布把饭粒擦进垃圾桶里，完成了才能继续用餐。
3. 重复训练步骤 1~2。只要孩子把饭桌弄脏，就要配合指令擦桌子，直至把饭吃完。

活动三：饭后抹餐桌

1. 饭后，协助者出示孩子喜欢吃的水果，孩子主动向协助者表达吃水果的需求，协助者让孩子帮忙抹餐桌。
2. 协助者引导孩子用洗洁精擦餐桌。要求孩子配合指令用百洁布和洗洁精擦并加点水，把整张桌子都擦遍，能做到的奖励 1 个代币。
3. 协助者引导孩子把餐桌上的洗洁精泡沫擦干净。要求孩子配合指令拿抹布擦一遍后，洗干净抹布再继续擦桌子，能做到的奖励 1 个代币。
4. 协助者引导孩子洗抹布。要求孩子配合指令打开抹布放进水里至少涮洗 10 遍后拧干，能做到的奖励 1 个代币。
5. 协助者递给孩子一个衣架，引导孩子配合指令用衣架挂抹布，并晾在高处的晾衣竿上，能做到的奖励 1 个代币。
6. 清洁后，协助者出示水果，孩子主动拿代币兑换水果。

六、教学建议

孩子用餐时使用筷子容易将食物洒到餐桌上，也可以煮一些汁较多或者又碎又容易散开的食物，这样能增加抹餐桌的练习量，同时有助于训练孩子有意识地控制自己舀食物、夹食物的动作，避免食物洒下来。

第 91 课 孩子能配合协助者的指令擦玻璃

一、教学目标

孩子能配合协助者的指令擦玻璃。

二、教学重点

1. 孩子能配合协助者的指令把窗户、门、镜子上的水擦干。

2. 孩子知道擦玻璃赚代币换自己喜欢吃的食物。

三、教学准备

1. 1个喷壶、1条抹布、1个脸盆、窗户、玻璃门、浴室镜。
2. 孩子喜欢吃的零食、代币若干。

四、指导语

1. 想吃吗？看看你的代币够不够。
2. 代币不够，去帮忙擦窗户（门）赚代币。
3. 擦（窗、门、镜子），这里还有水，擦这里。
4. 够不着怎么办？拿张椅子来，站上去擦。
5. 打开抹布擦，洗抹布，拧干水。

五、教学过程

活动一：擦窗户

1. 协助者和孩子一起擦窗户，协助者出示孩子喜欢的零食，孩子主动表达吃零食的需求。
2. 协助者让孩子用3个代币兑换一点零食，若孩子的代币不够，就让孩子擦窗户赚代币。
3. 协助者用喷壶在窗户喷水，引导孩子拿抹布擦窗户。要求协助者喷一处，孩子就擦一处，擦干了就奖励1个代币。
4. 孩子拿到代币立刻去兑换零食，引导孩子判断自己的代币够不够。要求孩子把代币放在代币数量参照板上，放满了才能换到吃的。
5. 重复以上步骤6遍，擦一扇窗奖励3个代币，至少擦两扇窗。
6. 孩子的抹布脏了，协助者引导孩子去洗抹布。要求用脸盆接水洗抹布并拧干，能把抹布拧干的奖励1个代币。
7. 清洁完毕，协助者引导孩子收拾清洁工具。要求倒掉脸盆的水并把抹布、脸盆放回原位，能做到的奖励1个代币。

活动二：擦玻璃门

1. 协助者出示孩子喜欢的零食，孩子主动向协助者表达吃零食的需求。
2. 协助者让孩子用6个代币兑换一小包零食，若孩子的代币不够，就让孩子擦玻璃门赚代币。

3. 协助者用喷壶在一扇玻璃门上喷水,引导孩子拿抹布擦干玻璃门上的水,够不着的站在椅子上擦,能做到的奖励 1 个代币。

4. 孩子拿到代币立刻去兑换零食,引导孩子判断自己的代币够不够。要求孩子把代币放在代币数量参照板上,放满了才能换到吃的。

5. 至少重复以上步骤 4 遍,擦一扇门的正面和背面各奖励 1 个代币,至少擦两扇门。

6. 孩子的抹布脏了,协助者引导孩子把抹布打开洗干净。要求孩子配合指令双手拿着抹布的两个角打开,放进水里反复涮洗并拧干,能做到的奖励 1 个代币。

7. 清洁完毕,协助者引导孩子收拾清洁工具。要求孩子主动倒掉脸盆的水并把抹布、脸盆放回原位,能做到的奖励 1 个代币。

活动三:擦镜子和淋浴门

1. 洗澡后,协助者让孩子擦浴室的镜子和淋浴门。要求孩子配合指令打开抹布擦镜子上的蒸汽以及门上的水珠,能做到的分别奖励 1 个代币。

2. 抹布湿了,协助者引导孩子把抹布拧干再擦。要求孩子配合指令拧干抹布上的水,能做到的奖励 1 个代币。

3. 孩子擦完后,协助者引导孩子洗抹布。要求孩子配合指令双手拿着抹布的两个角打开,反复放进水里涮洗,能做到的奖励 1 个代币。

4. 协助者递给孩子一个衣架,引导孩子用衣架晾抹布。要求孩子配合指令把抹布放在衣架上并打开,能做到的奖励 1 个代币。

5. 协助者递给孩子一个衣叉,引导孩子把抹布叉到高处的晾衣竿上晾晒。要求孩子配合指令把抹布挂上去,能做到的奖励 1 个代币。

6. 清洁后,协助者出示零食,孩子主动拿代币兑换零食。

六、教学建议

协助者每天和孩子一起做家务,擦门、窗、镜子,让孩子配合指令完成一些力所能及的事情。用孩子喜欢的零食奖励,一旦孩子按要求做到了,协助者应立即给予奖励,提高孩子参与的积极性。

第五编　休闲活动课

第 92 课　爬山时，孩子能忍耐累的感受

一、教学目标

爬山时，孩子能忍耐累的感受。

二、教学重点

孩子爬山时能忍耐累的感受。

三、教学准备

1. 食物。
2. 代币。
3. 运动鞋。
4. 运动服。
5. 计时器。

四、指导语

1. 我们一起去爬山。
2. 先来做一做准备运动：跳一跳，弯弯腰，拉拉腿。
3. 想不想吃糖？
4. 想吃，那就快点爬上去拿代币兑换。
5. 想不想喝饮料？拿代币来换。
6. 不要停，快到时间了。
7. 好，奖励 1 个代币给你。
8. 拿到多少代币？过来换一换。

五、教学过程

活动一：定点爬山

1. 协助者找一处适合孩子爬山的场地，最好是公园里的山坡，坡度适合一般人爬上去，选择的环境首先要保证安全。
2. 协助者跟孩子一起做准备运动：跳一跳，伸伸手，压下腿，活动一下脚踝。
3. 做好准备运动后，协助者带着孩子一起沿着山坡往上爬，告诉孩子，爬到山顶就奖励个代币。
4. 当孩子按照要求爬到山顶时，协助者可以给予 1 个代币的奖励。
5. 在爬山的过程中，要注意观察孩子的情绪、行为和身体反应。当孩子额头开始出汗，并出现躁狂情绪，或者停下来不愿意爬时，要求孩子别停下来，继续爬。
6. 如果孩子按照要求能控制好情绪，继续完成爬山，到达目标地就能得 1 个代币；反之，扣 1 个代币。

活动二：上山下山

1. 协助者找一处适合孩子爬山的场地，最好是公园里的山坡，坡度适合一般人爬上去，选择的环境首先要保证安全。
2. 协助者跟孩子一起做准备运动：跳一跳，伸伸手，压下腿，活动一下脚踝。
3. 做好准备运动后，协助者带着孩子一起沿着山坡往上爬，告诉孩子，爬到山顶就奖励 1 个代币。
4. 协助者跟孩子一起爬，在爬的过程中，不断督促孩子不要停下来。当孩子能跟着协助者一起爬到山顶时，奖励 1 个代币。
5. 接着，带着孩子原路返回。在下山的过程中，也要督促孩子别停下来。到达山脚时，如果孩子中途没有停下，就奖励 1 个代币。
6. 在爬山或下山的过程中，要注意观察孩子的情绪、行为和身体反应。当孩子额头开始出汗，并出现躁狂情绪，或者停下来不愿意走时，要求孩子别停下来，继续爬山或下山。
7. 如果孩子按照要求能控制好情绪，继续完成爬山或下山就能得到 1 个代币；反之，扣 1 个代币。

活动三：定时爬山

1. 协助者找一处适合孩子爬山的场地，最好是公园里的山坡，坡度适合一般人爬上去，选择的环境首先要保证安全。
2. 协助者跟孩子一起做准备运动：跳一跳，伸伸手，压下腿，活动一下脚踝。

3. 做好准备运动后，协助者带着孩子一起沿着山坡往上爬，设定好闹钟的时间，告诉孩子，在规定的时间内爬到山顶就奖励 1 个代币。

4. 当孩子按照各项要求爬到山顶时，协助者可以给予 1 个代币的奖励。

5. 在爬山的过程中，要注意观察孩子的情绪、行为和身体反应。当孩子额头开始出汗，并出现躁狂情绪，或者停下来不愿意爬时，要求孩子别停下来，继续爬。

6. 如果孩子按照要求能控制好情绪，继续完成爬山，到达目标地就能得 1 个代币；反之，扣 1 个代币。

六、教学建议

1. 特别提醒：本目标安排在户外进行，请协助者做好户外安全教育，保证孩子在自己的视线范围内活动。

2. 孩子的每一口食物都必须是按要求获得的代币兑换的。

3. 训练过程中，要根据孩子的状况用不同的强化物，如果零食没有激发出孩子的需求，则用一日三餐作为强化物。

4. 活动训练点落在忍耐上。孩子能忍耐累的感受，服从要求，完成训练目标。

第 93 课　爬山时，孩子能表达累的感受

一、教学目标

爬山时，孩子能表达累的感受。

二、教学重点

孩子爬山时能表达累的感受，这里的表达属于服从子目标：比较选择。孩子在表达累的感受之后获得帮助，通过被帮助前后，累与舒服两种感觉对比，能主动选择向他人表达需求获得帮助。

三、教学准备

1. 食物。
2. 代币。
3. 运动鞋。
4. 运动服。
5. 计时器。

四、指导语

1. 我们一起去爬山。
2. 先来做一做准备运动：跳一跳，弯弯腰，拉拉腿。
3. 想不想吃糖？
4. 想吃，那就快点爬上去拿代币兑换。
5. 想不想喝饮料？拿代币来换。
6. 不要停，快到时间了。
7. 好，奖励1个代币给你。
8. 怎么不走了？
9. 好累，那就停下来休息一下。

五、教学过程

活动一：定点爬山

1. 协助者找一处适合孩子爬山的场地，最好是公园里的山坡，坡度适合一般人爬上去，选择的环境首先要保证安全。
2. 协助者跟孩子一起做准备运动：跳一跳，伸伸手，压下腿，活动一下脚踝。
3. 做好准备运动后，协助者带着孩子一起沿着山坡往上爬，告诉孩子，爬到山顶就奖励1个代币。
4. 当孩子按照要求爬到山顶时，协助者可以给予1个代币的奖励。
5. 在爬山的过程中，要注意观察孩子的情绪、行为和身体反应。当孩子额头开始出汗，并出现躁狂情绪，或者停下来不愿意走时，观察孩子的反应。如果孩子能主动表达累的感受，则让孩子停下来休息一会。
6. 如果孩子连续3次都没有主动表达，协助者可以有一些提示："怎么停下来了？"如果孩子能表达累的感受，也可以停下来休息一会。如孩子没有表达自己的需求，则继续爬山。
7. 如果孩子按照要求能继续爬山，到达目标地就能得1个代币；反之，扣1个代币。

活动二：上山下山

1. 协助者找一处适合孩子爬山的场地，最好是公园里的山坡，坡度适合一般人爬上去，选择的环境首先要保证安全。
2. 协助者跟孩子一起做准备运动：跳一跳，伸伸手，压下腿，活动一下脚踝。
3. 做好准备运动后，协助者带着孩子一起沿着山坡往上爬，告诉孩子，能爬到山顶就奖励 1 个代币。

　　4. 协助者跟孩子一起爬，在爬的过程中，不断督促孩子不要停下来。当孩子能跟着协助者一起爬到山顶时，奖励 1 个代币。

　　5. 接着，带着孩子原路返回。在下山的过程中，也要督促孩子别停下来。到达山脚时，如果孩子能跟随，就再奖励 1 个代币。

　　6. 在爬山或下山的过程中，要注意观察孩子的情绪、行为和身体反应。当孩子额头开始出汗，并出现躁狂情绪，或者停下来不愿意做时，观察孩子的反应。如果孩子能主动表达累的感受，则让孩子停下来休息一会。

　　7. 如果孩子连续 3 次都没有主动表达，协助者可以有一些提示："怎么停下来了？"如果孩子能表达累的感受，也可以停下来休息一会。如孩子没有表达自己的需求，则继续爬山或下山。

　　8. 如果孩子按照要求能继续爬山或下山，到达目标地就能得 1 个代币；反之，扣 1 个代币。

　　活动三：定时爬山

　　1. 协助者找一处适合孩子爬山的场地，最好是公园里的山坡，坡度适合一般人爬上去，选择的环境首先要保证安全。

　　2. 协助者跟孩子一起做准备运动：跳一跳，伸伸手，压下腿，活动一下脚踝。

　　3. 做好准备运动后，协助者带着孩子一起沿着山坡往上爬，设定好闹钟的时间，告诉孩子，在规定的时间内爬到山顶就奖励 1 个代币。

　　4. 当孩子按照要求爬到山顶时，协助者可以给予 1 个代币的奖励。

　　5. 在爬山的过程中，要注意观察孩子的情绪、行为和身体反应。当孩子额头开始出汗，并出现躁狂情绪，或者停下来不愿意做时，观察孩子的反应。如果孩子能主动表达累的感受，则让孩子停下来休息一会。

　　6. 如果孩子连续 3 次都没有主动表达，协助者可以有一些提示："怎么停下来了？"如果孩子能表达累的感受，也可以停下来休息一会。如孩子没有表达自己的需求，则继续爬山。

　　7. 如果孩子按照各项要求能继续爬山，到达目标地就能得 1 个代币；反之，扣 1 个代币。

　　六、教学建议

　　1. 孩子的每一口食物都必须是按要求获得的代币兑换的。

　　2. 训练点落在选择表达上。孩子能体验累带来的不适，通过求助他人消除累的感觉，对比之后懂得通过向协助者求助来满足自己的需求。

　　3. 3 个活动给孩子提出的要求是由易到难，循序渐进的。

　　4. 协助者带孩子爬山时，要多观察，多调整目标，给孩子提的要求尽量贴近孩

子当前的水平,让孩子能充分体验到累的感受,主动表达自己的需求。

第94课 爬山时,孩子累了能向协助者表达休息的需求

一、教学目标

爬山时,孩子累了能向协助者表达休息的需求。

二、教学重点

1. 孩子表达时能与协助者有眼神交流。
2. 孩子能用正确的动作和语言表达休息的需求。

三、教学准备

1. 食物。
2. 代币。
3. 运动鞋。
4. 运动服。
5. 计时器。

四、指导语

1. 我们一起去爬山。
2. 先来做一做准备运动:跳一跳,弯弯腰,拉拉腿。
3. 不要停,快到时间了。
4. 好,奖励1个代币给你。
5. 怎么不走了?
6. 说出来或指出来。
7. 没听清楚,讲清楚点。
8. 讲得不清楚,继续爬山。
9. 想休息?好,那就停下来休息一下吧。

五、教学过程

活动一：定点爬山

1. 协助者找一处适合孩子爬山的场地，最好是公园里的山坡，坡度适合一般人爬上去，选择的环境首先要保证安全。
2. 协助者跟孩子一起做准备运动：跳一跳，伸伸手，压下腿，活动一下脚踝。
3. 做好准备运动后，协助者带着孩子一起沿着山坡往上爬，告诉孩子，爬到山顶就奖励1个代币。
4. 当孩子按照要求爬到山顶时，协助者可以给予1个代币的奖励。
5. 在爬山的过程中，要注意观察孩子的情绪、行为和身体反应。当孩子额头开始出汗，并出现躁狂情绪，或者停下来不愿意走时，观察孩子的反应。如果孩子主动正确地向协助者表达休息的需求，就停下来休息1分钟，再继续爬山。如果不能正确表达，则不能停下来休息。
6. 如果孩子3次都无法正确表达自己的需求，协助者可以有一些提示："怎么停下来了？"引导孩子正确表达自己的需求。
7. 如果孩子按照要求能继续爬山，到达目标地就能得1个代币；反之，扣1个代币。

活动二：上山下山

1. 协助者找一处适合孩子爬山的场地，最好是公园里的山坡，坡度适合一般人爬上去，选择的环境首先要保证安全。
2. 协助者跟孩子一起做准备运动：跳一跳，伸伸手，压下腿，活动一下脚踝。
3. 做好准备运动后，协助者带着孩子一起沿着山坡往上爬，告诉孩子，爬到山顶就奖励1个代币。
4. 协助者跟孩子一起爬，在爬的过程中，不断督促孩子不要停下来。当孩子能跟着协助者一起爬到山顶时，就奖励孩子1个代币。
5. 接着，带着孩子原路返回。在下山的过程中，也要督促孩子别停下来。到达山脚时，如果孩子能跟随，就再奖励1个代币。
6. 在爬山或下山的过程中，要注意观察孩子的情绪、行为和身体反应。当孩子额头开始出汗，并出现躁狂情绪，或者停下来不愿意走时，观察孩子的反应。如果孩子主动正确地向协助者表达休息的需求，就停下来休息1分钟，再继续爬山或下山。如果不能正确表达，则不能停下来休息。
7. 如果孩子3次都无法正确表达自己的需求，协助者可以有一些提示："怎么停下来了？"引导孩子正确表达自己的需求。
8. 如果孩子按照要求能继续爬山或下山，到达目标地就能得1个代币；反之，

扣1个代币。

活动三：定时爬山

1. 协助者找一处适合孩子爬山的场地，最好是公园里的山坡，坡度适合一般人爬上去，选择的环境首先要保证安全。
2. 协助者跟孩子一起做准备运动：跳一跳，伸伸手，压下腿，活动一下脚踝。
3. 做好准备运动后，协助者带着孩子一起沿着山坡往上爬，设定好闹钟的时间，告诉孩子，在规定的时间内爬到山顶就奖励1个代币。
4. 当孩子按照要求爬到山顶时，协助者可以给予1个代币的奖励。
5. 在爬山的过程中，要注意观察孩子的情绪、行为和身体反应。当孩子额头开始出汗，并出现躁狂情绪，或者停下来不愿意走时，观察孩子的反应。如果孩子主动正确地向协助者表达休息的需求，就停下来休息1分钟，再继续爬山。如果不能正确表达，则不能停下来休息。
6. 如果孩子3次都无法正确表达自己的需求，协助者可以有一些提示："怎么停下来了？"引导孩子正确表达自己的需求。
7. 如果孩子按照要求能继续爬山，到达目标地就能得1个代币；反之，扣1个代币。

六、教学建议

1. 本活动中孩子得到的代币当天午餐或晚餐时兑换。
2. 孩子的每一口食物都必须是按要求获得的代币兑换的。
3. 活动训练点落在与人互动上。孩子能主动正确地表达自己的需求，并与协助者有眼神交流。
4. 协助者在训练孩子时，要多观察，多调整目标，给孩子提的要求尽量贴近孩子当前的水平，让孩子既能体验到累的不适，又不会因要求过高而无法完成。

第95课 爬山时，孩子累了能正确称呼协助者

一、教学目标

爬山时，孩子累了能正确称呼协助者。

二、教学重点

1. 孩子能分辨自己需要求助的人是谁。
2. 孩子能在提示下称呼协助者。

3. 孩子能正确称呼协助者。

三、教学准备

1. 食物。
2. 代币。
3. 运动鞋。
4. 运动服。
5. 计时器。

四、指导语

1. 想不想要代币？
2. 我们一起去爬山。
3. 先来做一做准备运动：跳一跳，弯弯腰，拉拉腿。
4. 不要停，快到时间了。
5. 好，奖励1个代币给你。
6. 怎么不走了？
7. 先叫我，我是谁？
8. 快点叫××（称呼）。
9. 是不是好累啊？先叫我，不叫不可以休息。
10. 嗯，好的，先休息一会。

五、教学过程

活动一：定点爬山

1. 协助者找一处适合孩子爬山的场地，最好是公园里的山坡，坡度适合一般人爬上去，选择的环境首先要保证安全。
2. 协助者跟孩子一起做准备运动：跳一跳，伸伸手，压下腿，活动一下脚踝。
3. 做好准备运动后，协助者带着孩子一起沿着山坡往上爬，告诉孩子，爬到山顶就奖励1个代币。
4. 当孩子按照要求爬到山顶时，协助者可以给予1个代币的奖励。
5. 在爬山的过程中，要注意观察孩子的情绪、行为和身体反应。当孩子额头开始出汗，并出现躁狂情绪，或者停下来不愿意走时，观察孩子的反应。如果孩子主动正确地称呼协助者，并表达累的感受，就停下来休息1分钟，再继续爬山。如果不能正确称呼协助者，则不能停下来休息，要继续爬山。
6. 如果孩子连续3次都无法正确称呼协助者，协助者可以给予引导。如果孩子在引导下能正确称呼协助者，并能表达自己的感受，则可以休息一会。

7. 如果孩子按照要求能继续爬山，到达目标地就能得 1 个代币；反之，扣 1 个代币。

活动二：上山下山

1. 协助者找一处适合孩子爬山的场地，最好是公园里的山坡，坡度适合一般人爬上去，选择的环境首先要保证安全。

2. 协助者跟孩子一起做准备运动：跳一跳，伸伸手，压下腿，活动一下脚踝。

3. 做好准备运动后，协助者带着孩子一起沿着山坡往上爬，告诉孩子，爬到山顶就奖励 1 个代币。

4. 协助者跟孩子一起爬，在爬的过程中，不断督促孩子不要停下来。当孩子能跟着协助者一起爬到山顶时，就奖励 1 个代币。

5. 接着，带着孩子原路返回。在下山的过程中，也要督促孩子别停下来。到达山脚时，如果孩子能跟随，就再奖励 1 个代币。

6. 在爬山或下山的过程中，要注意观察孩子的情绪、行为和身体反应。当孩子额头开始出汗，并出现躁狂情绪，或者停下来不愿意走时，观察孩子的反应。如果孩子主动正确地称呼协助者，并表达累的感受，就停下来休息 1 分钟，再继续爬山。如果不能正确称呼协助者，则不能停下来休息，要继续爬山或下山。

7. 如果孩子连续 3 次都无法正确称呼协助者，协助者可以给予引导。如果孩子在引导下能正确称呼协助者，并能表达自己的感受，则可以休息一会。

8. 如果孩子按照要求能继续爬山或下山，到达目标地就能得 1 个代币；反之，扣 1 个代币。

活动三：定时爬山

1. 协助者找一处适合孩子爬山的场地，最好是公园里的山坡，坡度适合一般人爬上去，选择的环境首先要保证安全。

2. 协助者跟孩子一起做准备运动：跳一跳，伸伸手，压下腿，活动一下脚踝。

3. 做好准备运动后，协助者带着孩子一起沿着山坡往上爬，设定好闹钟的时间，告诉孩子，在规定的时间内爬到山顶就奖励 1 个代币。

4. 当孩子按照要求爬到山顶时，协助者可以给予 1 个代币的奖励。

5. 在爬山的过程中，要注意观察孩子的情绪、行为和身体反应。当孩子额头开始出汗，并出现躁狂情绪，或者停下来不愿意走时，观察孩子的反应。如果孩子主动正确地称呼协助者，并表达累的感受，就停下来休息 1 分钟，再继续爬山。如果不能正确称呼协助者，则不能停下来休息，要继续爬山。

6. 如果孩子连续 3 次都无法正确称呼协助者，协助者可以给予引导。如果孩子在引导下能正确称呼协助者，并能表达自己的感受，则可以休息一会。

7. 如果孩子按照要求能继续爬山，到达目标地就能得 1 个代币；反之，扣 1 个代币。

六、教学建议

1. 孩子的每一口食物都必须是按要求获得的代币兑换的。
2. 留意孩子与人互动时的眼神交流，称呼、表达的同时眼睛要看着对方。
3. 训练的重点落在正确地称呼协助者上。刚开始时协助者可以多引导孩子正确地称呼，等孩子在训练过程中逐渐学会怎样称呼协助者后，就要减少提示。

第 96 课　爬山时，孩子能忍耐热的感受

一、教学目标

爬山时，孩子能忍耐热的感受。

二、教学重点

孩子爬山时能忍耐热的感受。

三、教学准备

1. 水。
2. 代币。
3. 运动鞋。
4. 运动服。
5. 计时器。

四、指导语

1. 我们一起去爬山。
2. 先来做一做准备运动：跳一跳，弯弯腰，拉拉腿。
3. 想不想吃糖？
4. 想吃，那就快点爬上去拿代币兑换。
5. 想不想喝饮料？拿代币来换。
6. 不要停，快到时间了。
7. 好，奖励 1 个代币给你。
8. 拿到多少代币？过来换一换。

五、教学过程

活动一：定点爬山

1. 爬山可以选在炎热的天气。协助者找一处适合孩子爬山的场地，最好是公园里的山坡，坡度适合一般人爬上去，选择的环境首要保证安全。
2. 协助者跟孩子一起做准备运动：跳一跳，伸伸手，压下腿，活动一下脚踝。
3. 做好准备运动后，协助者带着孩子一起沿着山坡往上爬，告诉孩子，爬到山顶就奖励 1 个代币。
4. 当孩子按照要求爬到山顶时，协助者可以给予 1 个代币的奖励。
5. 在爬山的过程中，要注意观察孩子的情绪、行为和身体反应。当孩子额头开始出汗，并出现躁狂情绪，或者停下来不愿意爬时，要求孩子别停下来，继续爬。
6. 如果孩子按照要求能控制好情绪，继续爬山，到达目标地就能得 1 个代币；反之，扣 1 个代币。

活动二：上山下山

1. 选在比较炎热的天气，协助者带着孩子到达爬山的地点。
2. 协助者跟孩子一起做准备运动：跳一跳，伸伸手，压下腿，活动一下脚踝。
3. 做好准备运动后，协助者带着孩子一起沿着山坡往上爬，告诉孩子，爬到山顶就奖励 1 个代币。
4. 协助者跟孩子一起爬，在爬的过程中，不断督促孩子不要停下来。当孩子能跟着协助者一起爬到山顶时，就奖励孩子 1 个代币。
5. 接着，带着孩子原路返回。在下山的过程中，也要督促孩子别停下来。到达山脚时，如果孩子中途没有停下，就奖励 1 个代币。
6. 在爬山或下山的过程中，要注意观察孩子的情绪、行为和身体反应。当孩子额头开始出汗，并出现躁狂情绪，或者停下来不愿意走时，要求孩子别停下来，继续爬山或下山。
7. 如果孩子按照要求能控制好情绪，继续爬山或下山，就能得 1 个代币；反之，扣 1 个代币。

活动三：定时爬山

1. 选在比较炎热的天气，协助者带着孩子到达爬山的地点。
2. 协助者跟孩子一起做准备运动：跳一跳，伸伸手，压下腿，活动一下脚踝。
3. 做好准备运动后，协助者带着孩子一起沿着山坡往上爬，设定好闹钟的时间，告诉孩子，在规定的时间内爬到山顶就奖励 1 个代币。

4. 当孩子按照要求爬到山顶时，协助者可以给予 1 个代币的奖励。

5. 在爬山的过程中，要注意观察孩子的情绪、行为和身体反应。当孩子额头开始出汗，并出现躁狂情绪，或者停下来不愿意爬时，要求孩子别停下来，继续爬。

6. 如果孩子按照要求能控制好情绪，继续爬山，到达目标地就能得 1 个代币；反之，扣 1 个代币。

六、教学建议

1. 本目标安排在户外进行，请协助者做好户外安全教育，保证孩子在自己的视线范围内活动。

2. 孩子的每一口食物都必须是按要求获得的代币兑换的。

3. 训练过程中，要根据孩子的状况用不同的强化物，如果零食没有激发出孩子的需求，则用一日三餐作为强化物。

4. 活动训练点落在忍耐上。孩子能忍耐热的感受，服从要求，完成训练目标。

第 97 课　爬山时，孩子能表达热的感受

一、教学目标

爬山时，孩子能表达热的感受。

二、教学重点

孩子爬山时能表达热的感受，这里的表达属于服从子目标：比较选择。孩子在表达热的感受之后获得帮助，通过被帮助前后，热与舒服两种感觉对比，能主动选择向他人表达需求获得帮助。

三、教学准备

1. 水。
2. 代币。
3. 运动鞋。
4. 运动服。
5. 计时器。

四、指导语

1. 我们一起去爬山。

2. 先来做一做准备运动：跳一跳，弯弯腰，拉拉腿。

3. 想不想喝饮料？拿代币来换。

4. 不要停，快到时间了。

5. 好，奖励 1 个代币给你。

6. 怎么不走了？

7. 好热，那就停下来喝口水。

五、教学过程

活动一：定点爬山

1. 爬山可以选在炎热的天气。协助者找一处适合孩子爬山的场地，最好是公园里的山坡，坡度适合一般人爬上去，选择的环境首要保证安全。

2. 协助者跟孩子一起做准备运动：跳一跳，伸伸手，压下腿，活动一下脚踝。

3. 做好准备运动后，协助者带着孩子一起沿着山坡往上爬，告诉孩子，爬到山顶就奖励 1 个代币。

4. 当孩子按照要求爬到山顶时，协助者可以给予 1 个代币的奖励。

5. 在爬山的过程中，要注意观察孩子的情绪、行为和身体反应。当孩子额头开始出汗，并出现躁狂情绪，或者停下来不愿意做时，观察孩子的反应。如果孩子能主动表达热的感受，则让孩子停下来喝口水。

6. 如果孩子连续 3 次都没有主动表达，协助者可以有一些提示："怎么停下来了？"如果孩子能表达热的感受，就可以停下来喝口水。如孩子没有表达自己的需求，则继续爬山。

7. 如果孩子按照要求能继续爬山，到达目标地就能得 1 个代币；反之，扣 1 个代币。

活动二：上山下山

1. 选在比较炎热的天气，协助者带着孩子到达爬山的地点。

2. 协助者跟孩子一起做准备运动：跳一跳，伸伸手，压下腿，活动一下脚踝。

3. 做好准备运动后，协助者带着孩子一起沿着山坡往上爬，告诉孩子，爬到山顶就奖励 1 个代币。

4. 协助者跟孩子一起爬，在爬的过程中，不断督促孩子不要停下来。当孩子能跟着协助者一起爬到山顶时，就奖励 1 个代币。

5. 接着，带着孩子原路返回。在下山的过程中，也要督促孩子别停下来。到达山脚时，如果孩子中途没有停下，就奖励 1 个代币。

6. 在爬山或下山的过程中，要注意观察孩子的情绪、行为和身体反应。当孩子额头开始出汗，并出现躁狂情绪，或者停下来不愿意走时，观察孩子的反应。如果孩子能主动表达热的感受,则让孩子停下来喝口水。

7. 如果孩子连续3次都没有主动表达,协助者可以有一些提示:"怎么停下来了?"如果孩子能表达热的感受,就可以停下来喝口水。如孩子没有表达自己的需求,则继续爬山或下山。

8. 如果孩子按照要求能继续爬山或下山,到达目标地就能得1个代币;反之,扣1个代币。

活动三:定时爬山

1. 选在比较炎热的天气,协助者带着孩子到达爬山的地点。
2. 协助者跟孩子一起做准备运动:跳一跳,伸伸手,压下腿,活动一下脚踝。
3. 做好准备运动后,协助者带着孩子一起沿着山坡往上爬,设定好闹钟的时间,告诉孩子,在规定的时间内爬到山顶就奖励1个代币。
4. 当孩子按照要求爬到山顶时,协助者可以给予1个代币的奖励。
5. 在爬山的过程中,要注意观察孩子的情绪、行为和身体反应。当孩子额头开始出汗,并出现躁狂情绪,或者停下来不愿意做时,观察孩子的反应。如果孩子能主动表达热的感受,则让孩子停下来喝口水。
6. 如果孩子连续3次都没有主动表达,协助者可以有一些提示:"怎么停下来了?"孩子如果能表达热的感受,就可以停下来喝口水。如孩子没有表达自己的需求,则继续爬山。
7. 如果孩子按照要求能继续爬山,到达目标地就能得1个代币;反之,扣1个代币。

六、教学建议

1. 孩子的每一口食物都必须是按要求获得的代币兑换的。
2. 训练点落在选择表达上。孩子能体验热带来的不适,通过求助他人消除热的感觉,对比之后懂得通过向协助者求助来满足自己的需求。
3. 3个活动给孩子提出的要求是由易到难,循序渐进的。
4. 协助者带孩子爬山时,要多观察,多调整目标,给孩子提的要求尽量贴近孩子当前的水平,让孩子能充分体验到热的感受,主动表达自己的需求。

第98课 爬山时,孩子热了能向协助者表达喝水的需求

一、教学目标

爬山时,孩子热了能向协助者表达喝水的需求。

二、教学重点

1. 孩子表达时能与协助者有眼神交流。
2. 孩子能用正确的动作和语言表达喝水的需求。

三、教学准备

1. 水。
2. 代币。
3. 运动鞋。
4. 运动服。
5. 计时器。

四、指导语

1. 我们一起去爬山。
2. 先来做一做准备运动：跳一跳，弯弯腰，拉拉腿。
3. 不要停，快到时间了。
4. 好，奖励1个代币给你。
5. 怎么不走了？
6. 说出来或指出来。
7. 没听清楚，讲清楚点。
8. 讲得不清楚，继续爬山。
9. 想喝水？好，那就停下来喝口水吧。

五、教学过程

活动一：定点爬山

1. 爬山可以选在炎热的天气。协助者找一处适合孩子爬山的场地，最好是公园里的山坡，坡度适合一般人爬上去，选择的环境首要保证安全。
2. 协助者跟孩子一起做准备运动：跳一跳，伸伸手，压下腿，活动一下脚踝。
3. 做好准备运动后，协助者带着孩子一起沿着山坡往上爬，告诉孩子，爬到山顶就奖励1个代币。
4. 当孩子按照要求爬到山顶时，协助者可以给予1个代币的奖励。
5. 在爬山的过程中，要注意观察孩子的情绪、行为和身体反应。当孩子额头开始出汗，并出现躁狂情绪，或者停下来不愿意走时，观察孩子的反应。如果孩子主动

正确地向协助者表达喝水的需求,就停下来喝口水,再继续爬山。如果不能正确表达,则喝不到水。

6. 如果孩子连续3次都无法正确表达自己的需求,协助者可以有一些提示:"怎么停下来了",引导孩子正确表达自己的需求。

7. 如果孩子按照要求能继续爬山,到达目标地就能得1个代币;反之,扣1个代币。

活动二:上山下山

1. 选在比较炎热的天气,协助者带着孩子到达爬山的地点。

2. 协助者跟孩子一起做准备运动:跳一跳,伸伸手,压下腿,活动一下脚踝。

3. 做好准备运动后,协助者带着孩子一起沿着山坡往上爬,告诉孩子,爬到山顶就奖励1个代币。

4. 协助者跟孩子一起爬,在爬的过程中,不断督促孩子不要停下来。当孩子能跟着协助者一起爬到山顶时,就奖励1个代币。

5. 接着,带着孩子原路返。在下山的过程中,也要督促孩子别停下来。到达山脚时,如果孩子中途没有停下,就奖励1个代币。

6. 在爬山或下山的过程中,要注意观察孩子的情绪、行为和身体反应。当孩子额头开始出汗,并出现躁狂情绪,或者停下来不愿意走时,观察孩子的反应。如果孩子主动正确地向协助者表达喝水的需求,就停下来喝口水,再继续爬山或下山。如果不能正确表达,则喝不到水。

7. 如果孩子连续3次都无法正确表达自己的需求,协助者可以有一些提示:"怎么停下来了",引导孩子正确表达自己的需求。

8. 如果孩子按照要求能继续爬山或下山,到达目标地就能得1个代币;反之,扣1个代币。

活动三:定时爬山

1. 选在比较炎热的天气,协助者带着孩子到达爬山的地点。

2. 协助者跟孩子一起做准备运动:跳一跳,伸伸手,压下腿,活动一下脚踝。

3. 做好准备运动后,协助者带着孩子一起沿着山坡往上爬,设定好闹钟的时间,告诉孩子,在规定的时间内爬到山顶就奖励1个代币。

4. 当孩子按照要求爬到山顶时,协助者可以给予1个代币的奖励。

5. 在爬山的过程中,要注意观察孩子的情绪、行为和身体反应。当孩子额头开始出汗,并出现躁狂情绪,或者停下来不愿意走时,观察孩子的反应。如果孩子主动正确地向协助者表达喝水的需求,就停下来喝口水,再继续爬山。如果不能正确表达,则喝不到水。

6. 如果孩子连续3次都无法正确表达自己的需求,协助者可以有一些提示:"怎

么停下来了",引导孩子正确表达自己的需求。

7. 如果孩子按照要求能继续爬山,到达目标地就能得 1 个代币;反之,扣 1 个代币。

六、教学建议

1. 本活动中孩子得到的代币当天午餐或晚餐时兑换。
2. 孩子的每一口食物都必须是按要求获得的代币兑换的。
3. 活动训练点落在与人互动上。孩子能主动正确地表达自己的需求,并与协助者有眼神交流。
4. 协助者在训练孩子时,要多观察,多调整目标,给孩子提的要求尽量贴近孩子当前的水平,让孩子既能体验到热的不适,又不会因要求过高而无法完成。

第 99 课 爬山时,孩子热了能正确称呼协助者

一、教学目标

爬山时,孩子热了能正确称呼协助者。

二、教学重点

1. 孩子能分辨自己需要求助的人是谁。
2. 孩子能在提示下称呼协助者。
3. 孩子能正确称呼协助者。

三、教学准备

1. 水。
2. 代币。
3. 运动鞋。
4. 运动服。
5. 计时器。

四、指导语

1. 想不想要代币?
2. 我们一起去爬山。
3. 先来做一做准备运动:跳一跳,弯弯腰,拉拉腿。

4. 不要停,快到时间了。

5. 好,奖励1个代币给你。

6. 怎么不走了?

7. 先叫我,我是谁?

8. 快点叫××(称呼)。

9. 是不是好热啊?先叫我,不叫人不给水喝。

10. 嗯,好的,来,喝点水。

五、教学过程

活动一:定点爬山

1. 爬山的时间可以选在炎热的天气。协助者找一处适合孩子爬山的场地,最好是公园里的山坡,坡度适合一般人爬上去,选择的环境首先要保证安全。

2. 协助者跟孩子一起做准备运动:跳一跳,伸伸手,压下腿,活动一下脚踝。

3. 做好准备运动后,协助者带着孩子一起沿着山坡往上爬,告诉孩子,爬到山顶就奖励1个代币。

4. 当孩子按照要求爬到山顶时,协助者可以给予1个代币的奖励。

5. 在爬山的过程中,要注意观察孩子的情绪、行为和身体反应。当孩子额头开始出汗,并出现躁狂情绪,或者停下来不愿意走时,观察孩子的反应。如果孩子主动正确地称呼协助者,并表达喝水的需求,就停下来喝口水,再继续爬山。如果不能正确称呼协助者,则不能停下来喝水,要继续爬山。

6. 如果孩子连续3次都无法正确称呼协助者,协助者可以给予引导。如果孩子在引导下能正确称呼协助者,并能表达自己的需求,则可以喝口水。

7. 如果孩子按照要求能继续爬山,到达目标地就能得1个代币;反之,扣1个代币。

活动二:上山下山

1. 选在比较炎热的天气,协助者带着孩子到达爬山的地点。

2. 协助者跟孩子一起做准备运动:跳一跳,伸伸手,压下腿,活动一下脚踝。

3. 做好准备运动后,协助者带着孩子一起沿着山坡往上爬,告诉孩子,爬到山顶就奖励1个代币。

4. 协助者跟孩子一起爬,在爬的过程中,不断督促孩子不要停下来。当孩子能跟着协助者一起爬到山顶时,就奖励1个代币。

5. 接着,带着孩子原路返回。在下山的过程中,也要督促孩子别停下来。到达山脚时,如果孩子中途没有停下,就奖励1个代币。

6. 在爬山或下山的过程中,要注意观察孩子的情绪、行为和身体反应。当孩子额头开始出汗，并出现躁狂情绪，或者停下来不愿意走时，观察孩子的反应。如果孩子主动正确地称呼协助者，并表达喝水的需求，就停下来喝口水，再继续爬山或下山。如果不能正确称呼协助者，则不能停下来喝水，要继续爬山或下山。

7. 如果孩子连续 3 次都无法正确称呼协助者，协助者可以给予引导。如果孩子在引导下能正确称呼协助者，并能表达自己的需求，则可以喝水。

8. 如果孩子按照要求能继续爬山或下山，到达目标地就能得 1 个代币。反之，扣 1 个代币。

活动三：定时爬山

1. 选在比较炎热的天气，协助者带着孩子到达爬山的地点。
2. 协助者跟孩子一起做准备运动：跳一跳，伸伸手，压下腿，活动一下脚踝。
3. 做好准备运动后，协助者带着孩子一起沿着山坡往上爬，设定好闹钟的时间，告诉孩子，在规定的时间内爬到山顶就奖励 1 个代币。
4. 当孩子按照要求爬到山顶时，协助者可以给予 1 个代币的奖励。
5. 在爬山的过程中，要注意观察孩子的情绪、行为和身体反应。当孩子额头开始出汗，并出现躁狂情绪，或者停下来不愿意走时，观察孩子的反应。如果孩子主动正确地称呼协助者，并表达喝水的需求，就停下来喝水，再继续爬山。如果不能正确称呼协助者，则不能停下来喝水，要继续爬山。
6. 如果孩子连续 3 次都无法正确称呼协助者，协助者可以给予引导。如果孩子在引导下能正确称呼协助者，并能表达自己的需求，则可以停下来喝水。
7. 如果孩子按照要求能继续爬山，到达目标地就能得 1 个代币；反之，扣 1 个代币。

六、教学建议

1. 孩子的每一口食物都必须是按要求获得的代币兑换的。
2. 留意孩子与人互动时的眼神交流，称呼、表达的同时眼睛要看着对方。
3. 训练的重点落在能正确地称呼协助者上。刚开始时协助者可以多引导孩子正确地称呼，等孩子在训练过程中逐渐学会怎样称呼协助者后，就要减少提示。

第 100 课　跑步时，孩子能忍耐累的感受

一、教学目标

跑步时，孩子能忍耐累的感受。

二、教学重点

孩子跑步时能忍耐累的感受。

三、教学准备

1. 食物。
2. 代币。
3. 运动鞋。
4. 运动服。
5. 计时器。

四、指导语

1. 我们一起来跑步。
2. 先来做一做准备运动：跳一跳，弯弯腰，拉拉腿。
3. 想不想吃糖？
4. 想吃，那就快点跑去拿代币来换。
5. 想不想喝饮料？拿代币来换。
6. 不要停，快到时间了。
7. 好，奖励1个代币给你。
8. 前面有座桥，跑过去就奖励1个代币。

五、教学过程

活动一：短跑

1. 协助者带孩子到一个开阔的场地活动，如公园、广场、体育场。
2. 协助者跟孩子一起做准备运动：跳一跳，伸伸手，压下腿，活动一下脚踝。
3. 协助者在离孩子大概50米的地方放置1个代币，告诉孩子，跑过去就有1个代币拿。
4. 如果孩子按照要求跑过去拿到代币，则可以奖励1个代币，这个代币可换一小块糖。
5. 先让孩子成功2次，再用计时器计时，让孩子在规定时间内跑到代币处。孩子能做到就奖励1个代币，没有做到就得不到代币。
6. 计时器定的时间只够孩子在努力跑的情况下拿到代币。
7. 在跑步的过程中，要注意观察孩子的情绪、行为和身体反应。当孩子额头开

始出汗,并出现躁狂情绪,或者停下来不愿意跑时,协助者要求孩子别停下来,继续跑。

8. 如果孩子按照要求能控制好情绪,继续跑步,则可得1个代币;反之,扣1个代币。

9. 至少重复训练10遍。

活动二:在公园跑

1. 协助者带孩子到公园跑步。
2. 协助者制定好跑步的路线,并设置若干个目标点,如桥、椅子、树、花等比较明显的标志物。
3. 协助者带一瓶孩子很喜欢喝的饮料,利用孩子的需求激发孩子跑步的积极性。
4. 协助者拿着饮料问孩子:"想喝饮料吗?"得到肯定回应后,指着远处的一座桥说:"跑到那座桥,我就奖励你1个代币,代币可以跟我换饮料喝。"
5. 协助者跟孩子一起跑,在跑的过程中,不断督促孩子跑步,不要停下来。如果孩子能跟着协助者一起跑到目标处,就奖励1个代币。
6. 开始时1个代币换一小口饮料,等孩子的行为稳定之后逐步提高兑换代币的数量。
7. 在跑步的过程中,要注意观察孩子的情绪、行为和身体反应。当孩子额头开始出汗,并出现躁狂情绪,或者停下来不愿跑时,协助者要求孩子别停下来,继续跑。
8. 如果孩子按照要求能控制好情绪,继续跑步并,则可得1个代币;反之,扣1个代币。
9. 多次训练,直到孩子跑完规划的路线。

活动三:在体育场跑

1. 如果有条件,协助者可以带着孩子到体育场或体育馆的跑道上跑步。
2. 协助者带一瓶孩子很喜欢喝的饮料,利用孩子的需求激发孩子跑步的积极性。
3. 如果是400米跑道,协助者就要求孩子拿2个代币换饮料喝;如果是200米跑道,就要求孩子拿3个代币来兑换。孩子在规定时间内每跑一圈就得1个代币,时间一定要符合孩子正常水平。
4. 当协助者发出跑的指令后,孩子按照要求跑起来。若孩子能在规定时间内跑完一圈,就奖励1个代币;如果没有跑完一圈,则没有代币奖励。
5. 在跑步的过程中,要注意观察孩子的情绪、行为和身体反应。当孩子额头开始出汗,并出现躁狂情绪,或者停下来不愿跑时,协助者要求孩子别停下来,继续跑。
6. 如果孩子按照要求能控制好情绪,继续跑步,则可得1个代币;反之,扣

1 个代币。

7. 孩子可以用代币兑换自己喜欢的饮料。根据孩子的身体素质和反应以及跑道的距离，可练习 4～10 圈。

六、教学建议

1. 本目标安排在户外进行，请协助者做好户外安全教育，提醒孩子不要玩水、玩电以及在危险的场地逗留。

2. 孩子的每一口食物都必须是按要求获得的代币兑换的。

3. 用 1 个代币换一小口食物，保持孩子对食物的需求，保证孩子在活动中的训练量。

4. 训练过程中，要根据孩子的状况用不同的强化物。如果零食没有激发出孩子的需求，则用一日三餐作为强化物。

5. 活动训练点落在忍耐上。孩子能忍耐累的感受，服从要求，完成训练目标。

6. 协助者一定要找准孩子跑步大概在什么水平，这样定的时间才能让孩子充分地运动起来，体验到累。要防止要求过高，孩子无法完成。

第 101 课　跑步时，孩子能表达累的感受

一、教学目标

跑步时，孩子能表达累的感受。

二、教学重点

孩子跑步时能向协助者表达累的感受。

三、教学准备

1. 食物。
2. 代币。
3. 运动鞋。
4. 运动服。
5. 计时器。

四、指导语

1. 我们一起来跑步。

2. 先来做一做准备运动：跳一跳，弯弯腰，拉拉腿。
3. 想不想吃糖？
4. 想吃，那就快点跑去拿代币来换。
5. 想不想喝饮料？拿代币来换。
6. 不要停，快到时间了。
7. 好，奖励1个代币给你。
8. 前面有座桥，跑过去就奖励1个代币。
9. 怎么不跑了？
10. 好累啊，那就休息一下。

五、教学过程

活动一：短跑

1. 协助者带孩子到一个开阔的场地活动，如公园、广场、体育场。
2. 协助者跟孩子一起做准备运动：跳一跳，伸伸手，压下腿，活动一下脚踝。
3. 协助者在离孩子大概50米的地方放置1个代币，告诉孩子，跑过去就有1个代币拿。
4. 如果孩子按照要求跑过去拿到代币，则可以奖励1个代币，这个代币可换一小块糖。
5. 先让孩子成功2次，再用计时器计时，让孩子在规定时间内跑到代币处。孩子能做到就奖励1个代币，没有做到就得不到代币。
6. 计时器定的时间只够孩子在努力跑的情况下拿到代币。
7. 在跑步的过程中，要注意观察孩子的情绪、行为和身体反应。当孩子额头开始出汗，在起点不愿意跑时，协助者观察孩子能否主动表达。如果孩子能主动表达累的感受，则可以休息一下。
8. 协助者可以提示："怎么不跑了？"如果孩子能表达累的感受，那可以停下来休息一会。
9. 如果孩子没有表达自己的需求，则继续跑步。
10. 练习10遍。

活动二：在公园跑

1. 协助者带孩子到公园跑步。
2. 协助者制定好跑步的路线，并设置若干个目标点，如桥、椅子、树、花等比较明显的标志物。
3. 协助者带一瓶孩子很喜欢喝的饮料，利用孩子的需求激发孩子跑步的积极性。
4. 协助者拿着饮料问孩子："想喝饮料吗？"得到肯定回应后，指着远处的一座

桥说："跑到那座桥，我就奖励你 1 个代币，代币可以跟我换饮料喝。"

5. 协助者跟孩子一起跑，在跑的过程中，不断督促孩子跑步，不要停下来。如果孩子能跟着协助者一起跑到目标处，就奖励 1 个代币。

6. 开始 1 个代币换一小口饮料，等孩子的行为稳定之后逐步提高兑换代币的数量。

7. 在跑步的过程中，要注意观察孩子的情绪、行为和身体反应。当孩子额头开始出汗，在起点不愿意跑时，协助者观察孩子能否主动表达。如果孩子能主动表达累的感受，则可以休息一下。

8. 协助者可以提示："怎么不跑了？"如果孩子能表达累的感受，那么可以停下来休息一会。

9. 如果孩子没有表达自己的需求，则继续跑步。

10. 多次训练，直到孩子跑完规划的路线。

活动三：在体育场跑

1. 如果有条件，协助者可以带着孩子到体育场或体育馆的跑道上跑步。

2. 协助者带一瓶孩子很喜欢喝的饮料，利用孩子的需求激发孩子跑步的积极性。

3. 如果是 400 米跑道，协助者就要求孩子拿 2 个代币换饮料喝；如果是 200 米跑道，就要求孩子拿 3 个代币来兑换。孩子在规定正常时间内每跑一圈就得 1 个代币，时间一定要符合孩子正常水平。

4. 当协助者发出跑的指令后，孩子按照要求跑起来。若孩子能在规定时间内跑完一圈，就奖励 1 个代币；如果没有跑完一圈，则没有代币奖励。

5. 在跑步的过程中，要注意观察孩子的情绪、行为和身体反应。当孩子额头开始出汗，在起点不愿意跑时，协助者观察孩子能否主动表达。如果孩子能主动表达累的感受，则可以休息一下。

6. 协助者可以提示："怎么不跑了？"如果孩子能表达累的感受，那么可以停下来休息一会。

7. 如果孩子没有表达自己的需求，则继续跑步。

8. 孩子可以用代币兑换自己喜欢的饮料。根据孩子的身体素质和反应以及跑道的距离，可练习 4～10 圈。

六、教学建议

1. 本目标安排在户外进行，请协助者做好户外安全教育，提醒孩子不要玩水、玩电以及在危险的场地逗留。

2. 孩子的每一口食物都必须是按要求获得的代币兑换的。

3. 用 1 个代币换一小口食物，保持孩子对食物的需求，保证孩子在活动中的训练量。

4. 训练过程中，要根据孩子的状况用不同的强化物。如果零食没有激发出孩子的需求，则用一日三餐作为强化物。

5. 活动训练点落在表达上。孩子能体验到累的感受，并且能主动向协助者表达。

6. 协助者一定要找准孩子跑步大概在什么水平，这样定的时间才能让孩子充分地运动起来，体验到累。要防止要求过高，孩子无法完成。

第102课　跑步时，孩子累了能向协助者表达休息的需求

一、教学目标

跑步时，孩子累了能向协助者表达休息的需求。

二、教学重点

1. 孩子表达时能与协助者有眼神交流。
2. 孩子能用动作或语言表达休息的需求。

三、教学准备

1. 食物。
2. 代币。
3. 运动鞋。
4. 运动服。
5. 计时器。

四、指导语

1. 我们一起来跑步。
2. 先来做一做准备运动：跳一跳，弯弯腰，拉拉腿。
3. 想不想吃糖？
4. 想吃，那就快点跑去拿代币来换。
5. 想不想喝饮料？拿代币来换。
6. 不要停，快到时间了。
7. 好，奖励1个代币给你。
8. 怎么不跑了？
9. 你想休息啊？好吧，那就休息一下。

五、教学过程

活动一：短跑

1. 协助者带孩子到一个开阔的场地活动，如公园、广场、体育场。
2. 协助者跟孩子一起做准备运动：跳一跳，伸伸手，压下腿，活动一下脚踝。
3. 协助者在离孩子大概 50 米的地方放置 1 个代币，告诉孩子，跑过去就有 1 个代币拿。
4. 如果孩子按照要求跑过去拿到代币，则可以奖励 1 个代币，这个代币可换一小块糖。
5. 先让孩子成功 2 次，再用计时器计时，让孩子在规定的时间内跑到代币处。孩子能做到就奖励 1 个代币的，没有做到就得不到代币。
6. 计时器定的时间只够孩子在努力跑的情况下拿到代币。
7. 在跑步的过程中，要注意观察孩子的情绪、行为和身体反应。当孩子额头开始出汗，在起点不愿意跑时，协助者观察孩子能否主动表达。
8. 如果孩子能主动表达休息的需求，能用正确的语言或动作表达自己的需求，就允许孩子坐下来休息片刻。
9. 协助者可以提示："怎么不跑了？"如果孩子不能主动表达需求，或者不能看着协助者表达，或是不能用正确的语言或动作表达，则不能休息。协助者开始时可给予适当的提示，随后要逐渐减少。
10. 如果孩子没有表达自己的需求，则继续跑步。
11. 练习 10 遍。

活动二：在公园跑

1. 协助者带孩子到公园跑步。
2. 协助者制定好跑步的路线，并设置若干个目标点，如桥、椅子、树、花等比较明显的标志物。
3. 协助者带一瓶孩子很喜欢喝的饮料，利用孩子的需求激发孩子跑步的积极性。
4. 协助者拿着饮料问孩子："想喝饮料吗？"得到肯定回应后，指着远处的一座桥说："跑到那座桥，我就奖励你 1 个代币，代币可以跟我换饮料喝。"
5. 协助者跟孩子一起跑，在跑的过程中，不断督促孩子跑步，不要停下来。如果孩子能跟着协助者一起跑到目标处，就奖励 1 个代币。
6. 开始时 1 个代币换一小口饮料，等孩子的行为稳定之后逐步提高兑换代币的数量。
7. 在跑步的过程中，要注意观察孩子的情绪、行为和身体反应。当孩子额头开始出汗，在起点不愿意跑时，协助者观察孩子能否主动表达。

8. 如果孩子能主动表达休息的需求，能用正确的语言或动作表达自己的需求，就允许孩子坐下来休息片刻。

9. 协助者可以提示："怎么不跑了？"孩子如果不能主动表达休息的需求，或者不能看着协助者表达，或是不能用正确的语言或动作表达，则不能休息。协助者开始时可给予适当的提示，随后要逐渐减少。

10. 如果孩子没有表达休息的需求，则继续跑步。

11. 多次训练，直到孩子跑完规划的路线。

活动三：在体育场跑

1. 如果有条件，协助者可以带着孩子到体育场或体育馆的跑道上跑步。
2. 协助者带一瓶孩子很喜欢喝的饮料，利用孩子的需求激发孩子跑步的积极性。
3. 如果是 400 米跑道，协助者就要求孩子拿 2 个代币换饮料喝；如果是 200 米跑道，就要求孩子拿 3 个代币来兑换。孩子在规定时间内每跑一圈就得 1 个代币，时间一定要符合孩子正常水平。
4. 当协助者发出跑的指令后，孩子按照要求跑起来。若孩子能在规定时间内跑完一圈，就奖励 1 个代币；如果没有跑完一圈，则没有代币奖励。
5. 在跑步的过程中，要注意观察孩子的情绪、行为和身体反应。当孩子额头开始出汗，在起点不愿意跑时，协助者观察孩子能否主动表达。
6. 如果孩子能主动表达休息的需求，能用正确的语言或动作表达自己的需求，就允许孩子坐下来休息片刻。
7. 协助者可以提示："怎么不跑了？"如果孩子不能主动表达休息的需求，或者不能看着协助者表达，或是不能用正确的语言或动作表达，则不能休息。协助者开始时可给予适当的提示，随后要逐渐减少。
8. 如果孩子没有表达休息的需求，则继续跑步。
9. 孩子可以用代币兑换自己喜欢的饮料。根据孩子的身体素质和反应以及跑道的距离，可练习 4～10 圈。

六、教学建议

1. 本目标安排在户外进行，请协助者做好户外安全教育，提醒孩子不要玩水、玩电以及在危险的场地逗留。
2. 孩子的每一口食物都必须是按要求获得的代币兑换的。
3. 用 1 个代币换一小口食物，保持孩子对食物的需求，保证孩子在活动中的训练量。
4. 训练过程中，要根据孩子的状况用不同的强化物。如果零食没有激发出孩子的需求，则用一日三餐作为强化物。
5. 活动训练点落在与人互动上。孩子能主动正确地表达自己的需求，并与协助者有眼神交流。

6. 协助者一定要找准孩子跑步大概在什么水平，这样定的时间才能让孩子充分地运动起来，体验到累。要防止要求过高，孩子无法完成。

第103课　跑步时，孩子累了能正确称呼协助者

一、教学目标

跑步时，孩子累了能正确称呼协助者。

二、教学重点

1. 孩子能分辨自己需要求助的人是谁。
2. 孩子能在提示下称呼协助者。
3. 孩子能正确称呼协助者。

三、教学准备

1. 食物。
2. 代币。
3. 2名协助者。
4. 运动鞋。
5. 运动服。
6. 计时器。

四、指导语

1. 想不想吃糖？
2. 想吃，那就快点跑去拿代币来换。
3. 想不想喝饮料？拿代币来换。
4. 不要停，快到时间了。
5. 你要什么？有没有代币？跑完了去找谁拿代币？
6. 想要代币先叫我，我是谁？
7. 好，奖励1个代币给你。
8. 怎么不跑了？
9. 你想休息啊？先叫我，不叫不给休息。
10. 嗯，好，休息一下。

五、教学过程

活动一：短跑

1. 协助者带孩子到一个开阔的场地活动，如公园、广场、体育场。
2. 协助者跟孩子一起做准备运动：跳一跳，伸伸手，压下腿，活动一下脚踝。
3. A 协助者拿着代币在离孩子大概 50 米的地方等孩子跑过来拿代币，B 协助者告诉孩子，跑过去找 A 拿代币来换糖吃。当孩子按照要求跑过去拿到代币时，A 协助者要求孩子能正确称呼人，不称呼就拿不到代币。
4. 如果孩子能正确称呼 A 协助者，就奖励 1 个代币；如果孩子没有做到，就得不到代币。B 协助者在一旁引导孩子正确称呼 A 协助者。
5. 孩子拿到代币后向 B 协助者换糖吃，B 协助者也要求孩子能正确称呼人。
6. 如果孩子能正确称呼 B 协助者，就奖励 1 个代币；如果孩子没有做到，就得不到代币。A 协助者在一旁引导孩子正确称呼 B 协助者。
7. 在跑步的过程中，当孩子额头开始出汗，站在起点不愿意跑时，协助者观察孩子能否主动表达休息的需求。
8. B 协助者可以提示："是不是想休息了？"当孩子表达想休息时，B 协助者要求孩子能正确称呼人。只有能正确称呼 B 协助者，孩子才能坐下休息。
9. 如果孩子不能正确称呼 B 协助者，则继续跑步，A 协助者可以在一旁引导孩子正确表达。孩子能正确称呼 B 协助者时就可以休息了。
10. 练习 10 遍。

活动二：在公园跑

1. 协助者带孩子到公园跑步。
2. 协助者制定好跑步的路线，并设置若干个目标点，如桥、椅子、树、花等比较明显的标志物。
3. B 协助者带一瓶孩子很喜欢喝的饮料，利用孩子的需求激发孩子跑步的积极性。
4. B 协助者拿着饮料问孩子："想喝饮料吗？"得到肯定回应后，指着远处的一座桥说："跑到那座桥，就可以拿到 1 个代币，代币可以跟我换饮料喝。"
5. 两名协助者跟孩子一起跑，在跑的过程中，不断督促孩子跑步，不要停下来。当孩子能跟着协助者一起跑到目标处，向 A 协助者表达想要代币时，A 协助者要求孩子能正确称呼人，不称呼人就拿不到代币。
6. 如果孩子能正确称呼 A 协助者，就奖励 1 个代币；如果孩子没有做到，就得不到代币。B 协助者在一旁引导孩子正确称呼 A 协助者。
7. 孩子拿到代币后向 B 协助者换饮料喝，B 协助者也要求孩子能正确称呼人。

8. 如果孩子能正确称呼 B 协助者，就奖励 1 个代币；如果孩子没有做到，就得不到代币。A 协助者在一旁引导孩子正确称呼 B 协助者。

9. 在跑步的过程中，当孩子额头开始出汗，站在起点不愿意跑时，协助者观察孩子能否主动表达休息的需求。

10. B 协助者可以提示："是不是想休息了？"当孩子表达想休息时，B 协助者要求孩子能正确称呼人。只有能正确称呼 B 协助者，孩子才能坐下休息。

11. 如果孩子不能正确称呼 B 协助者，则继续跑步，A 协助者可以在一旁引导孩子正确表达。孩子能正确称呼 B 协助者时就可以休息了。

12. 多次训练，直到孩子跑完规划的路线。

活动三：在体育场跑

1. 如果有条件，协助者可以带着孩子到体育场或体育馆的跑道上跑步。

2. B 协助者带一瓶孩子很喜欢喝的饮料，利用孩子的需求激发孩子跑步的积极性。

3. 如果是 400 米跑道，B 协助者就要求孩子拿 2 个代币换饮料喝；如果是 200 米跑道，就要求孩子拿 3 个代币来兑换。孩子在规定时间内每跑一圈就得 1 个代币，时间一定要符合孩子正常水平。

4. 当协助者发出跑的指令后，孩子按照要求跑起来。当孩子能在规定时间内跑完一圈，向 A 协助者表达想要代币时，A 协助者要求孩子能正确称呼人，不称呼人就拿不到代币。

5. 如果孩子能正确称呼 A 协助者，就奖励 1 个代币；如果孩子没有做到，就得不到代币。B 协助者在一旁引导孩子正确称呼 A 协助者。

6. 孩子拿到代币后向 B 协助者换饮料喝，B 协助者也要求孩子能正确称呼人。

7. 如果孩子能正确称呼 B 协助者，就奖励 1 个代币；如果孩子没有做到，就得不到代币。A 协助者在一旁引导孩子正确称呼 B 协助者。

8. 在跑步的过程中，当孩子额头开始出汗，站在起点不愿意跑时，协助者观察孩子能否主动表达休息的需求。

9. B 协助者可以提示："是不是想休息了？"当孩子表达想休息时，B 协助者要求孩子能正确称呼人，只有能正确称呼 B 协助者，孩子才能坐下休息。

10. 如果孩子不能正确称呼 B 协助者，则继续跑步，A 协助者可以在一旁引导孩子正确表达。孩子能正确称呼 B 协助者时就可以休息了。

11. 孩子可以用代币兑换自己喜欢的饮料。根据孩子的身体素质和反应以及跑道的距离，可练习 4～10 圈。

六、教学建议

1. 本目标安排在户外进行，请协助者做好户外安全教育，提醒孩子不要玩水、玩电以及在危险的场地逗留。

2. 留意孩子与人互动时的眼神交流，称呼、表达的同时眼睛要看着对方。

3. 训练的重点落在能正确称呼协助者上。刚开始时协助者可以多引导孩子正确地表达，等孩子在训练过程中逐渐学会怎样称呼协助者后，就要减少提示。

第104课　跑步时，孩子能忍耐热的感受

一、教学目标

跑步时，孩子能忍耐热的感受。

二、教学重点

孩子跑步时能忍耐热的感受。

三、教学准备

1. 食物。
2. 代币。
3. 运动鞋。
4. 运动服。
5. 计时器。

四、指导语

1. 我们一起来跑步。
2. 先来做一做准备运动：跳一跳，弯弯腰，拉拉腿。
3. 想不想吃糖？
4. 想吃，那就快点跑去拿代币来换。
5. 想不想喝饮料？拿代币来换。
6. 不要停，快到时间了。
7. 好，奖励1个代币给你。
8. 前面有座桥，跑过去就奖励1个代币。

五、教学过程

活动一：夏天跑

1. 夏天早上，协助者带孩子到公园跑步。
2. 协助者制定好跑步的路线，并设置若干个目标点，如桥、椅子、树、花等比较明显的标志物。
3. 协助者带一些孩子很喜欢吃的糖或者饼干，利用孩子的需求激发孩子跑步的积极性。
4. 协助者拿着糖问孩子："想吃吗？"得到肯定回应后，指着远处的一座桥说："跑到那座桥，我就奖励你1个代币，代币可以跟我换糖吃。"
5. 协助者跟孩子一起跑，在跑的过程中，不断督促孩子跑步，不要停下来。若孩子能跟着协助者一起跑到目标处，就奖励1个代币。
6. 开始时1个代币换一小块糖，等孩子的行为稳定之后逐步提高兑换代币的数量。
7. 在跑步的过程中，要注意观察孩子的情绪、行为和身体反应。当孩子额头开始出汗，并出现躁狂情绪，或者停下来不愿意跑时，协助者要求孩子别停下来，继续跑。
8. 如果孩子按照要求能控制好情绪，继续跑步，则奖励1个代币；反之，扣1个代币。孩子到达目标处后，可以把额头的汗擦一擦。
9. 多次训练，直到孩子跑完规划的路线。

活动二：冬天跑

1. 冬天天气比较冷，协助者带孩子到公园跑步。
2. 协助者制定好跑步的路线，并设置若干个目标点，如桥、椅子、树、花等比较明显的标志物。
3. 协助者带一些孩子很喜欢吃的糖或者饼干，利用孩子的需求激发孩子跑步的积极性。
4. 协助者拿着饼干问孩子："想吃吗？"得到肯定回应后，指着远处的一座桥说："跑到那座桥，我就奖励你1个代币，代币可以跟我换饼干吃。"
5. 协助者跟孩子一起跑，在跑的过程中，不断督促孩子跑步，不要停下来。若孩子能跟着协助者一起跑到目标处，就奖励1个代币。
6. 开始时1个代币换一小块饼干，等孩子的行为稳定之后逐步提高兑换代币的数量。
7. 在跑步的过程中，要注意观察孩子的情绪、行为和身体反应。当孩子额头开始出汗，并出现躁狂情绪时，协助者要求孩子别停下来，继续跑。

8. 如果孩子按照要求能控制好情绪，继续跑步，则奖励 1 个代币；反之，扣 1 个代币。孩子到达目标处后，可以把额头的汗擦一擦。

9. 多次训练，直到孩子跑完规划的路线。

活动三：负重跑

1. 如果有条件，协助者可以带着孩子到体育场或体育馆的跑道上跑步。协助者让孩子背上一个小书包，并在里面放上几本书。

2. 协助者带一袋孩子很喜欢吃的饼干，利用孩子的需求激发孩子跑步的积极性。

3. 如果是 400 米跑道，协助者就要求孩子拿 2 个代币换饼干；如果是 200 米跑道，就要求孩子拿 3 个代币来兑换。孩子在规定时间内每跑一圈就得 1 个代币，时间一定要符合孩子正常水平。

4. 当协助者发出跑的指令后，孩子按照要求跑起来。若孩子能在规定时间内跑完一圈，就奖励 1 个代币；如果没有跑完一圈，则没有代币奖励。

5. 在跑步的过程中，要注意观察孩子的情绪、行为和身体反应。当孩子额头开始出汗，并出现躁狂情绪时，协助者要求孩子别停下来，继续跑。

6. 如果孩子按照要求能控制好情绪，继续跑步，则奖励 1 个代币；反之，扣 1 个代币。

7. 孩子可以用代币兑换自己喜欢的饼干。根据孩子的身体素质和反应以及跑道的距离，可练习 4～10 圈。

六、教学建议

1. 本目标安排在户外进行，请协助者做好户外安全教育，提醒孩子不要玩水、玩电以及在危险的场地逗留。夏天跑步时要注意防暑。

2. 孩子的每一口食物都必须是按要求获得的代币兑换的。

3. 用 1 个代币换一小口食物，保持孩子对食物的需求，保证孩子在活动中的训练量。

4. 训练过程中，要根据孩子的状况用不同的强化物。如果零食没有激发出孩子的需求，则用一日三餐作为强化物。

5. 活动训练点落在忍耐上。孩子能忍耐热的感受——注意观察孩子头上是否冒汗——服从要求，完成训练目标。

第 105 课　跑步时，孩子能表达热的感受

一、教学目标

跑步时，孩子能表达热的感受。

二、教学重点

孩子跑步时能向协助者表达热的感受。

三、教学准备

1. 食物、水。
2. 代币。
3. 运动鞋。
4. 运动服、汗巾。
5. 计时器。

四、指导语

1. 我们一起来跑步。
2. 先来做一做准备运动：跳一跳，弯弯腰，拉拉腿。
3. 想不想吃糖？想不想吃饼干？
4. 想吃，那就快点跑去拿代币来换。
5. 不要停，快到时间了。
6. 好，奖励 1 个代币给你。
7. 前面有座桥，跑过去就奖励 1 个代币。
8. 怎么不跑了？出了好多汗呀。
9. 好热，那就喝口水，休息一下。
10. 好热，那就脱下两件衣服，把汗擦一擦。

五、教学过程

活动一：夏天跑

1. 夏天早上，协助者带孩子到公园跑步。
2. 协助者制定好跑步的路线，并设置若干个目标点，如桥、椅子、树、花等比

较明显的标志物。

3. 协助者带一些孩子很喜欢吃的糖或者饼干，利用孩子的需求激发孩子跑步的积极性。

4. 协助者拿着糖问孩子："想吃吗？"得到肯定回应后，指着远处的一座桥说："跑到那座桥，我就奖励你1个代币，代币可以跟我换糖吃。"

5. 协助者跟孩子一起跑，当孩子跑到目标点就奖励1个代币。

6. 在跑步的过程中，要注意观察孩子的情绪、行为和身体反应。若孩子额头开始出汗，在起点不愿意跑时，协助者观察孩子能否主动表达。如果能主动表达热的感受，则可以休息一下。

7. 协助者可以提示："怎么出了这么多汗？"如果孩子能表达热的感受，就可以停下来休息一会。

8. 如果孩子没有表达自己的需求，则继续跑步。

9. 多次训练，直到孩子跑完规划的路线。

活动二：冬天跑

1. 冬天天气比较冷，协助者带孩子到公园跑步。

2. 协助者制定好跑步的路线，并设置若干个目标点，如桥、椅子、树、花等比较明显的标志物。

3. 协助者带一些孩子很喜欢吃的糖或者饼干，利用孩子的需求激发孩子跑步的积极性。

4. 协助者拿着糖问孩子："想吃吗？"得到肯定回应后，指着远处的一座桥说："跑到那座桥，我就奖励你1个代币，代币可以跟我换糖吃。"

5. 在跑步的过程中，要注意观察孩子的情绪、行为和身体反应。当孩子额头开始出汗，在起点不愿意跑时，协助者观察孩子能否主动表达。如果能主动表达热的感受，则可以脱两件衣服下来休息一下。

6. 协助者可以提示："怎么出了这么多汗？"如果孩子能表达热的感受，就可以停下来脱外套休息一会。

7. 如果孩子没有表达自己的需求，则继续跑步。

8. 多次训练，直到孩子跑完规划的路线。

活动三：负重跑

1. 如果有条件，协助者可以带着孩子到体育场或体育馆的跑道上跑步。协助者让孩子背上一个小书包，并在里面放几本书。

2. 协助者带一袋孩子很喜欢吃的饼干，利用孩子的需求激发孩子跑步的积极性。

3. 如果是400米跑道，协助者就要求孩子拿2个代币换饼干；如果是200米跑道，就要求孩子拿3个代币来兑换。孩子在规定时间内每跑一圈就得1个代币，时间一定要符合孩子正常水平。

4. 当协助者发出跑的指令后，孩子按照要求跑起来。若孩子能在规定时间内跑完一圈，就奖励 1 个代币；如果没有跑完一圈，则没有代币奖励。

5. 在跑步的过程中，要注意观察孩子的情绪、行为和身体反应。当孩子额头开始出汗，在起点不愿意跑时，协助者观察孩子能否主动表达。如果能主动表达热的感受，则可以把负重的书包放下来休息一下。

6. 协助者可以提示："怎么出了这么多汗？"如果孩子能表达热的感受，就可以停下来放下负重休息一会。

7. 孩子可以用代币兑换自己喜欢的饼干。根据孩子的身体素质和反应以及跑道的距离，可练习 4～10 圈。

六、教学建议

1. 本目标安排在户外进行，请协助者做好户外安全教育，提醒孩子不要玩水、玩电以及在危险的场地逗留。夏天跑步时要注意防暑。
2. 孩子的每一口食物都必须是按要求获得的代币兑换的。
3. 用 1 个代币换一小口食物，保持孩子对食物的需求，保证孩子在活动中的训练量。
4. 训练过程中，要根据孩子的状况用不同的强化物。如果零食没有激发出孩子的需求，则用一日三餐作为强化物。
5. 活动训练点落在表达上。孩子能体验到热的感受，并且能主动向协助者表达。

第 106 课　跑步时，孩子热了能向协助者表达喝水的需求

一、教学目标

跑步时，孩子热了能向协助者表达喝水的需求。

二、教学重点

1. 孩子表达时能与协助者有眼神交流。
2. 孩子能用动作或语言表达喝水的需求。

三、教学准备

1. 水、饼干。
2. 代币。

3. 运动鞋。
4. 运动服。
5. 计时器。

四、指导语

1. 我们一起来跑步。
2. 先来做一做准备运动：跳一跳，弯弯腰，拉拉腿。
3. 想不想吃糖？
4. 想吃，那就快点跑去拿代币来换。
5. 不要停，快到时间了。
6. 好，奖励1个代币给你。
7. 怎么不跑了？
8. 你想喝水？好吧，那就停下来喝点水。

五、教学过程

活动一：短跑

1. 协助者带孩子到一个开阔的场地活动，如公园、广场、体育场。
2. 协助者跟孩子一起做准备运动：跳一跳，伸伸手，压下腿，活动一下脚踝。
3. 协助者在离孩子大概50米的地方放置1个代币，告诉孩子，跑过去就有1个代币拿。
4. 如果孩子按照要求跑过去拿到代币，则可以奖励1个代币，这个代币可换一小块糖。
5. 先让孩子成功2次，再用计时器计时，让孩子在规定时间内跑到代币处。孩子能做到就奖励1个代币，没有做到就得不到代币。
6. 计时器定的时间只够孩子在努力跑的情况下拿到代币。
7. 在跑步的过程中，要注意观察孩子的情绪、行为和身体反应。当孩子额头开始出汗，在起点不愿意跑时，协助者观察孩子能否主动表达。
8. 如果孩子能主动表达喝水的需求，能用正确的语言或动作表达自己的需求，就允许孩子坐下来休息片刻。
9. 如果孩子连续3次都不会表达，协助者可以提示："怎么不跑了？"如果孩子不能主动表达需求，或者不能看着协助者表达，或是不能用正确的语言或动作表达，则喝不到水。协助者开始时可给予适当的提示，随后要逐渐减少。
10. 如果孩子没有表达喝水的需求，则继续跑步。
11. 练习10遍。

活动二：在公园跑

1. 协助者带孩子到公园跑步。
2. 协助者制订好跑步的路线，并设置若干个目标点，如桥、椅子、树、花等比较明显的标志物。
3. 协助者带一袋孩子很喜欢吃的饼干，利用孩子的需求激发孩子跑步的积极性。
4. 协助者拿着饼干问孩子："想吃饼干吗？"得到肯定回应后，指着远处的一座桥说："跑到那座桥，我就奖励你1个代币，代币可以跟我换饼干吃。"
5. 协助者跟孩子一起跑，在跑的过程中，不断督促孩子跑步，不要停下来。如果孩子能跟着协助者一起跑到目标处，就奖励1个代币。
6. 开始时1个代币换一块饼干，等孩子的行为稳定之后逐步提高兑换代币的数量。
7. 在跑步的过程中，要注意观察孩子的情绪、行为和身体反应。当孩子额头开始出汗，在起点不愿意跑时，协助者观察孩子能否主动表达。
8. 如果孩子能主动表达喝水的需求，能用正确的语言或动作表达自己的需求，就让孩子停下来喝点水。
9. 当孩子连续3次都不会表达，协助者可以提示："怎么不跑了？"如果孩子不能主动表达喝水的，或者不能看着协助者表达，或是不能用正确的语言或动作表达需求，则不能喝水。协助者开始时可给予适当的提示，随后要逐渐减少。
10. 如果孩子没有表达喝水的需求，则继续跑步。
11. 多次训练，直到孩子跑完规划的路线。

活动三：在体育场跑

1. 如果有条件，协助者可以带着孩子到体育场或体育馆的跑道上跑步。
2. 协助者带一袋孩子很喜欢吃的饼干，利用孩子的需求激发孩子跑步的积极性。
3. 如果是400米跑道，协助者就要求孩子拿2个代币换饼干吃；如果是200米跑道，就要求孩子拿3个代币来兑换。孩子在规定时间内每跑一圈就得1个代币，时间一定要符合孩子正常水平。
4. 当协助者发出跑的指令后，孩子按照要求跑起来。若孩子能在规定时间内跑完一圈，就奖励1个代币；如果没有跑完一圈，则没有代币奖励。
5. 在跑步的过程中，要注意观察孩子的情绪、行为和身体反应。当孩子额头开始出汗，在起点不愿意跑时，协助者观察孩子能否主动表达。
6. 如果孩子能主动表达喝水的需求，能用正确的语言或动作表达自己的需求，就可以停下来喝点水。
7. 当孩子连续3次都不会表达时，协助者可以提示："怎么不跑了？"如果孩子不能主动表达喝水的需求，或者不能看着协助者表达，或是不能用正确的语言或动作表达，则不能喝水。协助者开始时可给予适当的提示，随后要逐渐减少。

8. 如果孩子没有表达喝水的需求，则继续跑步。

9. 孩子可以用代币兑换自己喜欢的饼干。根据孩子的身体素质和反应以及跑道的距离，可练习 4～10 圈。

六、教学建议

1. 本目标安排在户外进行，请协助者做好户外安全教育，提醒孩子不要玩水、玩电以及在危险的场地逗留。

2. 孩子的每一口食物都必须是按要求获得的代币兑换的。

3. 用 1 个代币换一小口食物，保持孩子对食物的需求，保证孩子在活动中的训练量。

4. 训练过程中，要根据孩子的状况用不同的强化物。如果零食没有激发出孩子的需求，则用一日三餐为强化物。

5. 活动训练点落在与人互动上。孩子能主动正确地表达自己的需求，并与协助者有眼神交流。

6. 协助者一定要找准孩子跑步大概在什么水平，这样定的时间才能让孩子充分地运动起来，体验到热。要防止要求过高，孩子无法完成。

第 107 课　跑步时，孩子热了能正确称呼协助者

一、教学目标

跑步时，孩子热了能正确称呼协助者。

二、教学重点

1. 孩子能分辨自己需要求助的人是谁。
2. 孩子能在提示下称呼协助者。
3. 孩子能正确称呼协助者。

三、教学准备

1. 食物。
2. 代币。
3. 2 名协助者。
4. 运动鞋。
5. 运动服。

6. 计时器。

四、指导语

1. 想不想吃糖？
2. 想吃，那就快点跑去 A 那里拿代币来换。
3. 想不想吃饼干？拿代币来换。
4. 不要停，快到时间了。
5. 你要什么？有没有代币？跑完了去找谁拿代币？
6. 想要代币先叫我，我是谁？
7. 好，奖励 1 个代币给你。
8. 热不热啊？想不想喝水啊？想不想脱外套啊？想不想要我帮忙背书包啊？
9. 先叫我，不叫人不给水喝；叫我，帮你脱外套；叫我，帮你背书包。

五、教学过程

活动一：夏天跑

1. 夏天早上，协助者带孩子到公园跑步。
2. 协助者制定好跑步的路线，并设置若干个目标点，如桥、椅子、树、花等比较明显的标志物。
3. B 协助者带一袋孩子很喜欢吃的饼干，利用孩子的需求激发孩子跑步的积极性。
4. 两名协助者跟孩子一起跑，在跑的过程中，不断督促孩子跑步，不要停下来。当孩子能跟着协助者一起跑到目标处，向 A 协助者表达想要代币时，A 协助者要求孩子能正确称呼人，不称呼人就拿不到代币。
5. 如果孩子能正确称呼 A 协助者，就奖励 1 个代币；如果孩子没有做到，就得不到代币。B 协助者在一旁引导孩子正确称呼 A 协助者。
6. 孩子拿到代币后向 B 协助者换饼干吃，B 协助者也要求孩子能正确称呼人。
7. 如果孩子能正确称呼 B 协助者，就奖励 1 个代币；如果孩子没有做到，就得不到代币。A 协助者在一旁引导孩子正确称呼 B 协助者。
8. 在跑步的过程中，当孩子额头开始出汗时，协助者观察孩子能否主动求助。
9. B 协助者可以提示："是不是很热啊了？"当孩子求助喝水时，B 协助者要求孩子能正确称呼人。只有正确称呼 B 协助者，孩子才能喝水。
10. 如果孩子没有正确称呼协助者，则继续跑步。
11. 多次训练，直到孩子跑完规划的路线。

活动二：冬天跑

1. 冬天天气比较冷，协助者带孩子到公园跑步。
2. 协助者制定好跑步的路线，并设置若干个目标点，如桥、椅子、树、花等比较明显的标志物。
3. B 协助者带一袋孩子很喜欢吃的饼干，利用孩子的需求激发孩子跑步的积极性。
4. 两名协助者跟孩子一起跑，在跑的过程中，不断督促孩子跑步，不要停下来。当孩子能跟着协助者一起跑到目标处，向 A 协助者表达想要代币时，A 协助者要求孩子能正确称呼人，不称呼就拿不到代币。
5. 如果孩子能正确称呼 A 协助者，就奖励 1 个代币；如果孩子没有做到，就得不到代币。B 协助者在一旁引导孩子正确称呼 A 协助者。
6. 孩子拿到代币后向 B 协助者换饼干吃，B 协助者也要求孩子能正确称呼人。
7. 如果孩子能正确称呼 B 协助者，孩子就能换到饼干吃；如果孩子没有做到，就换不到饼干。A 协助者在一旁引导孩子正确称呼 B 协助者。
8. 在跑步的过程中，当孩子额头开始出汗时，协助者观察孩子能否主动求助。
9. B 协助者可以提示："是不是很热啊了？"当孩子表示很热，需要帮忙脱外套时，B 协助者要求孩子能正确称呼人。只有正确称呼 B 协助者，协助者才帮孩子脱掉外套。
10. 如果孩子没有正确称呼协助者，则继续跑步。
11. 多次训练，直到孩子跑完规划的路线。

活动三：负重跑

1. 如果有条件，协助者可以带着孩子到体育场或体育馆的跑道上跑步。协助者让孩子背上一个小书包，并在书包里放几本书。
2. 协助者带一袋孩子很喜欢吃的饼干，利用孩子的需求激发孩子跑步的积极性。
3. 如果是 400 米跑道，协助者就要求孩子拿 2 个代币换饼干；如果是 200 米跑道，就要求孩子拿 3 个代币来兑换。孩子在规定时间内每跑一圈就得到 1 个代币，时间一定要符合孩子正常水平。
4. 当协助者发出跑的指令后，孩子按照要求跑起来。若孩子能在规定时间内跑完一圈，就奖励 1 个代币；如果没有跑完一圈，则没有代币奖励。
5. 如果孩子能正确称呼 A 协助者，就奖励 1 个代币；如果孩子没有做到，就得不到代币。B 协助者在一旁引导孩子正确称呼 A 协助者。
6. 孩子拿到代币后向 B 协助者换饼干吃，B 协助者也要求孩子能正确称呼人。
7. 如果孩子能正确称呼 B 协助者，孩子能换到饼干吃；如果孩子没有做到，就换不到饼干。A 协助者在一旁引导孩子正确称呼 B 协助者。

8. 在跑步的过程中，当孩子额头开始出汗时，协助者观察孩子能否主动求助。

9. B 协助者可以提示："是不是很热啊了？"当孩子表示很热，需要帮忙背书包时，B 协助者要求孩子能正确称呼人。只有正确称呼 B 协助者，协助者才帮孩子背书包。

10. 如果孩子没有正确称呼协助者，则继续跑步。

11. 根据孩子的身体素质和反应以及跑道的距离，可练习 4～6 圈。

六、教学建议

1. 本目标安排在户外进行，请协助者做好户外安全教育，提醒孩子不要玩水、玩电以及在危险的场地逗留。夏天跑步时要注意防暑。

2. 留意孩子与人互动时的眼神交流，称呼、表达的同时眼睛要看着对方。

3. 训练的重点落在能正确称呼协助者上。刚开始时协助者可以多引导孩子正确地表达，等孩子在训练过程中逐渐学会怎样称呼协助者后，就要减少提示。

第 108 课　跳绳时，孩子能忍耐累的感受

一、教学目标

跳绳时，孩子能忍耐累的感受。

二、教学重点

孩子跳绳时能忍耐累的感受。

三、教学准备

1. 食物。
2. 代币。
3. 不同长度的跳绳和 1 根橡皮筋。
4. 计时器。

四、指导语

1. 我们一起来跳绳。
2. 双脚从橡皮筋跳过去，不能碰到橡皮筋。
3. 跳得好，奖励 1 个代币。
4. 再来进行双脚跳绳。

5. 达到要求的个数，奖励 1 个代币。
6. 看着绳子，跳起来。
7. 不要停下来，停下来要扣代币。

五、教学过程

活动一：双脚跳跃

1. 协助者带着孩子在家里跳橡皮筋运动。
2. 两名协助者把橡皮筋固定在自己的双腿上，也可以把橡皮筋固定在两张椅子上，根据孩子的水平调整到合适的高度。协助者先做示范，双脚跳过去，要求孩子不能碰到橡皮筋。
3. 刚开始如果孩子能按照要求做到，可以奖励 1 个代币，这个代币可换一点孩子很喜欢吃的零食。
4. 当孩子能稳定地达到要求后，协助者提高要求，孩子须双脚跳过 10 次才能得到 1 个代币。拿到一定数量的代币才能兑换到当天午餐或者晚餐。
5. 在跳橡皮筋的过程中，要注意观察孩子的情绪、行为和身体反应。当孩子额头开始出汗，并出现躁狂情绪，或者停下来不愿意跳时，协助者要求孩子别停下来，继续跳。
6. 如果孩子按照要求能控制好情绪，继续跳橡皮筋，则奖励 1 个代币；反之，扣 1 个代币。
7. 跳过橡皮筋 10 次为 1 组，共练习 6 组。

活动二：定时双脚跳绳

1. 协助者拿来单人跳绳，让孩子进行双脚定点跳绳。
2. 协助者拿来计时器计时，根据孩子不同的水平，要求孩子在 2 分钟内跳 100～200 个。
3. 当协助者发出开始的信号后，孩子进行双脚定点跳绳。
4. 如果当孩子完成了定下的目标，就奖励 1 个代币；如果没有在规定时间内完成该数量，则没有代币奖励。
5. 在跳绳的过程中，要注意观察孩子的情绪、行为和身体反应。当孩子额头开始出汗，并出现躁狂情绪，或者停下来不愿意跳时，协助者要求孩子别停下来，继续跳。
6. 如果孩子按照要求能控制好情绪，继续跳绳，则奖励 1 个代币；反之，扣 1 个代币。
7. 以 2 分钟内完成目标为 1 组，共练习 6 组。

活动三：跳摆绳

1. 两名协助者拉起一根较长的跳绳，让孩子来跳摆绳。
2. 孩子跳过摆绳计 1 个，每跳 30 个为 1 组。
3. 两名协助者把绳子摆起来，孩子在绳子的中间跳，直到够规定的数量才停下来，能做到的奖励 1 个代币。
4. 在跳绳的过程中，要注意观察孩子的情绪、行为和身体反应。当孩子额头开始出汗，并出现躁狂情绪，或者停下来不愿意跳时，协助者要求孩子别停下来，继续跳。
5. 如果孩子按照要求能控制好情绪，继续跳绳，则奖励 1 个代币；反之，扣 1 个代币。
6. 该活动一共需要完成 6 组。

六、教学建议

1. 本活动可以在家里进行，需两名协助者参与，孩子得到的代币可兑换当天午餐或晚餐时兑换。
2. 孩子的每一口食物都必须是按要求获得的代币兑换的。
3. 3 个活动给孩子提出的要求是循序渐进的，训练点落在忍耐上。孩子能忍耐累带来的不适，控制自己的情绪，服从要求，完成训练目标。
4. 协助者在训练孩子跳绳时，要多观察，多调整目标，给孩子提的要求尽量贴近孩子当前的水平，让孩子既能体验到累的不适，又不会因要求过高而无法完成。

第 109 课　跳绳时，孩子能表达累的感受

一、教学目标

跳绳时，孩子能表达累的感受。

二、教学重点

跳绳时，孩子能向协助者表达累的感受，重在主动表达。

三、教学准备

1. 食物。
2. 代币。

3. 不同长度的跳绳和 1 根橡皮筋。
4. 计时器。

四、指导语

1. 我们一起来跳绳。
2. 双脚从橡皮筋跳过去，不能碰到橡皮筋。
3. 跳得好，奖励 1 个代币。
4. 再来进行双脚跳绳。
5. 达到要求的个数，奖励 1 个代币。
6. 看着绳子，跳起来。
7. 怎么不跳了？
8. 好累，那就停下来休息一下。

五、教学过程

活动一：双脚跳跃

1. 协助者带着孩子在家里跳橡皮筋。
2. 两名协助者把橡皮筋固定在自己的双腿上，也可以把橡皮筋固定在两张椅子上，根据孩子的水平调整到合适的高度。协助者先做示范，双脚跳过去，要求孩子不能碰到橡皮筋。
3. 刚开始如果孩子能按照要求做到，可以奖励 1 个代币，这个代币可换一点孩子很喜欢吃的零食。
4. 当孩子能稳定地达到要求后，协助者提高要求，孩子须双脚跳过 10 次才能得 1 个代币。拿到一定数量的代币才能兑换到当天午餐或者晚餐。
5. 在跳橡皮筋的过程中，要注意观察孩子的情绪、行为和身体反应。当孩子额头开始出汗，或者停下来不愿意跳时，观察孩子的反应。如果孩子能主动表达累的感受，则停下来休息一会。
6. 协助者可以提示："怎么停下来了？"如果孩子能表达累的感受，就可以停下来休息一会。
7. 如果孩子没有表达自己的需求，则继续跳橡皮筋。
8. 跳过橡皮筋 10 次为 1 组，共练习 6 组。多给孩子表达的机会。

活动二：定时双脚跳绳

1. 协助者拿来单人跳绳，让孩子进行双脚定点跳绳。
2. 协助者拿来计时器计时，根据孩子不同的水平，要求孩子在 2 分钟内跳

100～200个。

3. 当协助者发出开始的信号后,孩子进行双脚定点跳绳。

4. 如果孩子完成了定下的目标,就奖励1个代币;如果没有在规定时间内完成该数量,则没有代币奖励。

5. 在跳绳的过程中,要注意观察孩子的情绪、行为和身体反应。当孩子额头开始出汗,或者停下来不愿意跳时,观察孩子的反应。如果孩子能主动表达累的感受,则停下来休息一会。

6. 协助者可以提示:"怎么停下来了?"如果孩子能表达累的感受,就可以停下来休息一会。

7. 如果孩子没有表达自己的需求,则继续跳绳。

8. 以2分钟内完成目标为1组,共练习6组。

活动三：跳摆绳

1. 两名协助者拉起一根较长的跳绳,让孩子来跳摆绳。

2. 孩子跳过摆绳计1个,每跳30个为1组。

3. 两名协助者把绳子摆起来,孩子在绳子的中间跳,直到够规定的数量才停下来,能做到的奖励1个代币。

4. 在跳绳的过程中,要注意观察孩子的情绪、行为和身体反应。当孩子额头开始出汗,或者停下来不愿意跳时,观察孩子的反应。如果孩子能主动表达累的感受,则让孩子停下来休息一会。

5. 协助者可以提示:"怎么停下来了?"如果孩子能表达累的感受,就可以停下来休息一会。

6. 如果孩子没有表达自己的需求,则继续跳绳。

7. 该活动一共需要完成6组。

六、教学建议

1. 本活动可以在家里进行,需两名协助者参与,孩子得到的代币可兑换当天午餐或晚餐。

2. 孩子的每一口食物都必须是按要求获得的代币兑换的。

3. 3个活动给孩子提出的要求是循序渐进的,训练点落在主动表达累的感受上。

4. 协助者在训练孩子跳绳时,要多观察,多调整目标,给孩子提的要求尽量贴近孩子当前的水平,让孩子充分体验到累的感受,激发孩子主动表达自己的需求。

第110课　跳绳时，孩子累了能向协助者表达休息的需求

一、教学目标

跳绳时，孩子累了能向协助者表达休息的需求。

二、教学重点

跳绳时，孩子能向协助者表达休息的需求，重在眼神交流，能用语言或动作正确表达。

三、教学准备

1. 食物。
2. 代币。
3. 不同长度的跳绳和 1 根橡皮筋。
4. 计时器。

四、指导语

1. 我们一起来跳绳。
2. 双脚从橡皮筋跳过去，不能碰到橡皮筋。
3. 跳得好，奖励 1 个代币。
4. 再来进行双脚跳绳。
5. 达到要求的个数，奖励 1 个代币。
6. 看着绳子，跳起来。
7. 怎么不跳了？
8. 好累，那就停下来休息一下。

五、教学过程

活动一：双脚跳跃

1. 协助者带着孩子在家里进行跳橡皮筋。
2. 两名协助者把橡皮筋固定在自己的双腿上，也可以把橡皮筋固定在两张椅子上，根据孩子的水平调整到合适的高度。协助者先做示范，双脚跳过去，要求孩子不能碰到橡皮筋。

3. 刚开始如果孩子能按照要求做到，可以奖励 1 个代币，这个代币可换一点孩子很喜欢吃的零食。

4. 当孩子能稳定地达到要求后，协助者提高要求，孩子须双脚跳过 10 次才能得 1 个代币。拿到一定数量的代币才能兑换到当天午餐或者晚餐。

5. 在跳绳的过程中，要注意观察孩子的情绪、行为和身体反应。当孩子气喘吁吁，或者停下来不愿意跳时，观察孩子的反应。

6. 如果孩子能主动表达需求，能看着协助者表达，能用正确的语言或动作表达，就允许孩子坐在旁边休息片刻。

7. 协助者可以提示："怎么停下来了？"如果孩子不能主动表达需求，或者不能看着协助者表达，或是不能用正确的语言或动作表达，则不能到旁边休息。协助者开始时可给予适当的提示，随后要逐渐减少。

8. 如果孩子没有表达自己的需求，则继续跳橡皮筋。

9. 跳过橡皮筋 10 次为 1 组，共练习 6 组。多给孩子表达的机会。

活动二：定时双脚跳绳

1. 协助者拿来单人跳绳，让孩子进行双脚定点跳绳。

2. 协助者拿来计时器计时，根据孩子不同的水平，要求孩子在 2 分钟内跳 100～200 个。

3. 当协助者发出开始的信号后，孩子进行双脚定点跳绳。

4. 当孩子完成了定下的目标，就奖励 1 个代币；如果没有在规定时间内完成该数量，则没有代币奖励。

5. 在跳绳的过程中，要注意观察孩子的情绪、行为和身体反应。当孩子气喘吁吁，或者停下来不愿意跳时，观察孩子的反应。

6. 如果孩子能主动表达需求，能看着协助者表达，能用正确的语言或动作表达，就允许孩子坐在旁边休息片刻。

7. 协助者可以提示："怎么停下来了？"如果孩子不能主动表达需求，或者不能看着协助者表达，或是不能用正确的语言或动作表达，则不能到旁边休息。协助者开始时可给予适当的提示，随后要逐渐减少。

8. 如果孩子没有表达自己的需求，则继续跳绳。

9. 以 2 分钟内完成目标为 1 组，共练习 6 组。

活动三：跳摆绳

1. 两名协助者拉起一根较长的跳绳，让孩子来跳摆绳。

2. 孩子跳过摆绳计 1 个，每跳 30 个为 1 组。

3. 两名协助者把绳子摆起来，孩子在绳子的中间跳，直到够规定的数量才停下来，能做到的奖励 1 个代币。在摆的过程中，绳子会打到孩子的脚踝，产生痛的

体验。

4. 在跳绳的过程中，要注意观察孩子的情绪、行为和身体反应。当孩子气喘吁吁，或者停下来不愿意跳时，观察孩子的反应。

5. 如果孩子能主动表达需求，能看着协助者表达，能用正确的语言或动作表达，就允许孩子坐在旁边休息片刻。

6. 协助者可以提示："怎么停下来了？"如果孩子不能主动表达需求，或者不能看着协助者表达，或是不能用正确的语言或动作表达，则不能到旁边休息。协助者开始时可给予适当的提示，随后要逐渐减少。

7. 如果孩子没有表达自己的需求，则继续完成跳绳活动。

8. 该活动一共需要完成6组。

六、教学建议

1. 本活动可以在家里进行，需要两名协助者参与，孩子得到的代币可兑换当天午餐或晚餐。

2. 孩子的每一口食物都必须是按要求获得的代币兑换的。

3. 3个活动给孩子提出的要求是循序渐进的，训练点落在与人互动上。在表达的过程中，不管是言语表达还是动作表达，都要注重表达的准确性，还要求孩子与协助者之间有眼神交流。

4. 协助者在训练孩子跳绳时，要多观察，多调整目标，给孩子提的要求尽量贴近孩子当前的水平，让孩子能充分体验到痛的感受，激发孩子主动表达自己的需求。

第111课　跳绳时，孩子累了能正确称呼协助者

一、教学目标

跳绳时，孩子累了能正确称呼协助者。

二、教学重点

孩子在称呼时，重点应该落在正确的称谓上。

三、教学准备

1. 食物。
2. 代币。
3. 不同长度的跳绳和1根橡皮筋。
4. 计时器。

四、指导语

1. 我们一起来跳绳。
2. 双脚从橡皮筋跳过去，不能碰到橡皮筋。
3. 跳得好，奖励1个代币。
4. 再来进行双脚跳绳。
5. 达到要求的个数，奖励1个代币。
6. 看着绳子，跳起来。
7. 怎么不跳了？好累，怎么办啊？
8. 怎样叫我？说清楚。
9. 说得不清楚，再说一遍。

五、教学过程

活动一：双脚跳跃

1. 协助者带着孩子在家里跳绳橡皮筋。
2. 两名协助者把橡皮筋固定在自己的双腿上，也可以把橡皮筋固定在两张椅子上，根据孩子的水平调整到合适的高度。协助者先做示范，双脚跳过去，要求孩子不能碰到橡皮筋。
3. 刚开始如果孩子能按照要求做到，可以奖励1个代币，这个代币可换一点孩子很喜欢吃的零食。
4. 当孩子能稳定地达到要求后，协助者提高要求，孩子须双脚跳过10次才能得到1个代币。拿到一定数量的代币才能兑换到当天午餐或者晚餐。
5. 在跳橡皮筋的过程中，要注意观察孩子的情绪、行为和身体反应。当孩子额头开始出汗，或者停下来不愿意跳时，观察孩子能不能主动表达累的感受。
6. 如果孩子能主动表达需求，能看着协助者并准确称呼："××，我想休息一下"，就可以休息一下。
7. 跳过橡皮筋10次为1组，共练习6组。多给孩子表达的机会。
8. 如果孩子不能主动表达需求，不能正确称呼协助者，则不能休息。协助者开始时可给予适当的提示，随后要逐渐减少。

活动二：定时双脚跳绳

1. 协助者拿来单人跳绳，让孩子进行双脚定点跳绳。
2. 协助者拿来计时器计时，根据孩子不同的水平，要求孩子在2分钟内跳100～200个。

3. 当协助者发出开始的信号后，孩子进行双脚定点跳绳。

4. 如果孩子完成了定下的目标，就奖励 1 个代币；如果没有在规定的时间内完成该数量，则没有代币奖励。

5. 在跳绳的过程中，要注意观察孩子的情绪、行为和身体反应。当孩子额头开始出汗，或者停下来不愿意跳时，观察孩子能不能主动表达累的感受。

6. 如果孩子能主动表达需求，能看着协助者并准确称呼自己："××，我想休息一下。"孩子就可以坐下来休息一下。

7. 如果孩子不能主动表达需求，不能正确称呼协助者，则不能坐下来休息。协助者开始时可给予适当的提示，随后要逐渐减少。

8. 以 2 分钟内完成目标为 1 组，共练习 6 组。

活动三：跳摆绳

1. 两名协助者拉起一根较长的跳绳，让孩子来跳摆绳。

2. 孩子跳过摆绳计 1 个，每跳 30 个为 1 组。

3. 两名协助者把绳子摆起来，孩子在绳子的中间跳，直到够规定的数量才停下来，能做到的奖励 1 个代币。

4. 在跳绳的过程中，要注意观察孩子的情绪、行为和身体反应。当孩子额头开始出汗，或者停下来不愿意跳时，观察孩子能不能主动表达累的感受。

5. 如果孩子能主动表达需求，能看着协助者并准确称呼："××，我想休息一下"，就可以坐到一边休息一下。

6. 如果孩子不能主动表达需求，不能正确称呼协助者，则不能休息。协助者开始时可给予适当的提示，随后要逐渐减少。

7. 该活动一共需要完成 6 组。

六、教学建议

1. 本活动可以在家里进行，需两名协助者参与，孩子得到的代币可兑换当天午餐或晚餐。

2. 孩子的每一口食物都必须是按要求获得的代币兑换的。

3. 3 个活动给孩子提出的要求是循序渐进的，训练点落在能正确称呼协助者上。刚开始时协助者可以多引导孩子正确地表达，等孩子在训练过程中逐渐学会怎样称呼协助者后，就要减少提示。

4. 协助者在训练孩子跳绳时，要多观察，多调整目标，给孩子提的要求尽量贴近孩子当前的水平，让孩子能充分体验到累的感受，激发孩子主动表达自己的需求。

第 112 课　跳绳时，孩子能忍耐痛的感受

一、教学目标

跳绳时，孩子能忍耐痛的感受。

二、教学重点

孩子跳绳时能忍耐痛的感受。

三、教学准备

1. 食物。
2. 代币。
3. 不同长度的跳绳和 1 根橡皮筋。
4. 计时器。

四、指导语

1. 我们一起来跳绳。
2. 双脚从橡皮筋跳过去，不能碰到橡皮筋。
3. 跳得好，奖励 1 个代币。
4. 再来进行双脚跳绳。
5. 达到要求的个数，奖励 1 个代币。
6. 看着绳子，跳起来。
7. 不要停下来，停下来要扣代币。

五、教学过程

活动一：双脚跳跃

1. 协助者带着孩子在家里跳橡皮筋。
2. 两名协助者把橡皮筋固定在自己的双腿上，也可以把橡皮筋固定在两张椅子上，根据孩子的水平调整到合适的高度。协助者先做示范，双脚跳过去，要求孩子不能碰到橡皮筋。
3. 刚开始时如果孩子能按照要求做到，可以奖励 1 个代币，这个代币可换一点孩子很喜欢吃的零食。

4. 当孩子能稳定地达到要求后，协助者提高要求，孩子须双脚跳过 10 次才能得 1 个代币。拿到一定数量的代币才能兑换到当天午餐或者晚餐。

5. 在跳橡皮筋的过程中，要注意观察孩子的情绪、行为和身体反应。当孩子用手摸着脚，或者停下来不愿意跳时，协助者要求孩子别停下来，继续跳。

6. 如果孩子按照要求能控制好情绪，继续跳橡皮筋，则奖励 1 个代币；反之，扣 1 个代币。

7. 跳过橡皮筋 10 次为 1 组，共练习 6 组。

活动二：定时双脚跳绳

1. 协助者拿来单人跳绳，让孩子进行双脚定点跳绳。
2. 协助者拿来计时器计时，根据孩子不同的水平，要求孩子在 2 分钟内跳 100～200 个。
3. 当协助者发出开始的信号后，孩子进行双脚定点跳绳。
4. 如果孩子完成了定下的目标，就奖励 1 个代币；如果没有在规定时间内完成该数量，则没有代币奖励。
5. 在跳绳的过程中，要注意观察孩子的情绪、行为和身体反应。当孩子用手捂着脚，并出现躁狂情绪，或者停下来不愿意跳时，协助者要求孩子别停下来，继续跳。
6. 如果孩子按照要求能控制好情绪，继续跳绳，则奖励 1 个代币；反之，扣 1 个代币。
7. 以 2 分钟内完成目标为 1 组，共练习 6 组。

活动三：跳摆绳

1. 两名协助者拉起一根较长的跳绳，让孩子来跳摆绳。
2. 孩子跳过摆绳计 1 个，每跳 30 个为 1 组。
3. 两名协助者把绳子摆起来，孩子在绳子的中间跳，直到够规定的数量才停下来，能做到的奖励 1 个代币。
4. 在跳绳的过程中，要注意观察孩子的情绪、行为和身体反应。当孩子用手摸着脚，并出现躁狂情绪，或者停下来不愿意跳时，协助者要求孩子别停下来，继续跳。
5. 如果孩子按照要求能控制好情绪，继续跳绳，则奖励 1 个代币；反之，扣 1 个代币。
6. 该活动一共需要完成 6 组。

六、教学建议

1. 本活动可以在家里进行，需要两名协助者参与，孩子得到的代币可兑换当天午餐或晚餐。
2. 孩子的每一口食物都必须是按要求获得的代币兑换的。
3. 3个活动给孩子提出的要求是循序渐进的，训练点落在忍耐上。孩子能忍耐痛带来的不适，控制自己的情绪，服从要求，完成训练目标。
4. 协助者在训练孩子跳绳时，要多观察，多调整目标，给孩子提的要求尽量贴近孩子当前的水平，让孩子既能体验到痛的不适，又不会因要求过高而无法完成。

第113课　跳绳时，孩子能表达痛的感受

一、教学目标

跳绳时，孩子能表达痛的感受。

二、教学重点

孩子跳绳时能表达痛的感受，这里的表达属于服从子目标：比较选择。孩子在表达痛之后获得帮助，通过被帮助前后，痛与不痛两种感觉对比，能主动选择向他人表达需求获得帮助。

三、教学准备

1. 食物。
2. 代币。
3. 不同长度的跳绳和1根橡皮筋。
4. 计时器。

四、指导语

1. 我们一起来跳绳。
2. 双脚从橡皮筋跳过去，不能碰到橡皮筋。
3. 跳得好，奖励1个代币。
4. 再来进行双脚跳绳。
5. 达到要求的个数，奖励1个代币。
6. 看着绳子，跳起来。

7. 怎么不跳了？
8. 好痛，那就停下来休息一下。

五、教学过程

活动一：双脚跳跃

1. 协助者带着孩子在家里跳橡皮筋。
2. 两名协助者把橡皮筋固定在自己的双腿上，也可以把橡皮筋固定在两张椅子上，根据孩子的水平调整到合适的高度。协助者先做示范，双脚跳过去，要求孩子不能碰到橡皮筋。
3. 刚开始如果孩子能按照要求做到，可以奖励 1 个代币，这个代币可换一点孩子很喜欢吃的零食。
4. 当孩子能稳定地达到要求后，协助者提高要求，孩子须双脚跳过 10 次才能得 1 个代币。拿到一定数量的代币才能换到当天午餐或者晚餐。
5. 在跳绳的过程中，要注意观察孩子的情绪、行为和身体反应。当孩子气喘吁吁，或者停下来不愿意跳时，观察孩子的反应。如果孩子能主动表达痛的感受，则让孩子停下来休息一会。
6. 协助者可以提示："怎么停下来了？"孩子如果能表达痛的感受，就可以停下来休息一会。
7. 如果孩子没有表达自己的需求，则继续跳橡皮筋。
8. 跳过橡皮筋 10 次为 1 组，共练习 6 组。多给孩子表达的机会。

活动二：定时双脚跳绳

1. 协助者拿来单人跳绳，让孩子进行双脚定点跳绳。
2. 协助者拿来计时器计时，根据孩子不同的水平，要求孩子在 2 分钟内跳 100～200 个。
3. 当协助者发出开始的信号后，孩子进行双脚定点跳绳。
4. 如果孩子完成了定下的目标，就奖励 1 个代币；如果没有在规定的时间内完成该数量，则没有代币奖励。
5. 在跳绳的过程中，要注意观察孩子的情绪、行为和身体反应。当孩子气喘吁吁，或者停下来不愿意跳时，观察孩子的反应。如果孩子能主动表达痛的感受，则停下来休息一会。
6. 协助者可以提示："怎么停下来了？"如果孩子能表达痛的感受，就可以停下来休息一会。
7. 如果孩子没有表达自己的需求，则继续跳绳。
8. 以 2 分钟内完成目标为 1 组，共练习 6 组。

活动三：跳摆绳

1. 两名协助者拉起一根较长的跳绳，让孩子来跳摆绳。
2. 孩子跳过摆绳计 1 个，每跳 30 个为 1 组。
3. 两名协助者把绳子摆起来，孩子在绳子的中间跳，直到跳够规定的数量才停下来，能做到的奖励 1 个代币。在摆的过程中，绳子会打到孩子的脚踝，产生痛的体验。
4. 在跳绳的过程中，要注意观察孩子的情绪、行为和身体反应。当孩子用手去摸自己的脚，或者停下来不愿意跳时，观察孩子的反应。如果孩子能主动表达痛的感受，则停下来休息一会。
5. 协助者可以提示："怎么停下来了？"如果孩子能表达痛的感受，就可以停下来休息一会。
6. 如果孩子没有表达自己的需求，则继续跳绳。
7. 该活动一共需要完成 6 组。

六、教学建议

1. 本活动可以在家里进行，需要两名协助者参与，孩子得到的代币可兑换当天午餐或晚餐。
2. 孩子的每一口食物都必须是按要求获得的代币兑换的。
3. 3 个活动给孩子提出的要求是循序渐进的，训练点落在主动表达痛的感受上。
4. 协助者在训练孩子跳绳时，要多观察，多调整目标，给孩子提的要求尽量贴近孩子当前的水平，让孩子能充分体验到痛的感受，激发孩子主动表达自己的需求。

第 114 课　跳绳时，孩子脚痛了能向协助者表达休息的需求

一、教学目标

跳绳时，孩子脚痛了能向协助者表达休息的需求。

二、教学重点

跳绳时，孩子能向协助者表达休息的需求，重在眼神交流，能用语言或动作正确表达。

三、教学准备

1. 食物。
2. 代币。
3. 不同长度的跳绳和 1 根橡皮筋。
4. 计时器。

四、指导语

1. 我们一起来跳绳。
2. 双脚从橡皮筋跳过去，不能碰到橡皮筋。
3. 跳得好，奖励 1 个代币。
4. 再来进行双脚跳绳。
5. 达到要求的个数，奖励 1 个代币。
6. 看着绳子，跳起来。
7. 怎么不跳了？
8. 好痛，那就停下来休息一下。

五、教学过程

活动一：双脚跳跃

1. 协助者带着孩子在家里跳橡皮筋。
2. 两名协助者把橡皮筋固定在自己的双腿上，也可以把橡皮筋固定在两张椅子上，根据孩子的水平调整到合适的高度。协助者先做示范，双脚跳过去，要求孩子不能碰到橡皮筋。
3. 刚开始如果孩子能按照要求做到，可以奖励 1 个代币，这个代币可换一点孩子很喜欢吃的零食。
4. 当孩子能稳定地达到要求后，协助者提高要求，孩子须双脚跳过 10 次才能得 1 个代币。拿到一定数量的代币才能兑换到当天午餐或者晚餐。
5. 在跳绳的过程中，要注意观察孩子的情绪、行为和身体反应。当孩子用手摸脚，或者停下来不愿意跳时，观察孩子的反应。
6. 如果孩子能主动表达需求，能看着协助者表达，能用正确的语言或动作表达，就允许孩子坐在旁边休息片刻。
7. 协助者可以提示："怎么停下来了？"如果孩子不能主动表达需求，或者不能看着协助者表达，或是不能用正确的语言或动作表达，则不能到旁边休息。协助者开始时可给予适当的提示，随后要逐渐减少。

8. 如果孩子没有表达自己的需求，则要求孩子继续完成跳橡皮筋活动。
9. 跳过橡皮筋10次为1组，共练习6组。多给孩子表达的机会。

活动二：定时双脚跳绳

1. 协助者拿来单人跳绳，让孩子进行双脚定点跳绳。
2. 协助者拿来计时器计时，根据孩子不同的水平，要求孩子在2分钟内跳100～200个。
3. 当协助者发出开始的信号后，孩子进行双脚定点跳绳。
4. 如果孩子完成了定下的目标，就奖励1个代币；如果没有在规定的时间内完成该数量，则没有代币奖励。
5. 在跳绳的过程中，要注意观察孩子的情绪、行为和身体反应。当孩子用手摸脚，或者停下来不愿意跳时，观察孩子的反应。
6. 如果孩子能主动表达需求，能看着协助者表达，能用正确的语言或动作表达自己的需求，就允许孩子坐在旁边休息片刻。
7. 协助者可以提示："怎么停下来了？"如果孩子不能主动表达需求，或者不能看着协助者表达，或是不能用正确的语言或动作表达，则不能到旁边休息。协助者开始时可给予适当的提示，随后要逐渐减少。
8. 如果孩子没有表达自己的需求，则继续跳绳。
9. 以2分钟内完成目标为1组，共练习6组。

活动三：跳摆绳

1. 两名协助者拉起一根较长的跳绳，让孩子来跳摆绳。
2. 孩子跳过摆绳计1个，每跳30个为1组。
3. 两名协助者把绳子摆起来，孩子在绳子的中间跳，直到跳够规定的数量才停下来，能做到的奖励1个代币。在摆的过程中，绳子会打到孩子的脚踝，产生痛的体验。
4. 在跳绳的过程中，要注意观察孩子的情绪、行为和身体反应。当孩子用手摸脚，或者停下来不愿意跳时，观察孩子的反应。
5. 如果孩子能主动表达需求，能看着协助者表达，能用正确的语言或动作表达，就允许孩子坐在旁边休息片刻。
6. 协助者可以提示："怎么停下来了？"如果孩子不能主动表达需求，或者不能看着协助者表达，或是不能用正确的语言或动作表达，则不能到旁边休息。协助者开始时可给予适当的提示，随后要逐渐减少。
7. 如果孩子没有表达自己的需求，则要求孩子继续跳绳。
8. 该活动一共需要完成6组。

六、教学建议

1. 本活动可以在家里进行，需要两名协助者参与，孩子得到的代币可兑换当天午餐或晚餐。
2. 孩子的每一口食物都必须是按要求获得的代币兑换的。
3. 3个活动给孩子提出的要求是循序渐进的，训练点落在与人互动上。在表达的过程中，不管是言语表达还是动作表达，都要注重表达的准确性，还要求孩子与协助者之间有眼神交流。
4. 协助者在训练孩子跳绳时，要多观察，多调整目标，给孩子提的要求尽量贴近孩子当前的水平，让孩子能充分体验到痛的感受，激发孩子主动表达自己的需求。

第115课 跳绳时，孩子脚痛了能正确称呼协助者

一、教学目标

跳绳时，孩子脚痛了能正确称呼协助者。

二、教学重点

孩子在称呼时，重点应该落在正确的称谓上。

三、教学准备

1. 食物。
2. 代币。
3. 不同长度的跳绳和1根橡皮筋。
4. 计时器。

四、指导语

1. 我们一起来跳绳。
2. 双脚从橡皮筋跳过去，不能碰到橡皮筋。
3. 跳得好，奖励1个代币。
4. 再来进行双脚跳绳。
5. 达到要求的个数，奖励1个代币。
6. 看着绳子，跳起来。
7. 怎么不跳了？好痛，怎么办啊？

8. 怎样叫我？说清楚。
9. 说不清楚，再说一遍。

五、教学过程

活动一：双脚跳跃

1. 协助者带着孩子在家里跳橡皮筋。
2. 有两名协助者把橡皮筋固定在自己的双腿上，也可以把橡皮筋固定在两张椅子上，根据孩子的水平调整到合适的高度。协助者先做示范，双脚跳过去，要求孩子不能碰到橡皮筋。
3. 刚开始如果孩子能按照要求做到，可以奖励 1 个代币，这个代币可换一点孩子很喜欢吃的零食。
4. 当孩子能稳定地达到要求后，协助者提高要求，孩子须双脚跳过 10 次才能得 1 个代币。拿到一定数量的代币才能换到当天午餐或晚餐。
5. 在跳橡皮筋的过程中，要注意观察孩子的情绪、行为和身体反应。当孩子用手摸脚，或者停下来不愿意跳时，观察孩子能不能主动表达痛的感受。
6. 如果孩子能主动表达需求，能看着协助者并能准确称呼："××，我想休息一下"，就可以休息一下。
7. 如果孩子不能主动表达需求，不能正确称呼协助者，则不能休息。协助者开始时可给予适当的提示，随后要逐渐减少。
8. 跳过橡皮筋 10 次为 1 组，共练习 6 组。多给孩子表达的机会。

活动二：定时双脚跳绳

1. 协助者拿来单人跳绳，让孩子进行双脚定点跳绳。
2. 协助者拿来计时器计时，根据孩子不同的水平，要求孩子在 2 分钟内跳 100～200 个。
3. 当协助者发出开始的信号后，孩子进行双脚定点跳绳。
4. 如果孩子完成了定下的目标，就奖励 1 个代币；如果没有在规定的时间内完成该数量，则没有代币奖励。
5. 在跳绳的过程中，要注意观察孩子的情绪、行为和身体反应。当孩子用手摸脚，或者停下来不愿意跳时，观察孩子能不能主动表达痛的感受。
6. 如果孩子能主动表达需求，能看着协助者并且能准确称呼："××，我想休息一下"，就可以坐下来休息一下。
7. 如果孩子不能主动表达需求，不能正确称呼协助者，则不能坐下来休息。协助者开始时可给予适当的提示，随后要逐渐减少。
8. 以 2 分钟内完成目标为 1 组，共练习 6 组。

活动三：跳摆绳

1. 两名协助者拉起一根较长的跳绳，让孩子来跳摆绳。
2. 孩子跳过摆绳计 1 个，每跳 30 个为 1 组。
3. 两名协助者把绳子摆起来，孩子在绳子的中间跳，直到够规定的数量才停下来，能做到的奖励 1 个代币。
4. 在跳绳的过程中，要注意观察孩子的情绪、行为和身体反应。当孩子用手摸脚，或者停下来不愿意跳时，观察孩子能不能主动表达痛的感受。
5. 如果孩子能主动表达需求，能看着协助者并能准确称呼："××，我想休息一下"，就可以坐到一边休息一下。
6. 如果孩子不能主动表达需求，不能正确称呼协助者，则不能休息。协助者开始时可给予适当的提示，随后要逐渐减少。
7. 该活动一共需要完成 6 组。

六、教学建议

1. 本活动可以在家里进行，需要两名协助者参与，孩子得到的代币可兑换当天午餐或晚餐。
2. 孩子的每一口食物都必须是按要求获得的代币兑换的。
3. 3 个活动给孩子提出的要求是循序渐进的，训练点落在能正确称呼协助者上。刚开始协助者可以多引导孩子正确地表达，等孩子在训练过程中逐渐学会怎样称呼助者后，就要减少提示。
4. 协助者在训练孩子跳绳时，要多观察，多调整目标，给孩子提的要求尽量贴近孩子当前的水平，让孩子能充分体验到痛的感受，激发孩子主动表达自己的需求。

第 116 课　潜水时，孩子能忍耐憋气

一、教学目标

潜水时，孩子能忍耐憋气。

二、教学重点

孩子潜水时能忍耐憋气。

三、教学准备

1. 食物。
2. 代币。
3. 泳衣、游泳圈、游泳眼镜。
4. 计时器。

四、指导语

1. 我们一起来学潜水。
2. 先深呼吸，闭上嘴巴，捏住鼻子。
3. 好，准备潜水，蹲下。

五、教学过程

活动一：练习憋气

1. 协助者带着孩子到游泳馆游泳，换好衣服到泳池。
2. 协助者和孩子先在岸边练习憋气。协助者先做示范，捏住鼻子，紧闭嘴巴。
3. 当孩子按照要求一起做时，可以奖励1个代币。这个代币可换一点孩子很喜欢吃的零食。观察孩子能否独立完成，必要时，协助者要协助孩子完成。
4. 用计时器计时，让孩子在规定时间内坚持屏住呼吸。如果孩子能做到，就奖励1个代币，这个代币可换一点孩子很喜欢吃的零食。
5. 步骤4至少重复训练10遍。

活动二：潜水捞代币

1. 协助者和孩子一起下水。
2. 协助者把1个代币放入水底，让孩子戴上游泳眼镜。
3. 按照活动一训练的内容，让孩子捏住鼻子，屏住呼吸。协助者发出指令："蹲下，捡代币。"
4. 如果孩子潜水后能捞起代币，就可以和协助者兑换一点自己喜欢吃的零食。如果孩子不会潜水，协助者可以给予动作协助，帮助孩子完成任务。
5. 重复训练5～6次，让孩子掌握潜水的基本能力。

活动三：定时潜水

1. 协助者手拿计时器，要求孩子潜在水里一段时间。
2. 潜水的时间先以短时为主，先观察孩子一次潜水的时间大概是多久，再在此基础上延长 5 秒，随后逐渐延长时间。
3. 若孩子能在规定时间之后起来，就奖励 1 个代币；如果孩子还没到规定时间就起来，则没有代币奖励。
4. 孩子可以用代币兑换自己喜欢吃的食物。

六、教学建议

1. 本目标安排在游泳场馆进行，训练时，要时刻留意孩子的状况，谨防孩子溺水。
2. 孩子的每一口食物都必须是按要求获得的代币兑换的。
3. 用 1 个代币换一小口食物，保持孩子对食物的需求，保证孩子在活动中的训练量。
4. 3 个活动给孩子提出的要求是循序渐进的，训练点落在忍耐上。孩子能忍耐憋气带来的不适，服从要求，完成训练目标。
5. 协助者在训练孩子潜水时，要多观察，多调整目标，给孩子提的要求尽量贴近孩子当前的水平，让孩子既能体验到憋气的不适，又不会因要求过高而无法完成。

第 117 课　游泳时，孩子能忍耐冷的感受

一、教学目标

游泳时，孩子能忍耐冷的感受。

二、教学重点

游泳时，孩子能忍耐冷的感受。

三、教学准备

1. 食物。
2. 代币。
3. 泳衣、游泳圈、游泳眼镜。
4. 计时器。

四、指导语

1. 我们一起来学游泳。
2. 先做准备运动。
3. 跟着做，伸手，压腿。
4. 套上游泳圈，下水。
5. 走过来。
6. 好，时间到，起来。

五、教学过程

活动一：准备运动：预热、下水

1. 协助者带着孩子到游泳馆游泳，先换好衣服。
2. 协助者和孩子在岸边进行预热，四肢伸展，预防下水后抽筋。
3. 协助者一边示范，一边纠正孩子的动作，进行3～5分钟的预热运动。
4. 如果孩子能坚持做完预热运动，则奖励1个代币。
5. 下水准备，协助者带着孩子坐在池边，将腿放入水中，用手撩水到上身、头、颈、脸、背，让身体适应水温后，再缓缓入水。
6. 孩子能坚持按照协助者的要求完成下水前的准备，则可得1个代币。

活动二：水中行走

1. 协助者和孩子一起下水，沿泳池边沿走动，适应水中的阻力。
2. 协助者要求孩子沿浅水区边沿走一个来回，如果孩子能做到，就给1个代币。
3. 如果孩子不能做到，协助者可以用手牵着孩子完成，完成目标后给1个代币。
4. 重复训练5～6次，让孩子慢慢熟悉水中的感觉。

活动三：划水运动

1. 协助者帮助孩子套上游泳圈，在一个深度合适的地方开始学习划水动作。
2. 协助者设定一个目标点（如一个球），要求孩子通过划水到达该目标点。
3. 协助者通过示范以及动作协助，让孩子掌握基本的动作。
4. 如果孩子能在水中划水到达目标点，完成目标后奖励1个代币。
5. 重复训练5～6次，让孩子慢慢熟悉在水中划水的感觉。

六、教学建议

1. 孩子的每 1 个代币都必须是按要求完成任务后获得的。
2. 用 1 个代币换一小口食物，保持孩子对食物的需求，保证孩子在活动中的训练量。
3. 3 个活动给孩子提出的要求是循序渐进的，训练点落在忍耐上。孩子能忍耐冷带来的不适，服从要求，完成训练目标。
4. 协助者在训练孩子游泳时，要多观察，多调整目标，给孩子提的要求尽量贴近孩子当前的水平，让孩子既能体验到冷的不适，又不会因要求过高而无法完成。
5. 本目标安排在气温比较低时的游泳馆进行，这样孩子才能体验到冷。在训练时，要时刻留意孩子的状况，谨防孩子溺水。

第 118 课 游泳时，孩子能表达冷的感受

一、教学目标

游泳时，孩子能表达冷的感受。

二、教学重点

游泳时，孩子能向协助者表达冷的感受。

三、教学准备

1. 食物。
2. 代币。
3. 泳衣、游泳圈、游泳眼镜。
4. 计时器。

四、指导语

1. 我们一起来学游泳。
2. 先脱掉衣服，换泳衣。
3. 怎么了？冷不冷啊？
4. 坐下来，用水淋一下身上。
5. 怎么了？冷不冷啊？
6. 游完泳，我们起来了。

五、教学过程

活动一：换泳衣，表达冷的感受

1. 气温低时，协助者带着孩子到游泳馆游泳。协助者和孩子先到更衣室换泳衣泳裤。
2. 协助者先换好泳衣，再让孩子脱掉衣服。协助者在一旁观察孩子的状态。
3. 当孩子身体抖动，处于畏寒状态时，协助者再观察片刻，看看孩子能否主动表达冷的感受。
4. 如果孩子能主动表达冷的感受，则奖励 1 个代币。
5. 如果孩子不会主动表达冷的感受，则引导孩子表达，可以问孩子："怎么了？冷不冷啊？"
6. 孩子能表达冷的感受，再奖励 1 个代币。
7. 当孩子表达冷的感受之后，协助者告诉孩子："好冷，那我们做做运动吧，跳一跳就不冷了。"
8. 到泳池边，带着孩子做做热身运动。

活动二：淋水，表达冷的感受

1. 热身运动结束后，再进行下水准备，协助者带着孩子坐在池泳边，将腿缓缓地放入水中。
2. 协助者观察孩子的状态，如果孩子的表情或者行为表现出不愿意把腿放在水中，就要观察片刻，看看孩子能否主动表达冷的感受。
3. 如果孩子能主动表达冷的感受，则奖励 1 个代币。
4. 如果孩子不会主动表达冷的感受，则引导孩子表达，可以问孩子："怎么了？冷不冷啊？"
5. 若孩子能表达冷的感受，再奖励 1 个代币。
6. 当孩子把腿放下去后，再引导孩子用手撩水，淋在手臂、脸和身体上。
7. 协助者观察孩子的状态，如果孩子的表情或者行为表现出不愿意把水撩在身上，就要观察片刻，看看孩子能否主动表达冷的感受。如果孩子不主动撩水，则协助者把水撩起来淋在孩子身上。
8. 如果孩子能主动表达冷的感受，则奖励 1 个代币。
9. 如果孩子不会主动表达冷的感受，则引导孩子表达，可以问孩子："怎么了？冷不冷啊？"
10. 孩子能表达冷的感受，再奖励 1 个代币。
11. 做好下水准备后，带着孩子缓缓入水。

活动三：从泳池起来，表达冷的感受

1. 协助者与孩子一起在泳池做完训练后，告诉孩子，该起来换衣服回家了。
2. 孩子跟着协助者从泳池起来上岸。
3. 协助者观察孩子的状态，如果孩子身体缩在一起，或者抖动，就要观察片刻，看看孩子能否主动表达冷的感受。
4. 如果孩子能主动表达冷的感受，则奖励 1 个代币。
5. 如果孩子不会主动表达冷的感受，则引导孩子表达，可以问孩子："怎么了？冷不冷啊？"
6. 孩子能表达冷的感受，再奖励 1 个代币。
7. 当孩子表达冷的感受后，告诉孩子用毛巾擦干身上的水分，然后去更衣室穿好衣服。

六、教学建议

1. 孩子的每 1 个代币都必须是按要求完成任务后获得的。
2. 用 1 个代币换一小口食物，保持孩子对食物的需求，保证孩子在活动中的训练量。
3. 3 个活动的训练点落在表达需求上。孩子能向协助者求助，表达自己冷的感受。
4. 在每个训练和教育的时间点上，协助者要多观察孩子的行为、表情和情绪，判断孩子是否体验到冷带来的不适，进而引导孩子正确表达自己的需求。
5. 本目标安排在气温比较低时的游泳馆进行，这样孩子才能体验到冷。在训练时，要时刻留意孩子的状况，谨防孩子溺水。

第 119 课　游泳时，孩子冷了能正确称呼协助者

一、教学目标

游泳时，孩子冷了能正确称呼协助者。

二、教学重点

孩子在称呼时，重点应该落在正确的称谓上。

三、教学准备

1. 食物。
2. 代币。
3. 泳衣、游泳眼镜。
4. 皮球。
5. 游泳圈。

四、指导语

1. 我们一起来学游泳。
2. 先脱掉衣服,换泳衣。
3. 水太深,怎么办啊?
4. 叫我。
5. 想玩皮球吗?
6. 怎么了?冷不冷?

五、教学过程

活动一:要玩皮球,正确称呼协助者并表达自己的需求

1. 气温低时,协助者带着孩子到游泳馆游泳。协助者和孩子先到更衣室换泳衣泳裤。
2. 协助者和孩子一起换好泳衣,带上游泳的器材和玩具,到泳池游泳。
3. 做好热身和下水准备后,进入泳池游泳。
4. 协助者拿出皮球在水上玩耍,观察孩子是否想一起玩。
5. 如果孩子主动表达想玩,协助者就要求孩子能正确称呼自己;如果能正确称呼协助者,就可以一起玩皮球,并奖励 1 个代币。
6. 如果孩子不会正确称呼,协助者要提示孩子如何称呼,直到孩子能正确称呼。
7. 练习 10 次左右。

活动二:水太深,正确称呼协助者求助

1. 在玩皮球的过程中,协助者故意把球扔到深水区,让孩子慢慢走过去拿球。
2. 当孩子靠近深水区,水已经到了脖子上面,无法前进时,协助者观察孩子的状态,看看孩子能否向自己求助。
3. 如果孩子能主动向协助者求助,并能正确称呼协助者,则奖励 1 个代币,并给孩子套上游泳圈，引导孩子划水过去拿球。

4. 如果孩子不会求助，则引导孩子表达，可以问孩子："怎么了？要不要帮忙啊？"如果孩子回复："要"，则要孩子称呼协助者"叫我"。

5. 若孩子能正确称呼协助者，就奖励 1 个代币，并且套上游泳圈，划水去拿球。如果孩子不会正确称呼，协助者要做好提示。

6. 练习 8～10 次。

活动三：从泳池起来，正确称呼协助者并表达自己穿衣的需求

1. 协助者与孩子一起在泳池做完训练后，告诉孩子，该起来换衣服回家了。
2. 孩子跟着协助者从泳池起来上岸。
3. 协助者观察孩子的状态，如果孩子身体缩在一起，或者抖动，就要观察片刻，看看孩子能否主动向自己求助。
4. 如果孩子能正确称呼协助者，并向协助者主动表达冷的感受，则奖励 1 个代币，并引导孩子用毛巾擦干身上的水，换上衣服。
5. 如果孩子不会向协助者求助，则引导孩子表达，可以问孩子："是不是好冷啊？想穿衣服吗？叫我。"
6. 若孩子能正确称呼协助者，就奖励 1 个代币，并引导孩子擦干身上的水，换上衣服。

六、教学建议

1. 孩子的每 1 个代币都必须是按要求完成任务后获得的。
2. 用 1 个代币换一小口食物，保持孩子对食物的需求，保证孩子在活动中的训练量。
3. 3 个活动的训练点落在正确的称谓上。孩子能向协助者求助，表达自己的需求。
4. 在每个训练和教育的时间点上，协助者要多观察孩子的行为、表情和情绪，判断孩子是否需要求助，进而引导孩子正确表达称呼协助者。
5. 本目标安排在气温比较低时的游泳馆进行，这样孩子才能体验到冷。在训练时，要时刻留意孩子的状况，谨防孩子溺水。

第 120 课　游泳时，孩子能选择恒温泳池

一、教学目标

游泳时，孩子能选择恒温的泳池。

二、教学重点

游泳时，孩子通过感受恒温泳池和常温泳池的水，能选择舒服的水温（恒温泳池）进行活动。

三、教学准备

1. 代币。
2. 泳衣、游泳眼镜。
3. 游泳圈。
4. 皮球。
5. 水枪。

四、指导语

1. 我们一起来玩水。
2. 先脱掉衣服，换泳衣。
3. 我们先来打水仗。
4. 想到哪个泳池玩？
5. 冷不冷？去哪个泳池玩？
6. 还有皮球可以玩，想到哪个泳池玩？
7. 怎么了？冷不冷？想到哪个泳池玩？
8. 我们来玩水枪吧，想到哪个泳池玩？

五、教学过程

活动一：玩水枪

1. 气温低时，协助者带着孩子到游泳馆游泳。场地要求：游泳馆须具有恒温泳池和常温泳池。
2. 协助者和孩子在更衣室一起换好泳衣，带上游泳的器材和玩具，到泳池玩耍。
3. 做好热身和下水准备后，进入泳池游泳。
4. 协助者带着孩子先后到常温泳池和恒温泳池感受水的温度。
5. 协助者拿出水枪，让孩子选择到哪个泳池玩。如果孩子选择恒温泳池，协助者就带着孩子到恒温泳池玩。
6. 如果孩子选择常温泳池，协助者就带着孩子到常温泳池，先坐在池边准备热身活动，把水淋在孩子身上。当孩子感到冷时，再用言语提示孩子："冷不冷啊？想到哪个泳池玩？"让孩子再次选择。

7. 当孩子选择去恒温泳池玩水枪时，协助者立刻带孩子去恒温泳池。如果孩子仍然不会选择，可以让孩子再次感受两种泳池的水温，直到孩子能正确选择为止。

8. 练习3～5次。

活动二：打水仗

1. 带孩子一起下水打水仗，让孩子选择到哪个泳池玩。如果孩子能选择恒温泳池，协助者就带着孩子到恒温泳池玩。

2. 如果孩子到常温泳池玩，协助者就带着孩子到常温泳池，先坐在池边准备热身活动，把水淋在孩子的身上。当孩子感到冷时，再用言语提示孩子："冷不冷啊？想到哪个泳池玩？"让孩子再次选择。

3. 当孩子选择去恒温泳池打水仗时，协助者立刻带孩子去恒温泳池。如果孩子仍然不会选择，可以让孩子再次感受两种泳池的水温。直到孩子能正确选择为止。

4. 练习3～5次。

活动三：戴游泳圈划水

1. 拿着游泳圈去游水，让孩子选择到哪个泳池玩。如果孩子能选择恒温泳池，协助者就带孩子到恒温泳池玩。

2. 如果孩子选择常温泳池，协助者就带孩子到常温泳池，先坐在池边准备热身活动，把水淋在孩子身上。当孩子感到冷时，再用言语提示孩子："冷不冷啊？想到哪个泳池玩？"让孩子再次选择。

3. 当孩子选择去恒温泳池戴游泳圈划水时，协助者立刻带孩子去恒温泳池。如果孩子仍然不会选择，可以让孩子再次感受两种泳池的水温，直到孩子能正确选择为止。

4. 练习3～5次。

六、教学建议

1. 让孩子充分感受两种泳池的水温。

2. 用1个代币换一小口食物，保持孩子对食物的需求，保证孩子在活动中的训练量。

3. 3个活动的训练点落在正确的称谓上。孩子能向协助者求助，表达自己的需求。

4. 在每个训练和教育的时间点上，协助者要多观察孩子的行为、表情和情绪，判断孩子是否需要求助，进而引导孩子正确称呼协助者。

5. 本目标安排在气温比较低时的游泳馆进行，这样孩子才能体验到冷。在训练时，要时刻留意孩子的状况，谨防孩子溺水。